LA VIE QUOTIDIENNE DES VIKINGS

RÉGIS BOYER

レジス・ボワイエ

熊野聰 監修

持田智子 訳

ヴァイキングの暮らしと文化

白水社

ヴァイキングの暮らしと文化

Régis Boyer: *"La Vie quotidienne des Vikings (800-1050)"*
Cet ouvrage a été publié en 1992 chez Hachette Littératures.

装丁　柳川貴代

ヴァイキングの暮らしと文化　目次

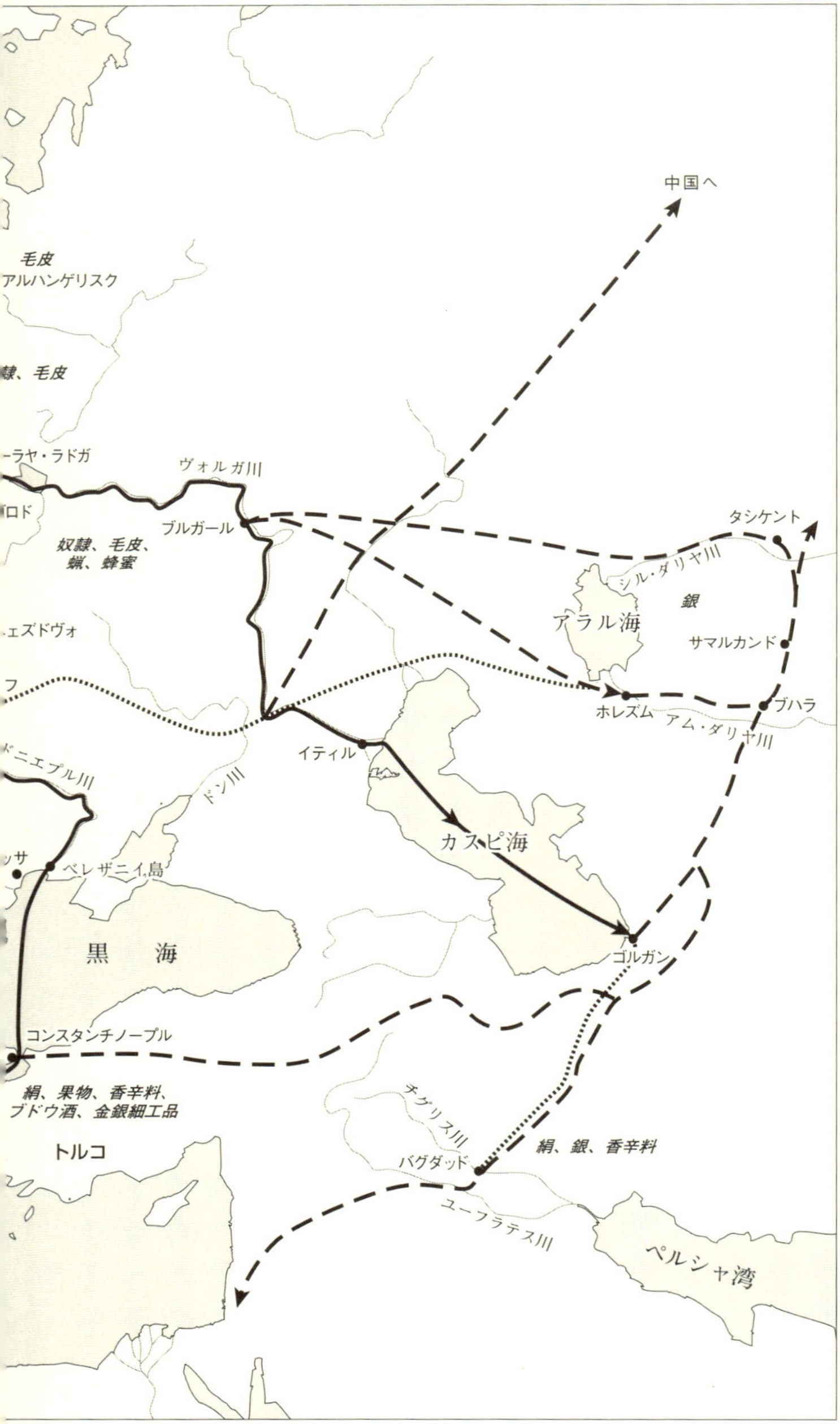

中国へ
毛皮
アルハンゲリスク
隷、毛皮
ーラヤ・ラドガ
ヴォルガ川
ロド
ブルガール
奴隷、毛皮、
蝋、蜂蜜
タシケント
シル・ダリヤ川
銀
アラル海
サマルカンド
ェズドヴォ
フ
ホレズム
ブハラ
アム・ダリヤ川
イティル
ドニエプル川
ドン川
カスピ海
ッサ
ベレザニイ島
黒　海
ゴルガン
コンスタンチノープル
絹、果物、香辛料、
ブドウ酒、金銀細工品
チグリス川
トルコ
絹、銀、香辛料
バグダッド
ユーフラテス川
ペルシャ湾

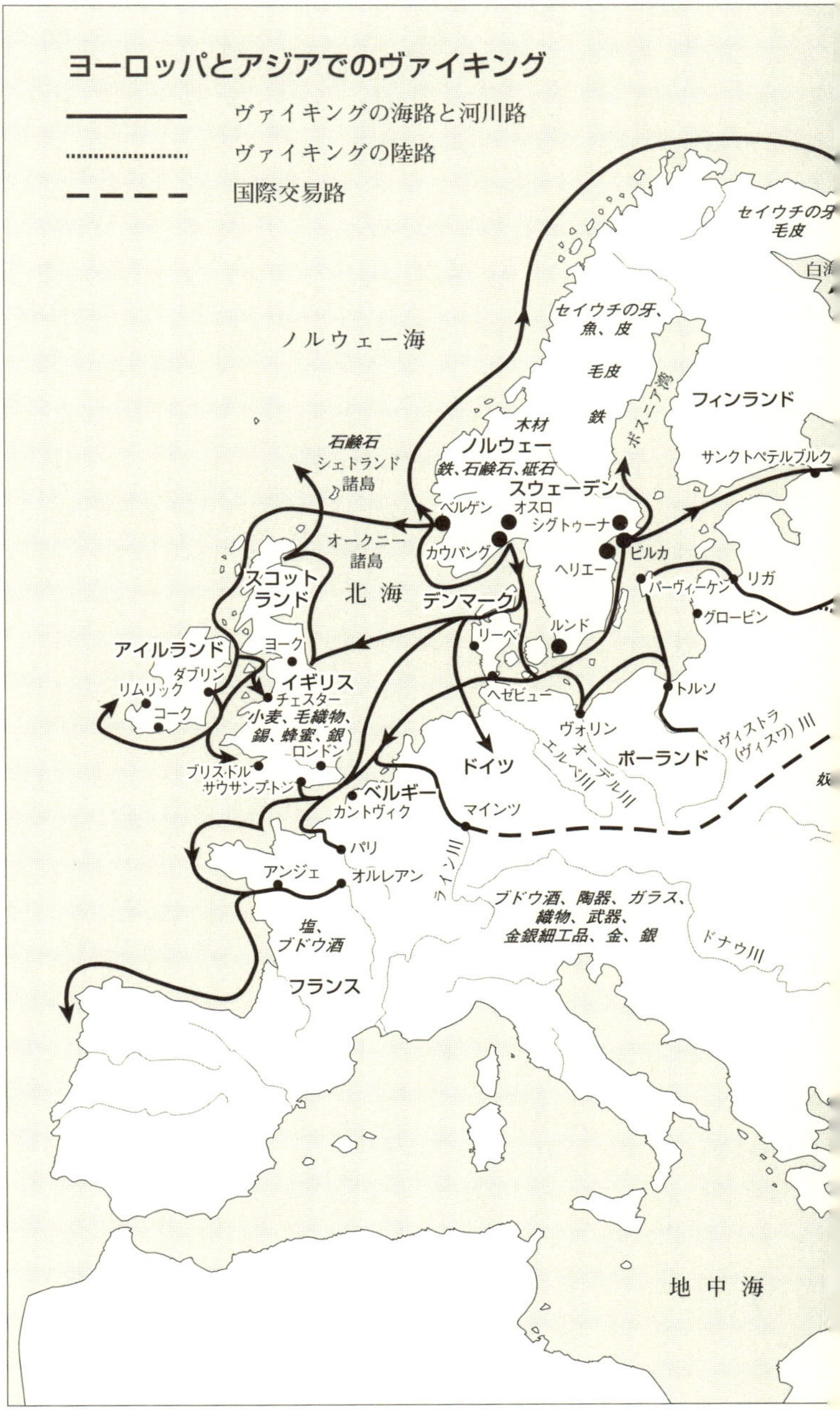
ヨーロッパとアジアでのヴァイキング
ヴァイキングの海路と河川路
ヴァイキングの陸路
国際交易路
ノルウェー海
セイウチの牙
毛皮
白海
セイウチの牙、
魚、皮
毛皮
鉄
木材
ノルウェー
鉄、石鹸石、砥石
ボスニア湾
フィンランド
サンクトペテルブルク
石鹸石
シェトランド
諸島
スウェーデン
ベルゲン
オスロ
シグトゥーナ
ビルカ
カウパング
ヘリエー
オークニー
諸島
スコット
ランド
北海
デンマーク
リガ
パーヴィーケン
グロービン
ルンド
リーベ
アイルランド
ヨーク
ダブリン
イギリス
リムリック
チェスター
コーク
小麦、毛織物、
錫、蜂蜜、銀
ロンドン
ヘゼビュー
トルソ
ヴォリン
ヴィストラ
（ヴィスワ）川
オーデル川
エルベ川
ポーランド
ドイツ
ブリストル
サウサンプトン
ベルギー
カントヴィク
マインツ
パリ
アンジェ
オルレアン
ライン川
ブドウ酒、陶器、ガラス、
織物、武器、
金銀細工品、金、銀
ドナウ川
塩、
ブドウ酒
フランス
地中海

凡例

一、原註は(一)、(二)で示し、巻末にまとめた。

二、語句に＊印を付した用語は巻末の「用語解説」(五十音順)を参照されたい。

三、訳者註は(　)内に割註で入れた。

序章

あさってヘルガ・ソーロールヴスドーティル（ソーロールヴの娘ヘルガ）は結婚する。十四回ほどの冬を越したこの美しい娘は、自分の財産をもち、有力なボーンディ*（自由人、農民）の古い家柄の生まれである。だが、いまは一族のなかに卓越した地位にある者はもうみあたらない。それでも、動産や土地からなる彼女の一族の所有財産は莫大である。彼女は良家の子女にふさわしく、何世代にもわたる自分の「家系」をそらんじてみせることもできる。くぼみかげんの青い瞳、乳白色の肌、長い金髪の美貌の持ち主であり、その身にまとった衣服は彼女の富と地位を十分にあらわしている。

私がここで描きだそうとしていることは想像によるものだが、この娘と似たような事情は、九五〇年ごろのスカンディナヴィア地方であれば、たとえばスウェーデンのシグトゥーナとか、デンマークのオージンスヴェー（現在のフューン島のオーゼンセ）とか、ノルウェーのニザロース（現在のトロンヘイム）とか、アイスランドのボルガルフィヨルド沿岸など、どこにでもみられた。

けれども、「結婚する」という表現はそもそも適切ではない。「結婚させられる」といったほうが正しい。ヴァイキングの社会では、結婚とは一生のうちで何にもまして大事なことであり、偶然のなりゆきにまかせるようなことではけっしてなかった。結婚は愛情の問題ではなく――もちろん、そういう気持ちがまったく無視されていたわけではないが――、まぎれもない「取引」だった。結婚を意味する「ブルーズカウプ（brúðkaup）」の語義も、文字どおりには「花嫁の購入」である。とはいえ、「取引」ということばを厳密に経済的な意味でとらえる必要はない。社会的な面からみたほうが、このことばをもっとよく理解することができる。「取引」であることのゆえんは、なにより、夫婦二人に与えられた財産がいっしょになることはなかったというところにある。神聖な、原則として解消できないきずなによって結びつけられたのは、二つの家族ないし親族だった。その際、二つの家族とも「貧困」でないことが暗黙の前提となっていたが、ここでは貧困という語はかならずしも物質的富の不足だけを意味しているのではない。

それというのも、この社会の中心的な観念は家族だったからだ。個人の存在をすみずみまで支配していたのは家族であった。すでにタキトゥスは、これより九世紀も前にその著作『ゲルマーニア』のなかで、家族という制度のなみはずれた重要性について書き記しているが、それは、戦争から宗教にいたるまであらゆる領域におよんでいたという。そうであってみれば、ヘルガの場合も「自分」が結婚するのではない。縁組みをとりまとめるのには欠かせない仲人、一般には未来の花婿のごく近い親族がこの縁組みをもちかけ、まとめ役を買って出るのである。だからといって本人たちの同意が必要なかったというわけではないが、同意を求めるのは異例のことだった。史料にその種の譲歩が述べられているなら、それはキリスト教の影響に「汚染されている」とみなしてまちがいない。この仲人がしようとしているのは、ヘルガの父ソーロールヴ一族と彼女の未来の夫ビョルン一族とを固く結びあわせることである。それは政治的な動機からかもしれないし、あるいはいつ終わるとも知れない、数十年来これら二つの親族の関係をそこなってきた紛争にけりをつけるためかもしれない。アイスランドのサガ*の多くは、このようにして最後には物語をハッピーエンドで締めくくっている。あるいは、その縁組みは現在のことばで表現してよければ「ボーンディの党」がその影響力と権威をいっそう強化するためであったかもしれない。かれらは、大陸のお手本に触発された当世風の国王たちが、その特権を強化しつつあるという不安に直面していた——デンマークのハーラル・ゴームソンやノルウェーのハーラル美髪王、そしてまもなくスウェーデン王ウーロヴ・シェートコヌングも加わる。何人かのノルウェー王たちのアイスランドにたいする野心についてはいうまでもない——。さらには、これもかなりの理由であったと思われるが、どのような競争にも対処できるだけの富を築いておくためだったのかもしれない。

話をもどそう。ビョルンとヘルガの結婚には、経済、社会、そして外交にまでもおよぶ賢明で興味深い活動が示されている。ともあれ、仲人は労を惜しまなかった。かれの最初の仕事は、婚約の儀式（フェスタルマール）*について、ヘルガの法的な後見人たちと取り決めをすることだった。むろんビョルンと、かれの父親の同意を得たうえである。その儀式はこの時点から一年ほど前に執りおこなわれた。結婚には欠くべからざる条件があった。双方の地位、身分、財産がつりあっていなければならなかったのである。ビョルンとヘルガの場合は、まさにこの条件にかなっていたので問題はなかった。それでも、とりわけ物的な条件については合意の必要があり、交渉はすべて証人の前でおこなわれた。なぜなら、その際には重要な所作がともなったからである。こうして、花嫁が持参金としてもっていく財産が、法律にのっとって取り決められた。それはあらゆる種類の財産を含んでいて、その総額も決められた。この持参金を「ヘイマンフュルギャ*（家からついていく）」といい、花嫁について運ばれることをあらわしている。夫からは、花嫁の持参金に見合う「贈与」がなされた。この「贈与」にはさらに、法律によって定められた額の「ムンド*」とよばれる寡婦扶養料も加えられたであろう。ただし、「贈与」と「ムンド」の区別は明確でなかったらしく、この点については法典により規定が異なっている。結婚後は、持参金、夫から妻への贈与、ムンドをすべて管理し、場合によっては、それらの財産を運用して利益を生みだすのは夫であった。それでも妻は自分の持参金を所有しつづけたし、離婚や別居の場合にはムンドも所有した。こうして、結婚という取引には全員の満足を得られるよう、あらゆる保証がなされたのであり、そのことが重要だったのである。

人びとが「婚約のエール*（フェスタルエール）*」を飲んでからもう一年になる。祝祭といえばいつも宴会であったことは、ビールを意味する「エール」という語に示されている。エールは宴会で飲まれた。そこでは特別の効果を発揮しただろうし、宴会用に醸造されたのだろう。このため度数はともかく強い酒ではあったようだ。この儀式の公的な、したがって拘束力をもつ性格は正式に確立していた。ともあれ、かれらの婚約の儀式はつつがなくおこなわれたはずだ。あさってになれば、「冬のおとずれを告げる三夜（ヴェルトルネートル）*」がやってくる。概して北欧には、一年は夏と冬の二つの「季節」、あるいは二つの半年しかなかった。だから「冬のおとずれを告げる三夜」は、現代の暦でいえば十月の末ごろにあたる。ヴァイキング時代よりずっと以前、はるか異教の時代、この三夜はさだめし大事な祭礼をともなったことであろう。この時期は華燭の宴を寿《ことほ》ぐには最適のときである。作物はとり入れられ、あらゆる農産物のなかでもっともたいせつな干し草は、積みわらにして干されたあと、納屋に収められていた。家畜は冬にそなえて放牧から連れもどされ、あるいは屠殺されて、干し魚と同じように保存の準備が整えられている。おいしい酒も醸造されている。屋外での仕事も休息の時期であったろう。もっとも冬が間近にせまっていたので、そうせざるをえなかったのだが。

ヘルガのしたくも整った。まもなく彼女をむかえるために、いいなずけの家から使者たちがやってくる。

ただし、これは義務ではなく、ヘルガが夫とともに少なくともしばらくのあいだ、実家で自分の両親と同居することも十分可能だった。花嫁をむかえる慣習については、興味深い証言がある。たとえばエッダ詩*はその細部に触れている。もっとも、さしたる注意も払わず、当然のこととしてついでに語っているのであって、それが中心テーマではない。『韻文エッダ』の「リーグの歌」には、娘が未来の夫の家まで「連れていかれた」と記されている。[一] 結婚を意味する「ブルーズラウプ（brúðlaup）」という語は、おそらくこのことに由来しているのだろう。その文字どおりの意味は「花嫁が走ること」であり、ずっと以前は「花嫁の略奪」をさしていたのかもしれない。つまりこれが結婚ということの最初の段階を画するものだったのである。けれどもヴァイキング時代（八〇〇年ごろ〜一〇五〇年ごろ）には、もはや花嫁の略奪はおこなわれなくなっていた。さて、ヘルガは小型の馬に乗って出発した。この種の馬は、こんにちでもアイスランドでみられるが、かつては北欧ではどこにでもいた。当時、北欧の大部分はおそるべき沼沢地であったが、この馬はとにかく脚が丈夫で、沼沢地をものともしなかった。

　彼女は、少なくとも婚礼前日には、いいなずけの家に到着していなければならなかった。その日、「花嫁のみそぎ」がおこなわれることになっていたからである。これが、どの文化にもみられるような古くからの清めの儀式の名残りであることはまちがいない。みそぎの目的は、あきらかに花嫁の「清浄」をたしかなものにすること、つまり彼女にとり憑いているかもしれない悪霊や力をすべて祓い落とすことにあった。この「みそぎ」、実際には蒸し風呂に入るこの行為は集団でおこなわれ、花嫁だけでなく、婚礼で彼女につきそう乙女たちも加わった。みそぎには少々時間がかかったが、その間彼女たちがごちそうを断つ必要はなかった。花嫁の髪に飾る花や葉の冠を作ることで、みそぎの幕は閉じられた。さらに花嫁はいわゆる婚礼のために髪型を変えた。その理由は、ひとつには亜麻のベールをかぶるためだった。ベールをかぶる風習は、花婿がいいなずけである彼女の顔からベールをとる最初の人物でなければならないという、ごく単純な理由によるのかもしれない。さもなければ「邪視の力」という古くからの信仰に端を発しているにちがいない。彼女はこの邪悪な力から護られていなければならなかったのである。もうひとつの理由は、それまでそのまま垂らしてあった髪を髷《まげ》に結ったり、首筋のところにリボンや髪飾りで束ねておくためだった。それは、一家のよき主婦（フースフレイヤ）*として腰につけることになる鍵束とともに、これからの彼女の新たな社会的地位を象徴している。これらの鍵は、高価な衣服やたいせつな物をしまっておく長持ち、食料貯蔵庫、ヴァイキングの家の「家具」である物入れなどの鍵だった。

つづいて大事な日がやってくる。その日、いやむしろ日々というべきかもしれない。婚礼の宴は少なくとも三日間――西暦一〇〇〇年ごろのキリスト教時代には、土曜から月曜にかけて――、あるいはもっと長くつづくのが普通だったからである。期間の長短は列席者たちの身分や地位いかんによっていた。宴に招待された者はそのことを名誉に思い――ただし、三親等内親族であれば全員招待するという風習があったらしい――、招待されなかった者はいたく傷ついた。また原則として、双方の親族の招待客の数はほぼ同じでなければならなかった。婚礼の宴（ブルーズヴェイスラ）*は居間（スカーリ）*で催され、双方の招待客は二つのベンチに分かれて座った。それぞれのベンチの中央部にはむかいあわせに高座*がしつらえてあり、そこには通常、その家の家長と相手側の家長とが座ったが、ときには花婿と花嫁が座ることもあった。招待客たちは、もちろん手ぶらでやってくるようなことはなく、かれらが携えてきた贈物については細心の注意を払って覚えておかねばならなかった。それは返礼をするためであり、北欧社会では、あらゆる面において、ギブ・アンド・テイクの原則が曲げられるようなことはまずなかったのである。招待客の席順には最大限の注意が払われた。ヴァイキングは上席権についてはことのほか敏感だったからだ。十三世紀になってもサガは、だれがどこに座を占めているのかこと細かに述べようとしている。入口から遠いか近いか、高座から遠いか近いかなどといった具合に。

話がどうやら先まわりしてしまったが、婚礼の宴の初日には狭い意味での婚礼の儀、つまりこんにちでいうところの結婚式が執りおこなわれたらしい。この儀式についてはあまりよくわかっていない。その理由についてはあとで述べるが、宗教的な儀式があったことははっきりしている。そこには炉、または炉の火（これは家霊にほかならない）にたいする崇敬の念と、一方の親族から他方への移籍——ヘルガは結婚後も父の娘でありつづけたのだから、これは夫も含めてのたがいの移籍なのだが——を意味する所作、そしていうまでもなく奉納や贖罪や聖別といった一連の行為もすべて含まれていた。ブレーメンのアダム[二]の記述を信用するなら、夫婦の幸福、豊饒多産、平穏な生活を祈願する奉納はフリッグにたいしておこなわれていた。フリッグは古風な母なる女神を、もっとも生き生きと表現している神格である。けれどもサクソ・グラマティクス[三]によれば、この奉納は幸福と快楽と大地の恵みの神フレイ（あるいは、かれに付随する陪神であり、フリッグと同じく母なる女神[四]とみなされていたフレイヤ）にたいしてなされていた。『韻文エッダ』の「スリュムの歌」には、この詩以外にはほとんど知られていない下位の女神ヴァールが出てくる。[五]ヴァールは約束に耳をかたむけ、それを聞きとどけてくれる女神だった。ところで、この「スリュムの歌」は、いっそう古いいわれのある儀式があったことをにおわせている。それは、動物を犠牲に捧げることと、とくにソール神のハンマーによる聖別である。前者については、詩のなかで「金色の角のある牡牛」や「真っ黒な牡牛」のことが語られている。後者はきっとかなり古い時代の宗教慣行であろう。現代から一世紀もさかのぼれば、この慣行はまだ受け継がれていた。それは「ハンマーのベッド」という名称でスウェーデンに伝えられていたのであり、夫婦が子宝に恵まれるよう、花嫁のベッドにハンマーを忍ばせておくのがならわしであった。あとで触れるが、ヴァイキングの宗教に「祭司」の職階や団体があったとは思えない。重大な意味を帯びたこれらの儀式をとり仕切っていたのは、祭司よりむしろ家族ないし親族の長であったとみたほうがたしかだろう。いずれにせよ、その際どのような祭文が唱えられ、いかなる神の庇護のもとにあったのか定かではない。これもあとで述べることだが、北欧の宗教は、通説とは異なり、デュメジル流の厳密な神性の三分法(六)にはあてはまらない。北欧の偉大な神々のおのおのは、いずれも大いに豊饒多産をつかさどっていたからである。また、結婚が実際に、ある特定の単一の神の庇護のもとにおかれていたのか、あるいはディースたち*やアールヴたち*といった集団的な神々の庇護のもとにおかれていたのかという点についても、今後の研究をまたねばならない。

家族ないし親族の長は、婚礼の宴を主催する責任者でもあった。あらゆる正式な宴会と同じく、婚礼の宴では人びとは神々にたいして乾杯をしたことであろう。史料には、オージン、ソール、ニョルズ、フレイ、そして「あらゆる神々」といった表現で、神の名があげられている。これらの神々はキリスト教時代になると、キリスト、処女マリア、諸聖人にとってかわられるのだが、この乾杯が双方の親族の偉大な祖先たちにたいしても捧げられていたことはまちがいない。それは「ドレッカ・ミンニ*」ないし「ドレッカ・フル」とよばれ、「追悼して飲む」ことだった。乾杯は、宴会のなかでも重要な瞬間であった。かれらにとって、祖先たちは実際にはけっして死んでいないのであり、また、その名を汚さぬことが、何にもまして人たるものの義務であると考えられていた。そのような文化にあっては、乾杯こそが家系の永続を「聖別する」ものだったのである。

いま、私は「聖別する」という大仰な動詞を使った。そして後悔している。ヴァイキングというテーマをとりあつかうにあたって利用する史料の質がどのようなものであるかについてはあとで述べるが、直接であれ間接であれ、本書が参考にするほとんどすべての史料にヴァイキングが登場する。ところが史料に登場するヴァイキングは庶民ではない。かれらは下層の出ではないのである。庶民のヴァイキングについて、われわれは何ひとつ知らないも同然であり、これはまことに残念である。社会の基礎をなし、スケイズ船*の漕ぎ手であったのは、まさしくかれらであったからだ。けれども、墓や船葬墓、エッダ詩やスカールド詩*、そしてのちにはサガも加わるのだが、これらは庶民のヴァイキングについて何も語ってはくれない。語ってくれたとしても話のついでか、嘲りをこめてだ。ヘルガとビョルンは「貴族」の子女であり子息であった。もっとも、北欧文化の「貴族」と西欧文化の「貴族」の語義が同じであったとすればの話で、実際にはそうではなかった。ヴァイキングは名だたる航海者であり、躊躇なく最良の文明に比肩できるこの文明の大いなる証人であった。この北方の地において、あとで述べるように社会の階層分化はよそでみられるほど厳密ではなかったが、ヴァイキングは「野卑な民」ではなかったのである。

さて、ビョルンとヘルガは結婚した。婚礼の儀がどのような儀式にのっとっておこなわれたのか定かではない。けれども、すべてがかれらの結婚を「豊年と平和の祈りをこめて」聖別するために執りおこなわれたことはたしかだ。ヴァイキングの宗教的な心的世界を定義するのに、この「豊年と平和の祈りをこめて」ほど最適な表現はあるまい。二人は宴会の席につき、人びとはごちそうを食べ、蜂蜜酒やビールを飲んだ。祝宴に酩酊はつきもので、人びとは宴会前に、酔いがまわってから交わされる言葉を真に受けないよう、たがいに誓いを立てるほどだった。すでに触れたように、この種の宴会は延々とつづいた。そこには、詩や物語の朗唱、歌、ダンスといったあらゆる種類の娯楽があり、そのうち歌やダンスは宗教儀礼めいたものであったと思われる。これらの娯楽については、あとでアイスランドのレイキャホーラルで催された有名な婚礼の宴をとりあげる際、もう少しくわしくみていくことにしよう（本書285頁以下参照）。ただし残念ながら、この宴は一一一九年、つまり最後のヴァイキングが姿を消してから一世紀近くもたったあとの、キリスト教化がかなり進んだ時代背景のなかでおこなわれた。しかもこれを書いた人物はまちがいなくキリスト教聖職者であり、書き記したのも十三世紀になってからである。それでもこの記録をとおして、遠い過去の宴についても一定の観念を得ることはできよう。

さらに、ほんとうの意味で最後の通過儀礼が残っている。婚礼の宴の第一夜、ビョルンとヘルガには初夜の床まで人がついていく。ほかの文化では、夫婦の結合が成就されたことが、専門家によってたしかめられねばならなかった。北欧ではそうではなかった可能性もあるが、ありえないことではないだろう。初夜の翌朝、ビョルンはヘルガに、螺旋状に精巧に撚りあわされた装飾品、高価な亜麻の衣服、彫刻がほどこされた木製の小箱など、すてきな贈物をしなければならなかった。この慣習は「朝の贈物」とよばれ、やがて制度化され、長きにわたって受け継がれていく（近代スウェーデン語にも「朝の贈物」という単語がみられる）。

こうして、ヘルガの結婚は成立する。西欧諸国と同じく、北欧でも幼児死亡率は高かったが、彼女は子宝に恵まれるだろう。嫁いだ女性が一家の主婦としてのつとめを心得ているのは世のならいであったろうし、彼女もまた、子供たちをしかるべき立派な男女になるよう育て上げることだろう。そして、自分と夫双方の親族の伝統を敬いながら教育し、家族の名誉がいかに重要で、滅びてはならぬものであるかを子供たちに教えこむことだろう。要するに、これからは家庭の中心となるのは彼女なのである。

これまでのところで、読者は二つの点に気づかれたであろう。第一点は、歴史学特有の慎重さである。私自身、慎重であらねばならないと感じることが多々ある。本書ではヴァイキングの日常生活を生き生きと描きだしたいと思う。ただし伝来史料がほんとうにかれらにあてはまるのかどうか、その真偽をたしかめるのはほとんど至難のわざなのである。年代的な問題についてはいうまでもない。

第二点は、「おそらく」とか「場合によっては」などの、「推測」の副詞が頻繁に出てくることである。そもそも統計的にまれな例外をのぞき、史料を額面どおりに信用するわけにはいかない。あまりにも多くの誤りが犯されてきたのも、史料を徹底的に吟味しなければならなかったのに、これまでずっと見境もなく史料を信用してきたからなのだ。

ヴァイキングの日常生活というテーマにとりくむ前に、少なくともつぎの二つの基本的な注意が必要である。ひとつは、本書でこれから述べようとしているもの、つまりわれわれがその日常生活について知ろうとしているヴァイキングを定義すること(七)(第一章)、もうひとつは、本書で利用しようとしている史料を再検討し、批判を加えていくことである(第二章)。こうした二重の努力は読者に重苦しい印象を与えるかもしれないが、欠かすことはできない。その際、つぎの二点を心がけたいと思う。ひとつは、当然ながら可能なかぎり正確に情報を伝えるようつとめること。もうひとつは、ヴァイキングの評判をいたく傷つけている、数かぎりない無知や誤りを是正することである(八)。

ヴァイキングたちは二世紀半しか——とはいっても、それ自体はけっこう長い——、西欧の歴史の表舞台で活躍しなかったが、ゲルマン人一般、もっと厳密にいえば、たとえばゴート人、ブルグンド人、ヴァンダル人、ランゴバルド人といったかれらの祖先と、ヴァイキングとを混同してはならない。そして、かれらについて直接語ってくれる史料、いわゆる「第一次史料」はきわめてまれである。それ以外のおびただしい数の史料は、当然、あてにはならないのである。

第一章　ヴァイキングとは何か

スカンディナヴィアの商人は、西欧で活動したなら「ヴァイキング」（一）、ロシアやアジアを活動の舞台としたときは「ヴァレーグ人」*とよばれている。かれらは当初デーン人、ノルウェー人、スウェーデン人で構成されていたが、九〇〇年ごろからはアイスランド人も加わるようになった。これらの人びとはことに商取引と航海術に秀でていたが、それには数世紀にわたる試行錯誤のすえに開発されたスケイズ船やクノール船*といった優秀な船も一役買っている。このほかにもビュルジング船、スクータ船、ラングスキプ（長船）などがあったが、竜頭船（ドラッカル船）*は実在しなかった。これはフランス人の想像の産物なのである。九世紀よりはるか以前から、かれらは才能あふれる商人であり、航海者であったはずである。ところが、どうした運命のいたずらか、突如として歴史の表舞台に押しだされる。その最大の原因は、カール大帝没後のカロリング帝国の崩壊であろう。カール大帝が生前、大胆不敵な略奪者たちにたいしてとっていた断固たる対決姿勢が、もはやとれなくなってしまったのである。通常、ヴァイキングの活動の起点は七九三年六月八日、聖クスベルトの聖遺物筐が安置されていたブリテン島ノーサンバランド地方のリンディスファーン修道院の襲撃におかれる。それはそのとおりなのだが、さきほど述べたことからも察せられるように、スカンディナヴィア人が、かなり以前から海路や河川水路に出没していたことはまずまちがいない。「西方ルート」はおそらくフリースラント人の手から奪いとったのであり、「東方ルート」もスウェーデン人になじみ深いものになってから、すでにかなりの年月がたっていた。七九三年という日付は恰好の目安にはなるものの、この年に転機がおとずれたわけではない。

このとき以来、ひとつの現象が八〇〇年ごろから一〇五〇年ごろにかけての約二世紀半にわたって猖獗をきわめることになる。ヴァイキング現象は、長い年月をへるあいだに、急激で大がかりなというより、むしろ微妙な変化をみせるのだが、その基礎は一貫している。片手に切断銀*の重さをはかる秤、片手に両刃の剣を携えながら、ヴァイキングは状況に応じて、あるときは商売をし、あるときは略奪し、盗み、火を放った。またあるときは商品を値切ったり、物々交換をし、人間狩りをおこなった。目的は同じである。それはルーン碑文にあるように「富を獲得すること」、つまり遠征前より裕福になって故郷に戻ることだった。スウェーデンのウールンダの石碑に刻まれた、つぎの言葉があてはまるヴァイキングが無数にいたにちがいない。「勇敢にもかれは遠征に出かけ、富を獲得した。はるかなるギリシア(ここでは小アジアをさしている)で、自分の相続人のために」。

遠征中、かれらは土地の住民とじかに接触する機会もあった。住民とのあいだが敵対関係でしかなかったと考えるのはまちがいだろう。住民の生活環境や、植民に際しての住み具合のよしあしを注意深く見極める機会でもあったのだ。いつかきたるべき日、戻ってきて永住できるように。また、実用主義者にして現実主義者であり、鋭い観察者でもあったかれらは、目にした新奇な事柄をすべてきちんと記憶にとどめておき、それをためらうことなく家郷の北方の地に採用した。本書のような研究のあらゆる試みをいささか挫折させかねないのが、じつはかれらのこの応用の才なのである。細かな点まで検討しようとすればすぐにわかることだが、いわゆるスカンディナヴィア的なものと、ケルト的、大陸のゲルマン的、スラヴ的、ビザンティン的なものを区別するのは、精神世界の事象は別にしてもじつにむつかしい。第四章の衣服のところでも触れるが、一例だけあげると、かれらのふだん着は「ブロク」というゆったりとしたズボンだった。ところが、「ブロク」とこれを着用する習慣はおそらくケルト起源なのである。逆の例もあげよう。かれらの組織の才、秩序好き、集団ないし団体の精神、活動力は、ヴァイキングに接触した住民にしばしば高く評価されていた。活動力についていえば、モンテスキューが考えたように、生まれ故郷の過酷な気候条件がそれを強いたのである。それらの住民は、ときにはかれらのことを思いだし、かれらのまねをしてみたり、あるいは自分たちの土地に来て、そのやり方を広めてくれるよう懇願することもあった。このようにして、やがてロシアという国が生まれ、いくつかの航海用具とそれに関係する用語も西欧全域に普及することになる。これらの言葉は現在でも用いられている。

二世紀半のあいだ、西欧はどこも大混乱に陥ることになったのだが、目をこらせば、その全期間が単一の様相を示しているわけではない。ヴァイキングの活動にはかなり明確に区分される四つの局面がみてとれるのである。

この四つはおおよその時期区分であり、「戦線」により異なることもあるが、第一期は八〇〇年から八五〇年にかけての瀬踏みの時代である。小規模な襲撃が企てられたが、襲撃場所の選定はかなり場あたり的で、原則として防備がほどこされていない富裕な施設、場所であった（修道院や城塞をもたない都市など）。

八五〇年から九〇〇年にかけての第二期は、さらに重要である。自分の力を自覚したスカンディナヴィア人は、遠征をさらに能率よく組織し、おびえた人びとを思いのままに操った（かれらは徹底して、すぐれた「心理戦争」の大家であった）。かれらの敵は二つのタイプに区分される。ひとつは、自分で身を守ることができずに、最悪の条件でも交渉に応じようとする者たち、もうひとつは、あくまで抵抗を辞さない、たとえばイングランド南部や後ウマイヤ朝のスペインの人びとである。ヴァイキングは後者にたいして固執しない。ヴァイキングがまるで無敵の超人のように、どこでも自分の掟を押しつけたとするのは、現代の根拠薄弱な見方が育てたロマンティックな想像でしかないことを強調しておこう。かれらが陣形をかまえあった合戦で勝利したという事例はみあたらない。かれらは奇襲部隊の作戦とでもよびうるもの、つまり迅速果敢な攻撃の達人ではあったが、正規の兵士ではなかったのである。スカンディナヴィアの総人口が現在でもせいぜい一八〇〇万人であることを思い浮かべればわかるように、華々しい成果を収められるような船団や部隊を組織するには、かれらの仲間はあまりにも数が少なかった。現存する編年史や年代記の作者はそのほとんどが臆病な聖職者たちであるが、かれらはまた北欧の海賊たちの最初の犠牲者でもあった。そして、自分に都合のよいようにものごとを誇張し、悲痛な報告を述べているかれらこそ、われわれを誤らせている張本人なのである。当然のことながら、かれらはヴァイキングを温厚で平和的な人びととして描いてはいないが、かれらのいわゆる「野蛮」のほどを推しはかるのに、同時代人のサラセン人やハンガリー人になぞらえてすませている。

それに加えて、九世紀、十世紀のスカンディナヴィア人と、五世紀から七世紀にかけて「大侵入」ないし「蛮族の侵入」とよばれる事件をもたらしたゲルマン人（その多くはスカンディナヴィア人だった）は、とかく混同されがちである。これがあれほど多くの誤りや誇張が生まれた理由であろう。それはともかく、この第二期は中心的な時期である。まず第一に、「デーンゲルド（デーン人への貢納）」というシステムがしだいに定着していくのが、この時期だからである。これは、ヴァイキングが撤退するのとひきかえに、イングランドのエゼルレッド無思慮王、フランク王国のシャルル肥満王、シャルル単純王といった臆病で無能な王たちにたいして要求した身代金だった。その額はたえず増えつづけ、長期的にみれば西欧の経済システムを崩壊させることになった。

　この時期が最重要であるもうひとつの理由は、ヴァイキングがたどった四大「ルート」が明確になってくることがあげられよう。四ルートには、それぞれ多様な道筋のヴァリエーションがあったが、その重要性を見逃すべきではない。これらのルートを基軸として、交易や交流や情報の複合的なネットワークが形成され、そこから近代ヨーロッパのかなりの国が誕生することになるからである。まず西方ルートについては、主要な二通りのコースがあった。ひとつは真西にむかい、ブリテン島、ついでアイスランド、それからグリーンランドへと延びていった（場合によっては、ラブラドル半島のどこかに位置していたとされるヴィーンランドにまで達していたであろう）[一]。もうひとつは、まず西方に、ついで南西へとむかい、フランスとスペインの海岸線に沿って進み、ジブラルタル海峡を通過する。そこから北アフリカ沿いか、あるいは南フランスをまわってイタリア沿いに進むが、到達点はコンスタンチノープルであった。つぎに北方ルートであるが、それはわけてもノルウェー人にかかわりが深い。かれらはノルウェーの南のほうから、ノールカップまで海岸線に沿って北上し、白海を渡ってアルハンゲリスクに達した。このルートは危険であったが、皮革と毛皮が手に入る重要なルートだった。これらの品物は、奴隷とともに、やがてヴァイキングとヴァレーグ人の商う重要な「商品」となる。第三のルートは、バルト海の内側で、おもにスウェーデン人に関係していた。このルートを介して、スウェーデン人はフィン人と永続的な関係をたもち、バルト海沿岸に豊富にあった琥珀を手に入れることができた。琥珀はスウェーデン商人のあつかう特産品のひとつであった。この第三のルートは、そもそもときとして第四のルートである東方ルート（austrvegrn《アウストルヴェグル》*東への道）に商品を提供することがあった。東方ルートは、リガ湾の奥から出発し、複雑なロシアの河川や湖沼を経由して、現在のオデッサと同じ緯度のところで黒海の北岸に達し、そこから真南に縦断してコンスタンチノープルへといたる。このルートは極東から延びてくる太古からの隊商路のいくつか（とくに絹の道）と交差しており、ヴァレーグ人がそこに入りこむこともあった。スウェーデンのルーン碑文に記された、極東にむけておこなわれた少なくとも二つの雄大な遠征は、このようなルートの存在を踏まえて検討すべきである。

このように、およそ八五〇年から九〇〇年にかけての半世紀は活動が本格化した時期であった。現代の観察者の客観的な見方からすれば、かれらが探索活動に精を出した時期とみえるだろう。スカンディナヴィア人たちは旅の道すがら、安全な避難地、便利な中継地、旅の疲れを休め、もうけの多い取引に支障なく専心できるような交易拠点を求めた。というのも、さきに大まかに説明した道筋に沿って、思慮深い商人の寄留地と思われる港や町が、文字どおり点々と並んでいるのである。

また、探索の時期というのは、これにつづく九〇〇年ごろから九八〇年ごろにかけての第三期が、これらの地域での定住と系統的な入植の時期であったからでもある。ヴァイキングをあくまで無敵の戦士とか、みごとに組織された戦闘団とみなしたがる人は、かれらの定住と入植についてもういちどよく考えてみるべきだろう。スカンディナヴィア人が定着した地方はつぎのとおりであった。いま述べた時期より少し早いが、八七四年から九三〇年にかけてノルウェー人とケルト人双方が入植したアイスランド。その延長としてのグリーンランド。ノルマンディー。イングランドのうち、デーン人の法が支配したことから以後デーンローとよばれる地方。とりわけノルウェー人がずっと以前から関係を維持していたアイルランド南部。

現在のノヴゴロド（古ノルド語で「ホールムガルズ」）とキエフ（古ノルド語で「ケヌガルズ」）の周辺にあったスラヴ人地域。これらの定住にあたって、デーンローのように多かれ少なかれ武力が行使された場合もあれば、アイスランドのように、ほとんど無人の地であったために選ばれた場合もある。ただし長年の通説に反して、アイスランドでは、スカンディナヴィア人の到来前にケルト人が入植していた痕跡が、ごく最近の研究によってあきらかにされている。あるいはロシアの場合だと、その地域の住民がヴァイキングを招いたからだった。ロシアという名称は、ヴァレーグ人が「ルーシ」とよばれていたことに由来している。「ルーシ」とはおそらく「赤毛」のことだろう。かれらのほとんどが赤毛であり、この奇妙な髪の色を、西暦紀元直後から「ギリシア人」、つまりビザンティン人、スラヴ人、アラブ人は驚きの目で見ていたのである。

アイスランド以外のすべての事例は、こんにちのような侮蔑的な意味での真の植民地化にはおそらくあてはまらない。暗黙のものであろうと、明示されたものであろうと、新参者たちはいくつかの条件にしたがわざるをえなかった。つまり、自分たちが新たに加わることとなった社会の封建的な枠組みに適応すること、新しい「祖国」の領土の防衛に寄与すること（これについては、かれらはどこでもすすんでおこなった）、洗礼を受けることである。洗礼については、信仰心からであったにせよ、政治的な理由からであったにせよ、かれらはいとも簡単に同意した。この点はきわめて重要である。本書で再三にわたって確認することになるのだが、ヴァイキングは洗礼を受けてしまうと、ヴァイキングの名に値しない存在になってしまうからである。いずれにせよ、われわれが目を見張るほどやすやすと、しかもじつにすみやかに、かれらはみずから選んで新たな生活環境に適応していった。やがて二、三世代もたつうちに、スカンディナヴィア人というものは消滅してしまう。たとえばノルマンディーの住人という意味でのノルマン人や、ロシア人という意味でのルーシ人しか、もはや存在しなくなってしまうのである。

最後に、九八〇年から一〇五〇年にかけての最盛期について述べておかねばならない。じつは最盛期という表現は適切ではなく、しかも西（ブリテン島）と北（ノルウェーおよび南西スウェーデン）にむかったデーン人と南東にむかったスウェーデン人にしかかかわらない。デーン人は、スヴェン双叉髭王とその息子クヌート大王にひきいられて、スカンディナヴィア全域とブリテン島双方の覇権獲得をめざし、その目的を達成するのに数年しかかからない。スウェーデン人は、はるかアジアにむけて、一度ないし二度以上の不可解な遠征に出発している。そのことは史料、とりわけルーン碑文によって証言されているが、どうやら成果はなかったらしい。

ところが実際には、ヴァイキング現象はすでに幕を閉じていたのである。以上みてきた二五〇年間に世界は大きな変貌をとげ、それとともに人びとのものの考え方も根本的に変化した。ヴァイキング活動の終焉は、さまざまな理由から説明がつくが、つぎの三点はとくに留意しておくべきであろう。まず第一に、国際貿易の様相が一変し、ヴァイキングのクノール船とこの種の船が時代遅れになってしまったこと。第二に、キリスト教化されたことにより、北欧がヨーロッパ諸国の織りなす枠組みのなかに滞りなく組み込まれていったこと。第三に、スカンディナヴィア本土において、大陸をモデルにした強力な中央権力がしだいに形成されてゆき、それが小部隊での急襲——この表現に、つまるところ大部分のヴァイキング遠征が帰せられよう——というやり方と矛盾するようになったことである。要するに、ヴァイキングの時代はもう過去のものとなってしまった。およそ二五〇年間つづいたヴァイキング時代は、西欧文明のさまざまな領域に長くつづく痕跡を残し、過去十二世紀間の西欧の歴史のなかで、重要な時期のひとつになっている。とはいえ、その重要性を過度に誇張したり、逆にその意義を軽んじたりするべきではない。

さて、「ヴィーキング（ヴァイキング）」という言葉の語源[三]は、こんにちではほぼ解明されたように思われる。「ヴィーキング」とは、「入り江（古ノルド語で「ヴィーク」）」で停泊し、そこから不意に通りかかった商船に襲いかかる海賊のことではなく、商業地（ラテン語で「ヴィクス」）を転々としながら活動する、商人そのものを意味している。ただし、この意味での「ヴィーキング」という語が、かならずしも本書で問題にしている時代のすべてのスカンディナヴィア人にあてはまるわけではない。こんにちでもわれわれは、それぞれの特性をもった多彩な現実をたったひとつの名で総称し、混同してしまいがちであるが、この傾向はすでに中世のころに身についていたのだ。

　実際、デーン人とノルウェー人は区別すべきである。デーン人は当時、いつも最先端に立って時代に適応してきた抜け目のない商人である。かれらはふつう、強制力をもつ義務によって結びつけられ、ひとりの首長に統率された小集団（たとえば「フェーラグ*」）で活動していた。史料に登場する正体のはっきりしない「海の王」は、おそらくこうした首長をさしている。ノルウェー人はデーン人にくらべると、組織化という点ではたしかに劣っていたが、純粋な冒険にあこがれる感情ではまさっていた。この側面を無視すると公平さを欠くことになろう。とくに西方への旅の誘《いざな》いは、やがてアメリカにむけての航海をもたらすことになる。また家族という基盤、あるいはフィヨルドの奥や渓谷の一部を支配していた「王（コヌング*）」によって代表される「政治的」な基盤を中軸としていた。スウェーデン人についていえば、スカンディナヴィア人のなかでもっとも平和的であったようだし、もっともすぐれた商人でもあった。それは、かれらが長い柄と大きな刃の斧をおそろしげに操ることができなかったからではない。証言者、とりわけアラブ人が指摘しているように、なにより商業活動に専念していたからなのだ。以上、三つの民の特性をざっと説明したが、それをそれぞれの民が信仰していた神という観点からたしかめてみても、とっぴなことにはならないだろう。まず、デーン人にとくに崇敬された神がオージンであったことはまちがいない。オージンは積み荷と商売の神だった（当時の外国人観察者は、当然のごとくオージンとマーキュリーを同一視している）。けれどもこの神は陰険で狡猾な策略家でもあり、戦術指南や計略、さらには裏切りや呪術によって勝利を授ける神だった。ヴァイキング——ここでは、かりにデーン人としておくが——がみずからを描く自画像として、これにまさるものはないであろう。一方、ノルウェー人には、乱暴で騒々しいソール神のほうが好まれていた。これは雷神であり、その名も「雷鳴」を意味している。(四)けれどもこの神にはお人好しな一面があり、面倒なことをひき起こすものの、場合によっては人助けもした。スウェーデン人については、かれらがひいきにしていたのが、ひときわ豊饒多産を象徴する神フレイであった。要するに、ヴァイキングたちが好んだのは戦いの神ではなかった。あるいはもっと正確にいえば、かれらの考えでは、神々が戦いの神として存在したことはなかったのである。さきほど述べたように、策略家オージンは船荷を支配した。ソールは棍棒状のハンマーを自在に操ることができるが、自分の雄山羊を蘇らせたり、小びとアルヴィース（「すべてを知る者」）の知恵にうち勝つすべも心得ている。また、いかなる場合でもフレイを好戦的な神とみなすことなどできないであろう。

私がアイスランド人に触れないのには、はっきりとした理由がある。サガは頻繁にヴァイキングの遠征を主人公の少年期のひとこまとして描いているのだが、このテーマはあまりにも文学的すぎる。それに、あえていえば、アイスランド人はあとから遠征に加わったにすぎない。かれらがサガを書いた時代——どんなに早くてもせいぜい十二世紀——には、すでに「ヴァイキング神話」は潤色されつつあった。とはいえ、この同じアイスランド人によって、グリーンランドが九八〇年ごろに発見されたのは疑いない事実である。そこからさらにヘッルランド・マルクランド・ヴィーンランド複合が一〇〇〇年ごろに発見されたとされるが、それが歴史的事実であるかどうか、証拠だてるものはない。また、これらの偉業はもっぱら新天地発見というテーマに属するものであって、そこにヴァイキングの全体像が示されているわけではない。

最後に、明白でありながらめったに議論されない論点をとりあげよう。それはヴァイキングの活動が無から生じ、しかもまったく突然に出現することなどとうていありえないということである。かれらは北から南、あるいは東から西へと、当時知られていた世界をくまなく駆け巡り、場合によってはその境界を押し広げることもあった。老大国にたいして、部分的であれみずからの法を課し、ビザンティン世界に挑み、国家を創設し、領土の割譲を受けた。かれらの航海用語はそっくり近代諸語に受け継がれている。こうした開花にたどりつくまで、長くゆるやかな発展の経過があったと推測される。九世紀と十世紀は、そのような進化の終着点を画すものでしかない。そこで、ヴァイキング時代にいたるまでの変化について少し言葉を費やしておくべきであろう。

スカンディナヴィア人は古くからの狩猟民・漁撈採集民であり、紀元前一万年ごろには、やがてかれらの名前でよばれることになる場所にすでに住んでいた。そして紀元前四〇〇〇年ごろと三〇〇〇年ごろ、二度にわたってインド＝ヨーロッパ語族の支配を受けたらしい。かれらはゲルマン「語派」の北方ゲルマン語を代表しているので、西暦紀元直後にかれらが用いていた言語は、いわゆる共通ゲルマン語にごく近かった。言語学者はこれを「スカンディナヴィア祖語」とよんでおり、実際にデンマーク語、スウェーデン語、ノルウェー語、アイスランド語、フェロー語へと分岐していくのは、かなりあとになってからのことである。古い時代の証言は枚挙にいとまがないのだが、古い北欧文化の質の高さを示す第一級のあかしは、青銅器時代（この北方の地域では紀元前一五〇〇年から紀元前四〇〇年までをさす用語）のさまざまな遺物、なかでもボーヒュースレーン地方（スウェーデン。現在のイェーテボリ近郊）にある有名な岩石刻画*であろう。その線描の質、多彩なモチーフ、そして画趣には、制作者の芸術的な技《わざ》が表現されているだけでなく、豊饒多産、象徴化された太陽、呪術の一般的作法といった、おもだった宗教的要素までもが表現されている。そこに描かれている形象の多くは、それより二〇〇〇年以上もあとの時代に書かれた『エッダ』*のすばらしい詩に登場する人物や場面をすぐに想起させるが、そのような比較をしても不自然でないのは注目すべきである。

つぎの鉄器時代（紀元前四〇〇年から西暦八〇〇年まで）になると、スカンディナヴィアの文明はまずケルトの（紀元前四〇〇年から西暦紀元）、ついでローマの（西暦紀元から西暦四〇〇年）、そして最後に大陸ゲルマンの（四〇〇年から八〇〇年）影響を色濃く受けることになる。この最後の時期からしだいに船の性能が向上し、それなくしてはヴァイキングの冒険はとうてい不可能であったほどの驚嘆すべきできばえに一歩一歩近づいていった。スカンディナヴィア系の部族（とくにゴート族とランゴバルド族）が南欧や東欧に恒常的にくりかえし押し寄せたのもこの時期だった。さらにいえば、この時期ひとつの文字が出現する。それははじめゲルマン人に共通であったが、その後しだいにスカンディナヴィア固有のものとなっていく。これがルーン文字であり、「フサルク」*とよばれるアルファベットは二四文字からなっていたが、八五〇年ごろに一六文字に減少した。ルーン文字は呪術の記号であるという通念がはびこっているが、そうではない。ルーン文字は、他のすべての文字と同じくひとつの情報伝達媒体であった。

ヴァイキング活動の幕あけが決定的となる八〇〇年ごろ、すでにスカンディナヴィア地方は入念に仕上がったひとつの文化、ひとつの文明の持ち主だった。この点については、ここではこれ以上くわしく述べない。その結果を明確にすることこそ、本書の目的だからである。ただ、つぎの点だけは述べておきたい。デーン人、ノルウェー人、スウェーデン人、アイスランド人の区別について、本書が冒頭からほとんど何も留保することなく無造作に、しかも一見して、さしたる注意も払わずにとりあつかっているのを、おそらく読者は奇異に感じられたことであろう。それはスカンディナヴィアというまとまりが存在し、「国籍」とは無関係にヴァイキングの日常生活をとりあつかうことができるからである。もちろん、その内部では微妙な差違がみられるが、実際にはさしたる重要性はない。ただし、ここで「国籍」と表現するのは誤りであろう。そもそも「国民」という概念は、当時の北欧においては意味をなさないからである。人びとはデーン人ではなく、シェラン島やフューン島の出身であり、スウェーデン人ではなく、ウップランド人やゴトランド島の出身であり、ノルウェー人ではなく、トレンデラーグやアグデルの出身だった。スカンディナヴィアというまとまりは民族をさしているのではない。「長身で長頭、金髪で青い瞳」のスカンディナヴィア人のイメージは、あやしげな装身具を売る店にでも即刻おひきとり願うべきだろう。そのようなスカンディナヴィア人などいなかった。なるほどそれに近い人はいたが、小柄で茶色の髪と、くすんだ色の瞳をした中頭の人のほうが圧倒的に多かったのである。本書の序章に登場したヘルガは、青い瞳で金髪の美しい娘として描かれていた。けれども、アイスランドのサガに出てくるのはもっぱら、『義兄弟のサガ』のグルームの娘ソルビョルグにみられるように、茶色の髪をした黒い瞳の美しい娘である。彼女は炭のように真っ黒な眉をしていたので、「コルブルーン（炭のごとき黒い眉）」とあだ名されている。すでに触れたように、スラヴ人はゴート人の赤毛に強い衝撃を受けていた。だからといって、ゴート人ならだれでも赤毛であったとみてよいわけではない。ありていにいえば、スカンディナヴィア人という「人種」は存在しないのである。また地理的な要因も、少なくとも全体としてのスカンディナヴィア人を成り立たせているのではない。山がちで起伏の多いノルウェー、平野が広がるデンマーク、湖沼が点在する森林におおわれたスウェーデン。これらのあいだには何の関連性もみられない。溶岩地帯のアイスランドにいたってはいうまでもない。地理的にみた唯一の共通点は、寒冷な気候と、水が液体、雪、氷など、さまざまな形態をとりながらも、いたるところにみられることであろう。歴史については、大陸の北欧三地方のあいだには、なおのこと類似性がみられない。

とはいえ、三つのグループから出発し、やがては四つになるスカンディナヴィア人のあいだにはいくつかの共通点があった。外国の観察者が、おおむねいつもこれらの人びとを同じひとつの名称で混同してしまうのはそのためである。[五] まず第一に、社会学的な共通点があった。すでに序章で触れたように、家族は北欧社会のまさに基礎細胞であり、きわめて重要な役割を担っていた。ヴァイキングは、なにより親族に属することによって定義されるのであり、個人としてではない。さらにいえば、家族という枠組みのなかにきちんと組み込まれていないかぎり、個人の「出世」など何の意味もないのである。第二に、政治的な共通点があった。北欧の小集団は「ランド*（邦）」に組織されていた。この語の意味内容は時代とともに変化するが、厳密に領土的な単位をさしており、住民は家族的、経済的、政治的、宗教的な事情で結びついていた。「ランド」の中心は「集会（シング*）」の場所であったらしい。定期的に開催されるこの集会では、全員一致により、共通の利害に関するすべての決定が下された。

第三の共通点は言語であり、おそらくこれがもっとも重要な点だろう。細部はともかくとして、ヴァイキングたちはみな同じ言語を話していた。便宜上これは「古ノルド語」とよばれているが、歴史的、地理的な要因により、いまもなおアイスランド語のかたちでみごとに受け継がれている。ごく些細な点を別にすれば、アイスランド語は西暦一〇〇〇年当時のままなのである。スカンディナヴィア人共通のノルド語であった「デーン人のことば（ドェンスク・トゥンガ）」や「ノース人（ノルウェー人）のことば（ノレント・マール）」は、たとえばアイスランドのサガの伝達手段であり、古ゲルマン語の特徴をすべてそなえていた。ヴァイキングは、ウップサラ、ビョルグヴィン（ベルゲン）、カウプマンナホヴン（コペンハーゲン。「商人の港」を意味するこの地名は、当時この町がいかなるものであったかを雄弁に物語っている）、レイキャヴィーク、ヨールヴィーク（イングランドのヨーク）、ホールムガルズ（ノヴゴロド）、デュヴリン（ダブリン）などさまざまの土地で暮らしていたが、いずれも古ノルド語を話す人びとであった。このような細部は重要である。ヴァイキングがヨーロッパ各地を転々としながらも、外国の事情にうとい者がふつう経験するような困難につまずかなかった理由が、ここから説明される。さらに共通性の第四の指標として、厳密な意味での文化的なものが残っているが、ここではくわしく触れない。ある意味では、それをくわしく述べることが本書の目的だからである。さしあたりつぎのように述べておけば十分であろう。次章から宗教、裁判、立法、そしてとくに日常生活（スカンディナヴィア諸語の「クルトゥール［文化］」には現在もこの意味が含まれている）の細かな事柄、知的・芸術的な活動についてさらにくわしく検討していくが、これらの事象すべてについて、北欧諸地方のあいだには驚くべき統一性がみられるのである。

この「北欧諸地方」という表現の意味内容について、読者にたいしつぎの点を明確にしておかなければならない。それは、本書でこれから検討する範囲にフィンランドは含まれない、ということである。フィンランドは北欧諸地方のひとつであり、ほかの地方、とりわけスウェーデンとは交流が盛んで、ときにはかなり密接な関係にあった。けれどもフィンランド人はゲルマン民族とは根本的に異なる民族であり、言語もインド＝ヨーロッパ語系ではなく、ハンガリー語やエストニア語と同じフィン＝ウゴル系言語を話している。この点だけをとりあげてみても、フィンランド人が、本書が検討の対象としている文化に属さないのはあきらかである。つまるところ、フィンランドのヴァイキングは存在しないのである。

以上、簡単ではあるが、本書のテーマに入る前に明確にしておくべき事柄について述べてきた。これとならんでとくに重要なのは、ヴァイキングの日常生活を論述するにあたって参考にする史料全体を検討することであろう。その際にも、すでにこれまで指摘してきた理由から、きびしい批判の目をむけていくことが必要である。

第二章　史料

ヴァイキングの歴史と文明を研究するには多数の文字資料が用いられる。一般的にも、またこれから述べる理由からしても、文字で書かれた記録をとりあつかうには最大限の慎重さが求められるが、そうした態度は、ヴァイキングの日常生活を研究しようとする場合にはなおのこと要求される。エッダ詩やとりわけある種のサガ、たとえば「同時代のサガ」に分類されるそれ（これは十三世紀に書かれ、作者は自分と同時代の出来事について語っている）を注意深く読んでも、それだけで細部や興味津々の事象が正確にわかるわけではない。これらの記録が他の史料によって裏づけられるか、ヴァイキング時代にさかのぼる時期に書かれたのでないかぎり、考察に値しないという姿勢をとらなければならないのだ。一二三八年アイスランドで起こったかの「有名な」オルリュグスタジルの戦いに関する報告を例にとろう。これがかりに編者ストゥルラ・ソールザルソンの手によって脚色されて書きあげられたのでないとしても、それより三世紀前のノルウェーやデンマークやスウェーデンのヴァイキングが、同様の状況におかれたなら、あるいはとったかもしれない行動をよみとることができるわけではないであろう［一］。意識するしないにかかわらず、記録者たちは数えきれないほどありとあらゆる影響を受けていた。われわれが依拠する史料は、それらの影響に「汚染されている」とみてほぼまちがいない。

われわれの方針ははっきりしている。依拠するのはおもに考古学であり、結局のところ、それが唯一の導き手となるであろう。考古学の方法、とくに年代確定の手法と技術はここ数十年来、わけてもスカンディナヴィアにおいてめざましい進歩をとげ、そこから得られた成果には、もっとも気むずかしい人びとでさえ満足している。しかも幸運なことに、じつに「センセーショナル」な発掘調査がおこなわれ、きわめて豊富な遺跡が発見された。そうしたものとしてかぞえられるのは、スウェーデンのストックホルムに近いビルカ、デンマークのヘゼビュー（ハイタブの古名）、ブリテン島のヨーク（デーン人によって築かれ、当時はヨールヴィークとよばれた）、アイルランドのダブリン（ヴァイキングによって築かれた町ではないが、ノルウェー人はそこに長く定住した）、シェトランド諸島のヤールズホフ（ここはまぎれもないスカンディナヴィア人の入植地だった）やアイスランド各地である。（二）いずれにせよ、本書とかかわりのあるテーマをとりあげたすぐれた書物はみな、考古学から受けた恩恵を率直に述べている。考古学者の専門的業績や、ほかの分野とは無関係にほとんどもっぱら考古学の成果だけに拠る知識についても、本書は大いにとり入れている。（三）けれども、研究者がヴァイキングについて語ろうとする場合、ルーン学から美術史、普通の歴史学から比較宗教学、文献学《フィロロジー》から古銭学などなど、いったいどれだけの数の学問をマスターすべきなのか、だれにもわからない。それでもやはり、研究者に求められる誠実な態度とは、自分の見解を考古学の証拠にもとづいて立証できるようにすることをおいてほかにない。ヴァイキングについては牢固として抜きがたい神話があり、それが一〇〇〇年来、すべての見解をゆがめてきたからである。この点についてはのちに触れるが、さしあたり手近な例として、角《つの》のついた兜をかぶったヴァイキングなどひとりもいなかったことをあげておこう。このような兜は西暦紀元直後、つまり最初のヴァイキングが出現するより八〇〇年ほどさかのぼる時期の、おそらく宗教儀式の道具としてならあった。それなのに十七世紀のラテン語史料から現代の漫画にいたるまで、ヴァイキングといえばひとり残らず角つき兜をかぶっているありさまである。けれども考古学で、こうした兜が発掘された例は一度もない。

考古学の問題点はよく知られている。ヴァイキング研究の年代的な枠組みは厳密であり、それは八〇〇年から一〇五〇年までのあいだである。ところが出土品の年代は、最新の方法（現在では、改良された炭素14年代測定法など）を用いても幅があることは否めないし、その幅は数十年にもおよぶことがある。それ自体はさして問題ではないが、二世紀半しか継続せず、しかもその間に大きく変貌するような現象にとっては重大である。そのうえ、綿密な発掘調査がおこなわれたのは、おおむねヴァイキング時代の前にも後にも人びとが足しげく訪れる場所だった。そのため、ときとしてある遺物を特定の地層に確定するのが微妙な作業になる。ましてやヴァイキングにとってなじみの場所であったことが確実にわかっている場合はいうまでもない。たとえばフランス北部エタープル近郊のカントヴィクがそうであり、現代の人口稠密な地域のなかに位置を比定するのはむつかしい。したがって、もとのすがたを再構成するのはまず不可能である。この点からすれば、あきらかにおびただしい数の遺物が地中で発掘をまっているといえる。たとえばフランス、とくにノルマンディー地方で発見されたヴァイキングの遺跡が比較的少ないのはなんとも意外である。(四) 一方、小物や日用品が長もちするよう作られていないのは明白で、その保存は多くの場合嘆かわしい状態にある。

ここでこの問題に関する大家であるP・ソウヤーの見解をとりあげることにしよう。(五) かれはまさしく、考古学に支持されないかぎり証明されたことにはならないと主張するグループに属している。周知のように、デンマークのヘゼビューはヴァイキング時代、大商業中心地のひとつだった。発掘されたのは遺跡の五パーセントにすぎないが、それでも成果は驚くべきものである。市域で、二五万個の動物の骨（うち一〇〇万は豚）、石鹸石のかけら三四〇〇片あわせて五四〇キログラム、そして約四〇〇〇本の枝角と角が発掘された。つまるところ、広大なごみ捨て場の印象がつよい。そこでは高価な品や重大な発見物はめったにない。このなかから、ヴァイキングの交易の様子をまちがいなく伝えているものをどうやって選り分けられるだろうか。かわりに、町の港からは六九枚の硬貨と、金銀その他の製品を作るために用いた四二個のさまざまな青銅の鋳型が入った革袋一つが発見されている。したがって、興味深いものが出てくるとしたら港のほうであって、町ではない。さらにソウヤーは、同じひとつの土器の破片が一〇〇メートル以上も離れて出土し、一方の出土した地層が他方より二メートル上に位置していた事実について、こう述べている。層位学は、これほどまでに微細なレベルになると、いかなる説得力ももたない。年輪年代学はある種の木造建築物の年代を知ることができるが、おおよその年代しかわからない。ある土器は、その様式からスラヴ産と速断されたが、それらは出土した地方の土で作られたものだった、など。

物の移動はあまりにありきたりの現象で、くわしく述べるまでもないが、移動の理由は物々交換をはじめさまざまである。一〇〇〇年ごろスカンディナヴィア人たちが北アメリカにいたことを証明しようとして好んでとりあげられてきた、珪岩の鏃《やじり》やカラマツ材の大箱（グリーンランドで発見されたアメリカの品。カラマツも珪岩も北欧にはない）にまつわる話はよく知られている。くりかえしになるが、一連の証拠がすべてそろわなければ決定的な結論に達したことにはならない。つきなみな例ではあるが、硬貨や宝石はしばしば想像をはるかにこえて運ばれる。スウェーデンのヘリエーで小さな仏像が出土したことを根拠に一個の学説全体を構築しようとするのは馬鹿げたことであろう。

それはともかく、ヴァイキング船については、『ヘイムスクリングラ』（六）のなかにある「オーラヴ・トリュッグヴァソンのサガ」を注意深く読めば必要なあらゆる情報が手に入るのだが、完璧な情報が得られるのは考古学のおかげである。ヴァイキング船は、ノルウェーではオーセベル船とゴクスタ船が、デンマークではロスキレで多数が、出土している。ヘゼビュー、ヘリエー、そして現在組織的な発掘が進行中のビルカといったヴァイキング時代ただなかのスカンディナヴィアの重要な商業中心地について、資料に裏づけられた見解をまとめ上げられるのも、考古学に依拠してのことなのである。デンマークのトーシュレウやノルウェーのカウパングなどで、当時の所有者が危険を回避するために埋めたと思われる数々の財宝を発掘して分析するのも、イェリングにあるような個別墓や集団墓、あるいはとりわけ印象的なリンホルム・ホイエの墓群のリストを根気づよく作成するのも（二つともデンマーク）、考古学という学問の営みである。『ヨームスヴァイキングのサガ』などの文学史料のなかでときおり話題になる有名な要塞基地の研究について、たとえばデンマークのトレレボー、オーゼンセ、アガシュボー、フュアカトの発掘がいかに貢献したかはいうまでもない。一二一一年に死亡したアイスランドの司教パールの石棺が考古学者によって発掘され、これが当の司教について記したサガ（「司教のサガ」のひとつ。「司教のサガ」は「同時代のサガ」の一グループ）の記述と符合することが確認されたとき、かれらは大いに満足したはずである。われわれも考古学をよりどころとすることができる。アイスランドでストングの農場が発見されたときもそうだった（七）。考古学はみごとに農場を復元した。サガを丹念に読めば、農場全体の配置に関するさまざまな手がかりが得られるのだが、復元された農場は、サガの記述とそっくり一致することを立証したのである。アイスランドの場合は、とくに恵まれているといえよう。この国は人口がまばらで、入植地はそのはじめから割り出すことができ、また『植民の書』（八）のような、この種のものとして異色の文字資料によっても立証されている。アイスランドは考古学者にとってある種の楽園なのである。一方、ヨークのヴァイキング遺跡は根気よく復元され、それがそのまま博物館になっていて、一〇〇〇年ごろのこの場所の日常生活の光景をありありと蘇らせてくれる。こんにち、スカンディナヴィアの大きな歴史博物館のほとんどで、あらゆる証拠が豊富に展示されている。そこから、ヴァイキングがどのように生活していたか、鮮明に浮かび上がってくるであろう。

ここ数十年来、あらゆる研究分野にわたって、考古学によって得られた成果をもとに北欧文化を忠実に再構成しようとする労作が増えている[九]。そして現在、『中世北欧文化史百科事典』[一〇]という二二巻本の百科事典も使えるようになった。そこに収録されている項目は汲めども尽きぬ情報の宝の山であり、本書も大いに利用している。この事典のデータはおおむね専門的なものであって、一般の読者にむけて書かれる本書の水準をこえているが、それが設定している研究の枠組みは本書のテーマと完全に一致している。この記念碑的な事典の表題にはっきりと示されているように、そのデータの意図するところはまさに本書の意図するところとかさなっているのである。これに類する書物は多くの場合、ゲルマン文化一般に、あるいは厳密には範囲を画定できない分野にまで手を広げているものだが、この事典はそうした危険を回避している。そのような危険の例をひとつだけあげるならば、ノルマンディーについて書かれた立派な研究は多々あるが、それらは封建領主とかフランス語といった別の分野にかなり手を広げている。こうしたことが無用の混乱をひき起こしてしまうのである。

つぎに**古銭学**について述べておこう。ヴァイキング時代にさかのぼるおびただしい数の発見物、埋蔵宝、収集品は古銭学者によって辛抱づよく分類され、研究されてきた[一一]。古銭学の統計的な研究によって、しばしばかなり精度の高い年代比定ができる。発見貨幣の統計により図表が作成され、貨幣の持ち主のおこなっていたさまざまな活動について、概して正確な判断に達する。多くの場合、古銭学によって絶対上限年代が与えられる。たとえば、ビルカの五八一号墓から出土したアラブの貨幣は、墓がこの貨幣のつくられるより前に築かれたものではありえないことを示している。さらに古銭学は単独で、十世紀末ごろ、つまりすでに触れたようにヴァイキングの活動が最終局面に入る九八〇年ごろ、その活動が突如としてやんだことも立証している。たしかにこの時期、豊かであったアラビアの銀山が枯渇する。そのため、ヴァイキングが襲撃活動をおこなうおもだった理由のひとつが消滅してしまい、ヴァイキング現象はその存続をかけて新たな局面、つまり厳密な意味での植民地化の局面へと移行せざるをえなくなってしまったのだ。

ブラクテアートの研究は、所有者の富裕の度あいや、宗教行事などについて説得力のある説明を与えてくれる[一二]。ブラクテアートとは裏がくぼんでいて表にモチーフが浮き出るように片面打刻したメダルのことである。ブラクテアートは数百枚出土しており、正確な目録も作成されている。その意匠は概してすばらしい芸術性を示しており、その意味の解釈をめぐって専門家の意見は大きく分かれてはいるものの、それを検討することは、おそらく祈願や護符と思われる、そこに刻まれたルーン文字*の銘文の意味とならんでかならずとりあげなければならない研究項目である。

いま、ルーン文字ということばが出てきたので、これについても触れておこう（くわしくは本書251頁以下参照）。**ルーン学**はヴァイキング研究者が拠るべき学問のひとつである。その理由は簡単で、ルーン碑銘文*はまちがいなくヴァイキング自身の手によって「書かれた」唯一の史料だからである。八五〇年から登場する一六文字からなる新しいフサルクには多くのヴァリエーションがある。これで刻まれたルーン碑銘文は、われわれがその生活を検討しようとしている男女とまさに同時代のものであり、かれらがこの文字を刻んだのだ。ルーン碑銘文ほどヴァイキングの活動、とくに知的活動を物語ってくれるものはない。おそらくエッダ詩やスカールド詩も同じように注目すべきなのだが、われわれが知っている形式は、あきらかにずっとあとの時代のものでしかない。ルーン学はそれ自体、めざましい進歩をとげている。(一三) 文献学《フィロロジー》の知識をもとにルーン碑銘文の年代をくわしく確定し、碑銘文の解釈の幅を小さくするようつとめながら解読し、さらにその由来もつきとめられるようになってきている。碑銘文の内容の認識についてもそれはいえる。ルーン碑銘文が、とりわけヴァイキングのたどったルート、武勲、宗教、日常生活、法的および政治的活動、この社会で理想とされていた人物像、そして文学的・芸術的関心にまでおよぶ情報を伝えていることは、先駆者S・B・F・ヤンソンのすばらしい研究を導きとしてわかるようになってきている。(一四) だから、これがあれば決定的な見解を打ちだせる理想的な史料を手にしているといえるだろう。

ただ、ルーン研究を複雑にしている問題が二つある。ひとつは二世紀末以降、ゲルマン民族が拡大していった全領域にルーン文字が浸透し、二四文字のアルファベットからなる古いフサルクが当時なおも用いられていたが、さきほど述べたように八五〇年ごろ、さまざまな理由からそれが一六文字に減少したことである。大陸のゲルマーニア*では、他のゲルマン民族が定住していたほかの地域にくらべ、かなり早くからラテン文字が必要とされ、それが採用されたことでしだいにルーン文字が消滅する。こうして、アングロ・サクソン人と、とりわけスカンディナヴィア人の領域にしかルーン文字は存在しなくなってしまう。古いフサルクの碑銘文と新しいフサルクの碑銘文を同一視し、前者から後者を推論しようとする誘惑にかられることも多い。けれども古い碑銘文には徹底して簡潔な表現が用いられているため、その解読は多くの場合、困難をきわめる。古い碑銘文は碑銘文としての先駆けであることを別にすれば、ヴァイキング世界とは関係がない。この点は大いに強調しておくべきであろう。

この問題は熱い論争をよんでいる最中なので、一例をあげておこう。五世紀のものと思われるノルウェーのノールフグレンの石碑は、「われ、魔法の杖（ガンド）にて不死身たるゴジ*……」と読める（類推解釈）。「ゴジ（祭司）」という用語については63-64頁でくわしく説明するが、もうひとつの「ガンド」には、たしかに少なくともその語義のひとつに「魔法の杖」があり、この文がまじないに用いられたように思えてならない。この碑文全体がたんなるある種の自慢話を示しているのでないとすれば、呪術的な呪文であったとも考えられよう。いずれにせよ、この碑文が伝えている言葉や慣行は九世紀にはもはやすたれてしまっている。この文章から、五〇〇年後の慣行や信仰について推定するのはまったく筋ちがいである。

これにたいし、ヘゼビューにあるルーン石碑の一番（十世紀、当時はデンマーク領であった南ユラン）のように、新しいフサルクはまさに情報の宝庫である。そこにはつぎのように刻まれている。

「スヴェン王の従士ソーロールヴは、仲間エイリークを偲んでこの石を建てた。若き戦士たちがヘゼビューを攻囲した際、かれは命を落とした。かれは船の指揮官であり、まことに有能な若き戦士であった」。

ここには、デンマークのスヴェン双叉髭王とヘゼビュー攻囲――これは歴史的事実であり、碑文の年代をきわめて正確に推定することができるが、ここでは立ち入らない――が語られているだけでなく、本書で慎重に検討しているさまざまな観念のうち、少なくともその一部について貴重な情報を与えてくれる。すなわち「王の従士（ヘイムセギ）」は、王のある種の直属勤務者であり、「仲間（フェーラギ*）」は仕事仲間、「船の指揮官（ステューリスマズ）」は船の指揮官、船長のことであったのだ。船長はおそらく行政上の責任者でもあった。また「戦士（ドレング）」*は、北欧社会の理想的人物像を表現する語だった。（一五）そのことについては十分立証ずみである。この三行には、ヴァイキングの価値観がいいつくされているといえよう。

第二の問題点はなんとも平凡きわまることである。学問の進歩にもかかわらず、ルーンを呪術的な記号とみたり、どのルーン碑銘文にも程度の差はあれ神秘的な意味を与えたがる、抜きがたい誤りがみられることである。さきほど触れたように、古いフサルクによる古風ないいまわしにはこうした神秘的な意味があったのかもしれないが、定かではない。ヴァイキング時代の非常に多くのルーン碑銘文には、まぎれもなくキリスト教的な内容が記されていることを考えただけでも、それらに古いフサルクの解読格子を適用するのはまったく馬鹿げている。そもそも教会はルーン碑銘文を刻むことを妨げなかったし、それどころか逆にこれを推賞することさえあったのだ。教会にとってそれが害がないとみなされたなによりの証拠である。A・ベクステズの見解を踏襲したリュシアン・ミュッセは、ルーン文字はほかの文字と同様、ありとあらゆる多様なメッセージを伝えることができる伝達手段であったことをあざやかに示してみせた。とはいえ、呪術や異教の文字という先入見が少なからず人びとの理解をゆがめてしまっていることは事実だ。ルーン碑銘文による証言はもっとも貴重な要素のひとつであり、本書で頻繁に援用することになろう。ノーラの石碑（スウェーデンのウップランド、十世紀）は、オーレイヴという人物を偲んで、その兄弟たちが建てた。碑文は、オーレイヴが住んでいた農場（ないし地所）がかれらの「オーダル」*で、世襲地であったと読める。ここにあるのは、家族財産の証明書たる法律文書であり、そこに登場する「オーダル（相続人から相続人へと受け継がれるべき不分割財産）」という専門用語は、この農民社会のしくみを理解するうえで基礎となる。

文献学《フィロロジー》、なかでも人名学と地名学とよばれる研究分野については、いっそう慎重であるようつとめよう。それは、これらの学問が信頼性の点ではるかに劣っているからである。語源、とりわけいわゆる「民衆語源説」のかかえる問題についてはよく知られている。現代のフランスのノルマンディー地方の住民（ノルマン人）は、自分たちの名前を「ヴァイキング」の人名にさかのぼるとみなしたがり、その牢固たるこだわりを捨てきれない。こんにちの「アンクティル」という名は十世紀には「アースケティル」とよばれ、こんにちの「トステン」、「トゥテン」、「トゥステン」などは「ソルステイン」とよばれていたことはたしかなようだが、[一六]それでも忘れてはならないのは、ロロがサン・クレール・シュル・エプト条約によって授与された封土は、この条約が締結される五〇〇年以上も前からサクソン人の入植地であった地点であり、その後フランク人が侵入した土地なのだということである。古サクソン語やフランク語はゲルマン系言語であり、当時のスカンディナヴィア語に酷似していた。だから、たとえばアンゴ（Angot）という名がどの言語層にさかのぼるか、確定するのは不可能であろう。地名についても、いっそう不安定とまではいわないにしても、結論は同じである。ここではこれ以上深く立ち入らずに、ジャン・ルノーの適切な指摘を紹介しておこう。「人名学は、現代のノルマンディーの住民に北欧の血統が受け継がれていることを決定的に証明することはできないが、そのデータはほかの分野のデータとのクロス・チェックの結果と一致している。……ノルマンディーにおけるスカンディナヴィア人の定住についてかなり正確なイメージを与えてくれるのは、それらのデータの総体なのである」[一七]。すでにくりかえし述べたことの再確認になるが、ある事柄がたしかなものとして認められるには、さまざまな学問分野の共同作業が必要なのである。

地名学がほかにもまして説得力をもつことももときにはある。イングランド東部でみられるスカンディナヴィア起源の地名を地図にあらわすと、それはかなり正確にデーンローの範囲を示している。スカンディナヴィアでも、ある地名の古形をたどることができる場合には、興味深いことが発見できる。たとえばスウェーデン南部にある現在のヘーエル（Höör）のかつての名は「屋外の礼拝所」を意味する「ホルグ（hörgr）」であり、デンマークのオーゼンセ（Odense）は「オージンの聖所」を意味する「オージンスヴェー（Óðinsvé）」、そしてオスロ（Oslo）はおそらく「アース神族*の聖なる杜」を意味する「アースルンド（Áslundr）」だった。

興味深い抵抗の痕跡もみられる。アイルランドにコーク、リムリック、ウォータフォード、ウェックスフォードといった町を建設し、命名したのはヴァイキングであることが史料から判明している。けれどもダブリン（Dublin）はそのノルド語形のDyflinnと似通ってはいるが、じつはケルト語の（Dubh-Lin「黒い─入り江」）起源なのだ。いみじくもノヴゴロド（Novgorod）については、ヴァレーグ人たちが受け継いだのは「garðr（ガルズ「囲い地」、「囲いの壁」）」つまり「-gorod（ゴロド）」の部分だけであり、スラヴ語の「ノヴゴロド」にヴァイキングの「ホールムガルズ（Hólmgarðr「小さな島の囲い地」）」がとってかわることはなかった。「ヴィーンランド（Vinland）」は「幸いなる土地」のいわれであると説明できるとする俗流の語源学もあるが、ここでは触れないでおこう。（一八）

これまで、程度は異なるが依拠すべきと思われる史料を四つの類型、すなわち考古学、古銭学、ルーン学、文献学《フィロロジー》を紹介してきた。つづいて文学史料について述べなければならないが、この史料のとりあつかいには細心の注意が必要である。これなしでヴァイキング時代の研究をするのは実際上ほとんど不可能であるが、あまりにも無批判に利用されてきたため、多くの誤りや神話を生みだしてしまった。文学史料には、スカンディナヴィアのものもあれば、北欧以外のもののもある。

ごくわずかな例外を別にすれば、文学史料はいわゆる「アイスランドの奇跡」の産物であるといってよい。九九九年、キリスト教に改宗したアイスランド人は、理由はまだ十分解明されていないが、十二世紀になると文字によって記録するようになり、この慣行は以後中世をつうじて連綿と受け継がれていった。それは暦の計算法からサガまで、世界地理の写本から「リームル」とよばれるきわめて独特な押韻物語詩まで、想像しうるかぎりのほとんどあらゆることにおよんでいる。綿密に検討され、公刊されるのはまだ先になるだろうが、それらは多くの分野の研究と、白熱した議論の対象となってきた。とはいえ、そうした議論のすべてが本書のテーマに関係するわけではない。これらテキストの多くが古くからの口誦に起源を発しているのか、あるいは異国の作品をまねたものなのか、さらには史料が年代記風のものである場合、信憑性のある史料とみなすべきかどうか判定したりすることに、本書の主眼がおかれているわけではない。歴史家には慎重さが求められるが、探索がもっぱら文化や文明の事象でしかないとき、ある意味では、かならずしもつねにそうである必要はなかろう。たとえ作者が意識しなくとも、そうした関心は文章のはしばしにおのずと顔をのぞかせるものだ。

これはもちろん、エッダ詩、スカールド詩、サガ、それに類する文学作品全般についていえる。それらの作品については、知的活動の成果について検討する第七章でもっとくわしく検討するとして、ここでは、そうした記録を史料としてどう評価するかということだけを問題にしよう。すでに触れたところから察せられるように、『エギル・スカッラグリームスソンのサガ』に語られている事柄が実際にあったと考える必要はない。だが、主人公エギルがエイリーク血斧王にむけた名高いニーズ*（侮蔑）詩や、このサガの第七八章で付随的に述べられている話、つまりエギルが干した海藻を食べさせられる話を、悦に入った作者の創作と考える必要もない。前者のニーズ詩の登場人物や物語の背景はおそらく虚構ではないが、多少そうであってもかまわない。興味深いのは、原理と事柄そのものである。ヴァイキングの装備や衣服や馬具などの再構成に努力がかたむけられてきたが、それはもっぱら、『韻文エッダ』と『散文エッダ』という二つのエッダのテキストに記されている細部を照合するためだった。だからといって、これらの詩に語られているすべてを盲信しろといっているのではない。

有名な事例をひとつだけあげよう。『韻文エッダ』の「リーグの歌」では三分割された社会組織が示されているが、それは現実を反映していない。この点についてはもっとあとで説明するが、そのように描かれているのは、この詩がおそらくケルト起源だからであろう。逆に、アトリ＝アッティラの人物像と、グンナルとヘグニというニーヴルング一族の最期をテーマにした二つの壮大な英雄詩を注意深く比較してみるのも、じつに有益である。そのひとつ「アトラクヴィザ*（アトリの歌）」が上流階級に属する詩人によって、洗練された聴衆むけに作られた詩であるのはまちがいない。フランス人読者の誤解をまねくおそれがないならば、この詩を貴族的とよびたい。これにたいし、もうひとつの「アトラマール（アトリの詩《うた》）」が、もっと「大衆」的な人びとを対象にしていることはあきらかである。それゆえ事実においては、異なる複数の社会階層の存在を証明しているのだが、だからといって、「リーグの歌」が示すほどの厳密な階層化が実在したとするにはあたらない。

成立年代も警戒したほうがよい。「ハムジルの歌」など一部のエッダ詩やスカールド詩の多くは、おそらくまだヴァイキングのいたころに生まれた。なかにはヴァイキング自身が自分たちのために作ったものもあるだろう。けれども、それ以外の多くの詩は、たとえそのテーマ、あらすじ、イメージが古いものであったとしても、十二世紀から十四世紀にかけて作られているのである。『韻文エッダ』の「スリュムの歌」は、こんにちまで伝来しているその詩の形式から判断して十三世紀のものであり、しかもスノッリ・

ストゥルルソン(一九)の手になる可能性さえあることが判明している(二〇)。これはグロテスクで野蛮な詩であり、巨人族をうち倒す雷鳴の神ソールが婚約者として女装する場面が描かれている。この話のもとは古いかもしれないし、とくに、中心となっているあらすじについてはそうであろう。だがこの詩に「ヴァイキングのユーモア」が巧みに表現されているとみるのは危険である。われわれの知っている「スリュムの歌」が書かれたのは、最後のヴァイキングが死んでから、およそ二〇〇年もたってからのことなのである。とはいえ、この詩にたいするわれわれの最大の関心事をはっきりさせておかねばならない。つまり結婚とソールの「ハンマー」による聖別とのあいだに有機的な関連があったことである。編纂の正確な時期はともかく、いずれにしてもキリスト教時代になっていたので作者はあまり触れていないが、両者に有機的な関連があったことは、この詩からあきらかである。詩のなかでソールは豊饒多産の価値を与えられている。このことはソールが雷神である――その象徴が、いま問題にしている「ハンマー」、すなわちミョルニルとよばれるものである――という観点からみると意外であるが、いくつかのルーン碑銘文の末尾に刻まれた、おそらくは呪術的な決まり文句、「ソールがこれらのルーンを聖別せんことを」を思いおこせば納得がいく。

いずれにせよ、大多数のエッダ詩やスカールド詩やサガは、おおむね十三世紀のものであり、当時としては異例ともいえる著述活動の黄金期だった。けれども一方では当然のことながら、少なくとも二世紀のあいだ、あらゆる伝承がそのまま保存されたとも考えにくい。こんにちであれば保存手段にはこと欠かないが、当時そのようなものはまったくなかったからである。他方ではもちろんのこと、サガの作者がわれわれに再現してくれるのは、自分たちの慣習、ものごとにたいする反応の仕方、すききらいである。アイスランドのどの種類に属するサガであれ(二一)、われわれにひとつの心性を示してくれる。ただし、それはこのサガの編纂された十三世紀の人びとの心性であって、厳密にはヴァイキングのそれではない。このことは、前述のエギル・スカッラグリームスソンやオーラヴ・ハーラルソン（聖オーラヴ）などの歴史上の人物の生涯やその所業を、あるいはヨルムンレク王（東ゴート人の王エルマナリクス）やショースレクないしシーズリク（東ゴート王テオドリック）といった「伝説のサガ」の大立て者を、サガが熱心に再構成している場合にもあてはまる。ましてやあとの二人はヴァイキングよりさらに古い時代の人物なのである。

すでに指摘したように、サガのカテゴリーのひとつに、いわゆる「同時代のサガ」がある。本書がとっている観点からすれば、ほかのサガにたいする以上に注意を払うべきなのはいうまでもない。「同時代のサガ」とは、『ストゥルルンガ・サガ』と「司教のサガ」の総称である。おおまかにいえば、これらのサガで語られているのは西暦一〇〇〇年ごろ（「司教のサガ」）から一二六四年（『ストゥルルンガ・サガ』）にかけて、つまり、よくてヴァイキング活動最末期からはじまり、活動がやんで二世紀たったころまでの出来事なのである。なるほど慣習や、住居、衣服、武装、日々の仕事などの細かな事柄は、きわめて緩慢にしか変化しないのはよく知られている。けれども、三世紀ものあいだ何も変わらなかったということはありえない。事実、その間に根本的に変わってしまったものもあった。B・アルムグレンと弟子たちがその著作『ヴァイキング』に結実させた再構成の成果は注目に値するし、私もこの書物を大いに利用しているが、「同時代のサガ」のデータとは部分的にしか一致しない。たとえば、『ストゥルルンガ・サガ』に収録されている「有徳のグズムンドのサガ」の第二三章に弩《おおゆみ》が出てくるが、北欧ではこの武器は十二世紀にならないとみられない。ヴァイキングがそれを知らなかったことはたしかである。これにたいし、「同時代のサガ」できわめて頻繁に言及されているヴァズマール*という毛織布は非常に上質のものであったので、ずいぶん長いあいだ交換手段として用いられた。どの点から考えても、何世紀ものあいだヴァズマールは自家製織物の主力品だった。こうした例は枚挙にいとまがないであろう。

いずれにしても、これまでに述べた理由で、ヴァイキング自身の手になる、あるていどの分量をもった史料は伝来していない。唯一の例外はルーン碑銘文だが、この利用は慎重におこなわなければならないことはすでにみたとおりである。

過剰批判になってはならないが、(二二) 法典にも同じく用心しなければならない。思うに、少なくとも北欧の法典は聖書やローマ法を全面的にまねたものではない。けれども法典は、その本性からして、人びとの習慣的な考え方、敬われていた伝統、そしてまちがいなく個別の権利しか反映しえない。そのことを考えると、法典の条文にはしばしば注意が必要である。しかも最古の法典が編纂されたのは、サガの場合と同様、ヴァイキング時代が終焉してかなりたってからのことである。読者にも十分おわかりのように、われわれの前にはつねに同じ問題が立ちはだかっている。つまり伝来した記述のどの部分が真実であり、どれが真正の史料なのかということである。キリスト教化と、事実と記録とのかなりの時代差とが、実際に起きた事実と証言の信憑性とのあいだに、幕やフィルターのように立ちはだかっている。これが私のたえず強調してきたことである。このことがとくによく妥当するのは、ある意味では当然のことなのだが、宗教的な領域である。そこでは北欧古来の宗教を根絶し、少なくともその権威を失墜させようとする試みがなされた。本書が関心を寄せていることの多くがそうであるように、中立的とみなされる領域に属す事柄でさえ、客観性を期待するのはむなしいことかもしれない。

さらにヴァイキングについて語っている、スカンディナヴィア人以外の異国の人びとが書いたものについてもひとこと触れておきたい。ただし、フランク人、アイルランド人、アングロ・サクソン人などの編年史家や年代記作者のことは、ここで触れるつもりはない。かれらについては別の書物であつかったことがあるし、(二三) その不公平さは知れわたっていて、とりあげるに値しないからである。かれらこそが、こんにちの「ヴァイキング神話」の主たる責任者である。しかも、ヴァイキングの日常生活に関心を抱いている者に、ほとんど何の情報も与えてくれないのである。ここではせめて、出来事に直接かかわらなかったために、むしろ不偏不党な観察者であった人たちについて触れておこう。かれらは実際の当事者以上に好奇心旺盛な証人であった。たとえば、イブン・ファドラン、イブン・ルスター、イブン・コルダードベーといった「在任中の」アラブの外交官たち、ビザンティン皇帝コンスタンティン・ポルフュロゲニトス、「ルーシ人」に好意的であったスラヴの年代記作者ネストール、あるいは自分の立場の優越性を自覚していたアングロ・サクソン人であるウェセックスのアルフレッド大王。さらに、いうまでもなくブレーメンのアダム。かれがその著作『ハンブルク大司教事績録』の余白を、スカンディナヴィアとその住民に関する注釈で埋めつくしていたころには、自身がその主題に時間的にまだほんの近いところにいた。同じことは『聖アンスガール伝』を著したリンベルトについてもいえよう。かれは北欧でキリスト教の布教活動をつづけながら、その道すがらときおり目にするものにたいし好奇のまなざしをむけていたのである。

こうした検証を、これ以上ならべたてるのは無益だろう。読者に先刻おわかりのように、ヴァイキングの日常生活を再構成するのは、ある種の無謀な賭けであり、比較的信憑性があるのは地中に埋もれている物だけである。それでも異なるタイプの史料の証言が一致したり、相互に補完し照らし合うとき、事実の一片が得られたとみなす、という原則にたって、この試みにとりくんでいきたい。本書から得られるヴァイキングの最終的なイメージが、読者のロマンティックな心情がひそかに育んできたイメージと、ことにスカンディナヴィアのロマン主義者が好んで抱いてきたイメージと一致しないのはまずまちがいない。だからといって、「誇り高き北欧の子ら」にたいする称賛が失われてしまうとは思えない。称賛するものが変わるだけのことである。新たに現れる称賛すべきものが何であれ、それは強調に値することであろう。

第三章　ヴァイキング社会

本書が家族に関する考察からはじめたのは意図してのことである。[一] 広い意味での家族（エット*、キュン）はこの社会の基礎細胞だからだ。そこには血族のほかに、親しい友人、誓約による義兄弟*、養子縁組みによる親族、その家が養っている貧民なども含まれる。少なく見積もっても五〇人ほど――本章で述べる社会は、このていどの数字に意味があるほど非常に小さな集団である。大きな集団を対象とする現代の数値データをそこにあてはめても、あまり意味はなかろう――の人びとがみな、家長（フースボーンディ*）とその妻（フースフレイヤ）に従属しており、その度あいはさまざまである。

すでにみたように、エッダ詩のひとつ「リーグの歌」では、「奴隷」、ボーンディ、王侯の三つに分化した社会が示されている。そのためこれを根拠として、ヴァイキングは明確に区分される三つの「階級」ないし社会階層で組織されていたとみなされがちである。このような見解を立証してくれるくだりは、必要とあらばサガの随所に見いだされよう。

ところが実際には、「奴隷（スレール）」はひとつの問題を提起している。北欧に奴隷がいなかったとはいわないまでも、それがわれわれの通常思い描くような奴隷であったとは思えない。当初、つまりヴァイキング時代以前のスカンディナヴィア社会に、自由を享受しない一「階級」があったという証拠はない。ところが初期の襲撃以後、ヴァイキングが奴隷を捕えたというのはいかにもありそうなことである。初期の襲撃では、家畜やその他の戦利品の略奪とならんで、人間狩りで締めくくられることが多かったからである。当時もっとも価値ある「商品」のひとつが奴隷であることに、ヴァイキングが気づくのにほとんど時間は要しなかったであろう。たちまちのうちに奴隷交易は、ヨーロッパとアジアの「市場」の動きに精通したこれら商人たちの主要な活動となっていく。けれども狭い意味でのヴァイキング現象がはじまるずっと以前にも、ヨーロッパ世界とはたえず接触していたのだから、かれらが奴隷というカテゴリーの人間の存在を知らなかったはずはない。それで、かれらの商業地ヘゼビュー（デンマーク、ハイタブの古名）は、やがて奴隷交易に関してはコンスタンチノープルに比肩しうる一大中心地のひとつに成長していくことになる。これらの航海者たちの主要なルートのひとつであったルート、つまりバルト海南域を経由してリガ湾の奥からロシアの河川と湖沼の複雑な水系を通り、黒海を渡って帝都までいたる東方ルートによって、ヘゼビューとコンスタンチノープルとが結びついていたのはたしかである。

ヴァイキングは捕虜の一部を故国に連れて帰り、かれらの農場の生活に加え、かなり手荒にあつかった。けれども結局のところ、これらのことはすべて本書があつかう九世紀と十世紀においては当然のことなのだ。ところが十三世紀のサガの作者は、奴隷制というものをもはや風聞、古典古代の書物、あるいはとくに聖人伝でしか知らなかったので、かれらの作品のなかで奴隷を型どおりの登場人物に仕立て上げ、いかにも奴隷らしい型にはまった筋立てを展開した。そのためテーマがすっかり誇張され、作者好みの文学上の「癖」が顕著にあらわれているように思われる（たとえば奴隷の恥知らずな臆病さ、欲得ずく、救いようのない愚かさについては、『エイルビュッギャ・サガ［エイルの人びとのサガ］』参照）。このことはよく理解できる。サガはその本質からして古典古代の史書と、中世の聖人伝の表現形式の影響を受けていることをけっして忘れてはならない。どちらもラテン語で書かれたこれらの書物にとって、商品であること以外に何の価値もない劣った存在という奴隷の概念はおなじみのものなのだ。サガの故郷アイスランド本国での最近の研究動向はつぎの点に集中している。サガを書いたアイスランド人は、ノルウェー王ホーコン・ホーコンソンが自国で実践していたところにならって、貴族社会の生活態度やものの見方を、多少なりとも意識的にきどってみせたのだ、と。そのようなわけで、かれらが好んで奴隷制というテーマを展開しているのもうなずける。

けれども、奴隷のこのようなありきたりの概念は、古スカンディナヴィア人の心理について知られているところと一致しないと考えるだけの根拠があるように思われる。とどのつまりは馬鹿げた空想にのめりこむのでなければ、ヴァイキングが重きをおき、その歴史の全体をつうじて賞揚してやまない価値は、そうした人格にたいする侮蔑とは真っ向から対立するものであった。そのように考えると、かれらがすすんで人を殺すことはあるとしても、奴隷の虐待に手を染めたりはしなかっただろう。

ここで本題にもどるが、それは北欧では「奴隷」――おそらく遠征で捕えられた者か、あるいはスカンディナヴィア内の他「国民」(というのは近代的見方だが)――の解放が、驚くほど容易であったからだ。かれらは、あらかじめ決められた額を支払って自分を買いもどすか、あるいは奉仕の功績のゆえに解放された。前者の解放奴隷を「レイシンギ」といい、動詞「レイサ」は「(自分を)解放する」という意味である。後者の解放奴隷は「フリヤールスギャヴィ」で、動詞「ゲヴァ」は「与える」を、「フリヤールス」は「自由」を意味している。解放されうる点からして、私はサガや法律のテキストが「スレール(奴隷)」という語を、異邦人や「小」ボーンディをさすのに用いているのではないかと考えることしきりである。

いかなる理由であったにせよ、異邦人は出身地にかかわりなく家族や親族の構成員に加えられなかった。「小」ボーンディは、今世紀初頭のアメリカ合衆国南部の「プアー・ホワイト」と似たような境遇にあった——プアー・ホワイトはいわば普通の白人とあからさまに差別され、その運命は黒人にくらべてさしてよいものではなかった——。正しく理解してほしいのだが、私は、ヴァイキングのもとでは「奴隷」というものが存在しなかったといっているのではない。ただ、その語や実態がこんにちのわれわれが理解しているものと一致していなかったことはたしかだ。それゆえ文学や法律の史料が奴隷について触れている場合は、十分な注意が必要であろう。そのような場合、これらの史料はよく知られた古い慣習にとらわれているように思われるからである。

そもそもなんでも屋のスカンディナヴィア人、つまり上・中・下層いずれに属するにせよ、ヴァイキングはみな「ボーンディ」だった。ここで少しこの言葉について考えてみよう。「ボーンディ（bóndi）」は巧妙につくられた語であって、動詞「ブーア（búa）」の現在分詞が名詞化した「ボーアンディ（bóandi）」の縮約形である。「ブーア」の本来の意味は、「収穫をもたらすよう土地を準備する」ことであるが、副次的な意味は「定着する、居住する」である。実際、どの史料でも「ボーンディ」は自由な農民＝漁師＝土地所有者として描かれている。けれどもボーンディは単独で存在しているのではなく、家族という枠組みのなかで定義される。そのことは、名前のつけ方がけっしていきあたりばったりにつけられたのではなかったことに示されている。たとえばビャルニ（Bjarni）の息子ボズヴァル（Böðvarr）の息子ビョルン（Björn）のように父親の名前の頭韻を継ぐ命名法や、シッゲイル（Siggeirr）の息子シグフルズ（Sigfrøðr）のように父親か母親の名前の一部（Sig-）をとる方法もある。あるいは長男であれば、ボルガルフィヨルドの一族のエギル、ストゥルルング一族のストゥルラなどのように有名な祖先の名をもらうこともある。

「姓」がないことに留意されたい。ヨーン・オーラヴスソン（オーラヴの息子ヨーン）とかアーストリーズ・オーラヴスドーティル（オーラヴの娘アーストリーズ）というように、かれらは父の息子もしくは娘なのである。この慣習はいまもなおアイスランドでつづいている。そもそも何世代にもわたる自分の家系をそらんじてみせることができるのは、ボーンディとしての法律上の義務である。それに序章で述べたように、かれらは自分より身分の低い女性、つまり自分とのあいだに「人間のちがい（マンナムンル）」があるような女性との結婚など考えもしないであろう。ボーンディとは、まずもってある社会的地位なのである。その地位は財産の多寡によってだけ示されるのではなく、おそらくそれ以上に家柄の古さに根ざしている。

ボーンディが自由な人間であるのはいうまでもないが、たとえば他人の家に雇われたり、小作人・借地農になったりすることもある。そのような場合でも束縛されたり、隷属しているのではない。くりかえしになるが、ボーンディを特徴づけているのは、わけても言論の自由なのである。かれらには毎年決まった時期に開かれる公の集会（シング）で、だれにも邪魔されずに発言する権利を法によって認められている。ときには公然と王を非難したり、さからうことさえある。スノッリ・ストゥルルソンの『ヘイムスクリングラ』に収録されている「聖オーラヴのサガ」には、恰好の事例が記されている。スウェーデンのウーロヴ王は、ノルウェー王オーラヴ・ハーラルソン（のちの聖オーラヴ）と和睦するつもりも、相手の要求どおり娘を嫁がせるつもりもなかった。臣下はこれを誤りだとみなし、王のいうことに耳をかそうとしない。そして重要なボーンディ、ソルグニューが立ち上がった。

「王よ、われらボーンディは、ノルウェー王『でぶ』のオーラヴと和睦すること、ならびにかれにご息女インギゲルズを縁組みさせることを要求する。かつてあなたの親族や先祖が領有した東方の国々をふたたび征服したいのなら、われらは一丸となってあなたを助けよう。けれども、われらのたっての願いが聞きとどけられないとあらば、あなたに襲いかかり、その命を頂戴する。われらは、あなたの不和や不正を容認しない。われらの祖先もそうしたのだ。われらの祖先はムーラのシングで、ちょうどいまのわれらにたいするあなたのように、傲慢この上ない態度をとった王を五人沼に投げこんだ。さあ、どうされるおつもりか即座に答えられよ」。こうして、喚声と武器を打ち鳴らす音で集会は喧噪につつまれた。王は立ち上がり、こういった。すべてボーンディの望みどおりにするがよい。ボーンディがやりたいことはすべて、ボーンディに決定させるべきである。これはスウェーデン王代々のならわしなのだ、と。かくして、ボーンディの叫び声はやんだのである。(二)

ここでソルグニューがたえず祖先や伝統に触れているが、実際、かれが自分の主張を正当化するのにひきあいに出せるのは往時の出来事なのである。

一般のボーンディに話をもどそう。かれらはわけても訴訟を起こす権利を完全にもっており、概して訴訟手続や法律にくわしい。侮辱を受けた場合には、完全な賠償を請求する権利を有している。かれらの法律には死刑はないも同然で、法律違反にそなえて、あらゆる形態であらかじめ賠償が定められているのである。

ボーンディは万能の人であり、完全な人間に期待されるあらゆる仕事をこなすことができる。かれは農民にしてかつ漁師、職人、鍛冶工、織物工等々であるが、さきに述べたように法律家でもある。いざとなれば医者(じつのところは接骨医)でもあるし、家々の祭祀の主宰者、さらにはスカールド詩人*でもある。

「スポーツ」の能力やゲームの腕前はいうまでもない。また有能な商人であり、計算、値踏み、売り込み、借銭にもたけている。万能の人であることはまちがいない。時期がくると自分のスケイズ船に乗りこむのも、ヴァイキング遠征に出かけるのもかれらである。それゆえすぐれた航海者でもあり、おそらく多少の天文学的知識をもっている。とにかく一流の船乗りで、かれらの主たる特性はこの点にあるといってもよい。自分の船の舵取りができるということは驚くべきことである。ノルウェー南部からアイスランドへ、そしてさらにその先へと長い航海のあげく達したことはかれらの功績として讃えられてきた。それはそれでよいのだが、果てしなくつづく危険なノルウェーの海岸に沿って沿岸航海をしたことや、ノールカップから白海を渡ってアルハンゲリスクにいたったこと、あるいは現在のサンクトペテルブルグのあたりからオデッサへ南下したことについても、じっくりとくわしくしらべてみれば、称賛せずにはいられないであろう。

あきらかにボーンディは、本国でも国外でもいつでも必要とあらば腕力にものをいわせた。それは、かれらが特別乱暴な人間だからではないし、ましてや空いばり屋だからではなく、自分の名誉に非常に敏感だったからだ。「外国」に滞在中、切断銀をはかる秤にかえて、両刃の長剣を手にしなければならない状況に追いこまれるのは日常茶飯事であった。とはいえさきほど触れたように、すばらしい才能に恵まれた商人であり、その面影はかれらの遠い子孫にいまもなおみることができる。

故国では、交易はすでにかれらの主要な活動のひとつになっている。この点は、きちんと把握しておくべきであろう。デーン人であれば穀物や豚肉を（ここでも歴史は愉快な連続性を浮かび上がらせている）、スウェーデン人であれば鉄や毛皮を、ノルウェー人であれば石鹸石や木材を、そしてアイスランド人であればヴァズマール毛織布や干し魚を売る。アイスランド人のヴァイキングがいたことを疑う必要はない。

たしかにアイスランド島への入植がおこなわれたのは、ヴァイキング現象の第二期だった。けれども十世紀初頭から、この島は「ノルマン人」の船団に乗組員を供給していたと考えられる。皮革、毛皮、琥珀は、いずれも好んで外国の愛好家にむけられるが、全部というわけではない。立証されているかぎりでは、かれらの最大の関心事は富を獲得し、裕福になって戻ることである。あたかもライトモチーフのごとくサガにくりかえされる表現がある。「かれは夏にヴァイキングに出かけ、富を獲得した」、「かれらは夏に東方へヴァイキングに赴き、多くの財産を得て、秋に故郷へ戻ってきた」。つぎのものはもっと表現力に富んでいる。「そのときビョルンは富と名声を獲得するためヴァイキングに出ていた」。

ともあれ、ヴァイキングの起源が何であろうと、その定義として最適なのは、スノッリ・ストゥルルソンが「オーラヴ・トリュッグヴァソンのサガ」のなかでソーリル・クラッカという人物について述べているくだりだろう。それを要約すれば、かれは自分の時間をヴァイキング遠征と交易旅行にふり分けていた。ただし厳密にいえば、こうした区別は適切ではない。交易旅行中に軍事的関心が商売上の関心を上まわることもあったし、またヴァイキング遠征とはある種の交易旅行だったからである。この問題については、第五章の「船の生活」のところであらためてとりあげることにしよう。ここではさしあたり、人間の活動でボーンディがその能力を発揮できない領域はない、ということにとどめる。そこには芸術の分野も含まれる。冬の長い夜は、細やかな装飾や飾り物の仕事をするのにうってつけだった。

けれども、専門的な職業がおそらく三つないし四つはあった。たとえば医者であり、それには外科医も含まれる。ヴァイキング時代を画することになる暴力の嵐が吹き荒れた時期、医者が大いに必要とされたことは察せられよう。いやむしろ「女医が」といったほうがよいかもしれない。この職業にたずさわっていたのは、女性のほうがかなり多かったと思われるからである。[三] 北欧の医術はかれらに固有のものであったのだろうか、それともサーミ人（ラップ人）の医術を受け継いだのだろうか。冷凍療法はすでに何世紀も前に発見されていたのだろうか。あるいはその知識の源泉はサレルノ（イタリア）やサン・ジル（フランスのモンペリエ）に求められるべきだろうか。くりかえしの指摘になるが、『義兄弟のサガ』や『フラヴン・スヴェインビャルナルソンのサガ』といったサガは誤解のもとになる危険がある。とはいえ、「レクニル（医者）」がいたことはたしかである。それはひとつの専門的職業としてか、あるいはボーンディがときに応じて医者になるというかたちで存在していた（当時フランスで、これに相当する語は「ミール」であったようだ）。わけてもその処方にたいして支払われるべき報酬額を明確にすべく、法典はしばしば医者に言及しているからである。

同じことは法律家にもいえよう。これからなんども触れることになるが、ヴァイキングは法や法律に心血を注いでいた――それらは宗教に根ざしていた。このことについては、サガがさまざまなかたちで例証してくれよう。サガには法にたいする古くからの態度が反映されていない、と考える理由はまったくない――。なんぴとも法律を知らぬとはみなされていないのであり、それどころか、正しいのは法律の条文をもっとも熟知している者であって、かならずしも道義的に正しい者ではない。この観点からみれば、『ニャールのサガ』は果てしなくつづく訴訟の裁判記録とみなすことができよう。訴訟については、このサガを注意深く読めば非常に有益である。特定のボーンディたちは法律をよく学び、その知識に精通するようになり、係争点について意見を求められていたことなどがよくわかる。独立アイスランドに、かなり早くからアルシングとよばれる全島集会があり、この議会の議長役をつとめるログソグマズ（法の語り手）のいたことに、そのことがよくあらわれている。ログソグマズの役割は、その職名に示されているように、三年間の任期中、法律（ログ）を毎年三分の一ずつ朗唱する（ソグ）ことだったのである（「ソグ」は動詞「セギャ［言う］」の派生語）。

つぎに、「スミズ」*について述べておこう。この語は「鍛冶師」を意味するが、もともと専門分野——そういうものがあったとすればであるが——にかかわりなくあらゆる種類の職人をさしている。「スミズ」はすぐれた鍛冶師ヴォルンドに形象化され、多少なりとも神聖化されていた唯一の「職業」であって、その理由だけからしても疑いもなく特別な社会的地位を享受していた。ミルチア・エリアーデが立証したように、鍛冶師・火の親方・呪術師であるヴォルンドは、火によって「結びつける」力をもっている。スミズは驚くべき技能を習得しており、そのことを理解するには、スカンディナヴィア諸国の博物館を少し歩くだけで十分である。そしてヴァイキング船はその驚くべき熟達のまたとない証拠である。本書はスミズをさまざまな名称で、頻繁にとりあげることになろう。この語は大工、建具師、金銀細工師など、どのようにも表現しうるからである。

さらに、「祭司」（おそらく「ゴジ」がこれに相当しよう）についても触れておこう。この「祭司」が、われわれの通念となっているような意味での祭司であったとか、ましてやなんらかの教団やカースト、あるいは特別な団体に属しており、それゆえ特別に養成されたり、特別な秘儀を伝受されていたとは、私は考えていない。われわれの知るかぎりでは、教義や「信仰」や聖典を欠くこの宗教は、まれな機会、つまり人生におけるいくつかの重要な日や、冬至・夏至、そして場合によっては春分・秋分の際にもおこなわれる簡単な儀式に帰せられるものだったので、しかるべく養成された「祭司」が必要であったとは思えないからだ。必要とされたのは、一定の礼拝の所作ができ、お決まりの祭文が唱えられ（この点については、まだ十分解明されていない）、各種の儀式を執りおこなえる供犠司祭だった。儀式が丹精こめて仕上げられたものであったとは思えない。私的な祭祀については家長が、公的な祭祀については「王」もしくはそれにかわる者が、宗教的性格の集いを主宰すればたしかにそれで十分だったのである。けれども確信をもっていえることを、ひとつだけあげておこう。それは、われわれが（そしてサガの作者さえも）、スカンディナヴィアの文化とケルトの文化がたえず交流していたことからドルイド僧や、さらには旧約聖書に出てくる司祭や古典古代の神官にみられる特徴まで、ゴジにかさねあわせてしまう傾向があるということである。

それでも「ゴジ」という語は史料に出てくる。さきほど述べたように、この語はまったく別の種類の社会的地位をもった人物をさしている場合がありうる。また、「ゴジ」という語が出てくる場合、神のひとりの名をともなっていることがよくある。たとえば、「フレイスゴジ」とは「フレイ神のゴジ」のことである。これは、たんにそのゴジがフレイを特別に崇拝していたことを示しているだけなのかもしれない。このことについては適宜触れるが、スカンディナヴィア人は神なる「友（ヴィンル）」*ときわめて明確で特別な関係にあったのである。ともあれ、本題から逸れないようにしよう。以上に述べたような仕事につく特権はボーンディに、それも特定のボーンディに帰属する。呪術師の地位も、呪術という概念だけをとり出すことができるならば、たしかに同じような分析ができる。呪術師の役割を担っていたのは、むしろ女性のほうであったらしいという点が少々異なるのだが。

くりかえしになるが、職業の専門化が追求されるようになるのは、われわれの時代になってからのことでしかない。真のボーンディ、真のヴァイキングは、あらゆる不測の事態に対処することができるのだ。『ニャールのサガ』のフリーザレンディのグンナルをみてみよう。そこには、若いころにはヴァイキング遠征にも出かけたグンナルが友人ニャールに助けられながら、ある厄介な訴訟をきりぬけていく姿が描かれている。かれは、自分の見た夢が現実に何を意味しているのかを解き明かすことができる。そして畑に種をまいたり、干し草を作るなどの単調な野良仕事に励んでいるかれの姿をも、作者は描きだそうとしている。もうひとつ、フラヴン・スヴェインビャルナルソンを描写したくだりを読んでみよう。これは、かれのために書かれたサガに記されており、その成立年代はまちがいなく十三世紀である。

「フラヴンは、まったく申し分のない若者だった。工芸にかけてはヴォルンドのごとき人物で、木工でも鉄鍛冶でもみごとなものだった。かれの詩についてはほとんど知られていないが、スカールド詩人であり、かつてないほどすぐれた医者だった。司祭になるために研鑽をつみ、剃髪まで受けた聖職者でもあった。法律に精通し、話上手で、記憶力にすぐれ、歴史にも造詣が深かった。フラヴンは背が高く、目鼻立ちのはっきりした、褐色の髪の持ち主だった。かれは何をするにも敏捷だった。泳ぎを得意とし、たくましい弓の射手で、槍投げにかけてはだれよりもうまかった」。

ボーンディにはさまざまなカテゴリーがあったことはたしかである。そして、まさにこの点に史料を解釈するむつかしさがあるといえよう。たとえばサガでは、「大」ボーンディと「小」ボーンディのことが述べられているが、少し前に触れたように、「小」ボーンディとは、おそらく史料や法典のなかで「奴隷」とよばれている人びとのことであったろう。この「大」ボーンディと「小」ボーンディという両端のあいだに、数のうえでは圧倒的多数を占める、多かれ少なかれ未分化の「中」ボーンディがいたはずである。かれらは、いわばヴァイキング社会の大衆であり、船の乗組員といってもよいであろう。残念ながら、かれらのことはあまりよくわからない。かれらがサガの作者やルーン文字の刻み手の関心を惹きつけることはなかったからである。スカンディナヴィアの諸国民が、かれらを抜きにしては存在しえなかったことはあきらかである。けれども、かれらが前面に出てくることはけっしてない。現代の観点からみれば、そもそもこのことこそが、サガやこれに類する作品の作者にたいしてなすべき重大な批判のひとつなのである。作者は、これらの作品が書かれた当時外国で評判になっていたもの、つまりフランスやドイツのすぐれた宮廷文学作品をまねようとしており、そのため身分の低い者、財産をもたない庶民に関心をむけなかっただけのことだった。かれらの世界観や社会観は、もちろんこの文化に見合うていどではあるが、「貴族的」であった。この特徴はあまりにも忘れられることが多い。

したがって、前面に出てくるのは「大」ボーンディである。そうよばれるのは、ひとつには古くからの名家の出であるからである。そのおかげでかれらはいくつかの特権に浴していた。この点についてはたしかに史料には記載がないが、ことさら説明を要しないほど自明の事柄であったのだろう。かれらが父祖伝来の、さらには記憶にないほど古くからの土地にしっかりと根をおろしていることも理由のひとつである。「ヴェラダルのヴェーガルズ」や「シーザのハッル」というように、地名にちなんでよばれることが多いのはそのためであり、ひいてはヴァイキング時代の紛争の一因である世襲地にたいするかれらの権利を正当化する根拠にもなる。さらにもうひとつの理由は、なによりかれらが裕福だからである。

ヴァイキングの世界では、物質的な価値は絶対的な決め手ではないにしても、重要な役割を演じていた。たとえば船の代金を支払うには財産が必要だった。船には莫大な費用がかかったので、この種のものを手に入れる場合、たいてい人びとは協力しあった。さて、これからとりあげるタイプのヴァイキングは、クノール船ないしラングスキプ（長船）を指揮し、その全部または一部を所有する者であって、貧困にあえぐ者であろうはずがない。ルーン碑文によれば、かれらが各地の海を駆け巡ったのは「富を獲得する」ためであるが、これは、かれらが「貧しい」ことを意味しているのではない。おそらく十分には裕福でないか、あるいは富を増やして名声を高め（碑文では「名声を獲得する」）たいのである。いずれにせよ、裕福なスラヴ商人や贅沢三昧の西欧の修道院長の腹をひき裂くために、粗末な小船に乗って出発した飢えた海賊というイメージは一掃しなければならない。「海の王」とよばれるヴァイキングがいたことを伝える確実に古い伝承があったのはまぎれもない事実であり、スカールド詩にみられるおびただしい数のケンニング*（隠喩による婉曲法）によって立証されている。この「海の王」とは、とくに名声を獲得したヴァイキングの首長にほかならない、と私は考えている。

なぜならつぎに述べるように、「王」は大ボーンディのなかから選ばれるからである。これはきわめて大きな問題で、これまで大いに議論されてきた(四)。しかし、ここでは深く掘り下げるつもりはない。この社会に「王」という存在は実際にあったのだが、その称号から通常われわれが思い描くような王とは、ほとんど似ても似つかぬ実体であったというにとどめよう。「王」（コヌング、複数はコヌンガル）は大ボーンディにより、いくつかの家系（キュン、コヌングはその派生語）のなかから「選ばれた」が、どのような基準によって選定されたのかはわからない。選ばれた王の承認は、まず聖なる石（スウェーデンの場合、この石はモーラにあった。この種の石はロンドンのセント・ポール寺院にもひとつ残っている）の上に立つこと、ついで、定められた道筋にしたがって全国を巡行することによってなされた（スウェーデンでは、このことは「エーリックの道」とよばれた）。そうすることによって、この道筋は「聖別」されたのであり、かれは巡行する各地の地域集会で、新王として認知された。当然のことながら、なんらかの理由で王が満足を与えなければ、王位を剝奪され、かつて即位のためにその上に立った承認の石から文字どおり「突き落とされた」。そのうえなんと絞首に処されたのである。王とは、なにより豊年と平和の祈りをこめて選ばれたからだ。法律や呪術、さらには軍事に関する王の大権は、史料からはっきりとよみとることはできない。それらの大権が王の地位についているカリスマ性の一部をなしていたと想像することはできるのだが。王が公の祭祀における大供儀司祭であったのは、家長が私的な祭祀に関してそうであったことのいわば類似からして自明のことであったといえよう。ただし、この「王」が支配していたのはフィヨルド（峡湾）の奥やフィェル（ノルウェー語で「山」）、あるいは大きくてもせいぜいこんにちのフランスの県ほどの地域にすぎなかったことを、けっして忘れてはならない。やがてノルウェーのハーラル美髪王、オーラヴ・トリュッグヴァソン、オーラヴ・ハーラルソン（聖オーラヴ）、そしてデンマークのハーラル・ゴームソンやスウェーデンのウーロヴ・シェートコヌングといった君主たちが、すでに南ヨーロッパに成立していたところを模範とした王制を確立しようとする。この試みはまさに革命的な新機軸であった。けれどもヴァイキング時代においては、まだこの過程は緒についたばかりであった。したがって、この点についても「リーグの歌」の記述を額面どおりに受けとったり、王（コヌング）個人を離れてなんらかの実体があったと考える必要はない。くりかえしになるが、ヴァイキング時代における新機軸のひとつは、西欧風の王というものがしだいに確立されていくことなのである。そして、それが実現することによって、ある意味ではヴァイキングの社会は幕を閉じることになる。

「ヤール」*についても、同じように留保が必要であろう。「ヤール」は「コヌング」にもまして不明な観念であるが、「コヌング」より古く、門閥的な性格を帯びていたと思われる。「リーグの歌」は、ヤールと王とを区別するのにいつも非常に苦労している。ヤールをルーン（あるいは呪術だろうか）に精通した者としている古いフサルクのルーン碑文がおびただしく存在することから考えると、ヤールは、もとはといえばルーン文字について専門的な知識をもっていた部族（ヘルール族だろうか）に属し、その知識ゆえに貴族の称号を手に入れたのだろうか。それとも太古に発する真の「貴族階級」に属していたのだろうか。

これらの問いへの解答を試みるつもりはない。けれどもヴァイキング時代、ヤールが特権的な社会的地位を享受していたとは思えない。たとえばサガには奉仕に報いるため、あるいは奉仕させるために(とくにこれによくあてはまるのは、スノッリ・ストゥルルソン自身の事例だろう)、「王」がボーンディをヤールに任じている描写がなんども出てくる。このことは、ヤールという高い地位が本来帯びていた「神聖」な意味が失われ、「ヨーロッパ化」した制度に変貌していたことを示しているのかもしれない。

要するにこの社会では、おそらく「王」はさほど重要な役割を演じていなかった。すでに述べたように、私は「奴隷」の重要性も認めない。それゆえのこるは、どう考えてもボーンディしかいないのである。

ボーンディが自給自足で生活することは、まずできなかった。それにはさまざまな理由が考えられるが、そのいくつかはすでに触れた。散居定住、苛酷な気候、乏しい資源という条件は、もうそれだけでこうした社会に集団ないし共同の意識を大いにつちかわずにはおかない。だからこそ北欧社会はいまなお古くからの慣習に忠実なのである。人びとはあらゆる目的のために財産を共有にする(フェーラグ)。船についてはすでに述べたが、物的な生活で、この慣習が適用されない領域はない。フェーラグの参加者(フェーラギ)は、たがいに非常に強いきずなで結ばれていると感じており、そのきずなは復讐の義務におよぶことさえある。女性がフェーラグに参加する例もある。フェーラグはときとして複雑な結果になった。ひとりの個人が船の四分の一とか、積み荷の三分の一とかを所有することができたからである。すでにみたように、拘束力をもつこの結社は、多少なりとも宗教的な色彩を帯びた、特定の意味をこめた行為をつうじて結束を固めていたようだ。たとえばヴァレーグ人——というのは西方ではなく、東方で活動していたヴァイキングのことである——の名は、「ヴァーラル(正式な宣誓)」におそらく由来している。もしそうなら、この「ヴァレーグ」という名は、当時ヨーロッパ中にあったような、神聖な宣誓によって団結した商人の兄弟団にあてはめてもよいことになる。そして、ヴァイキングに非常にふさわしい呼び名であったということになろう。そのほかにも、おそらくフリースラント起源のギルド(五)のように、なかば商業的、なかば宗教的な別種の結社もあった。これらの結社は、ヴァイキング時代をとおしてスカンディナヴィアに存続し、キリスト教時代には、浄福にあずかるためにあったようである。

これまであまり強調してこなかったが、中世の商人はあきらかに安全上好ましくない状況下で交易することをよぎなくされていた。固い宣誓で結ばれ、相互扶助の義務を負った商人の結社が各地で結成されたこと、そして所定のルート上に「商業地」や適切な中継地をもっていたことは確実と思われる。本書は、つねにヴァイキングの交易活動をもっとも重要視しているが、かれらがこのような商業地や中継地の「チェーン」をもち、しかもそれが八世紀よりずっと以前から存在していたと考えるのがしぜんだろう。ロマンティックな空想ならばともかくも、ウップサリルやニザロースから旅立った零細商人が、あれほど危険で（ペチェネグ人のせいでルーシ人がこうむった苦難については後述する）、あれほど長く変化に富んだ道中で、だれの手もかりずに、まったく単独で交易に従事することができたとは想像しがたいからである。

こうしたすべてのことが、ボーンディ、つまりヴァイキングが個人としては存在しえなかったことを物語っている。かれらは家族や親族という枠組みのなかで、あるいはもう少し範囲を広げるなら地域やランド（land この語が意味している広がりについては、あまりよくわかっていない）という枠組みのなかで、相対的な自由をもっているにすぎない。いずれにせよサガを読めば、この社会がかかえていたパラドックスのひとつが鮮明に浮かび上がってくる。この社会が主人公にたいし共同体の掟にしたがうことをいわば強いていながら、かれらが強烈な個性の持ち主であることをも容認しているのである。この点については、サガは当時の人びとの心性を正確に再現していると思われる。

サガはまた、もうひとつの誤った通念をうち破るのにも役立つであろう。ヴァイキング社会は、男性の価値のみを重視する「男性優位」一辺倒の社会ではなかった。本書で検討している九世紀から十一世紀にかけて男性の価値が支配的であったのは当然のことである。ワーグナーが描いたヴァルキューレのわけのわからないイメージをもとに、当時のスカンディナヴィア女性をこんにちの女性解放運動信奉者の先駆けとみなすのは馬鹿げたことであろう。かといって、ヴァイキング男性を超人的な大きさに描きだし、女性をその背後に隠してしまうのもゆきすぎである。したがって、こんにちめざましいフェミニズム運動の急先鋒となっている北欧諸国において、当時の女性の地位はどういうものであったのか、少々述べておかねばならない。[六] 北欧の超人とか、タキトゥス好みの叱咤する女性のことにまで話を発展させるつもりはない。どちらも時代錯誤であることは十分あきらかだからである。ボーンディの妻、つまり主婦——くりかえしになるが、この奥方は女性のごく一部を代表するものでしかない——は、その帯につけた鍵束にすでに示されているように、まぎれもなく特権的な地位を享受していた。たしかに、彼女には法廷に出席する権利がなく、公事からは排除されている。けれどもそれは、女性が男性より劣る者とみなされていたというより、『エイルビュッギャ・サガ』を信用するなら、むしろ体力的な理由によるものだった。公事で満足な結果を得たければ、法律の知識と体力とをともにそなえていなければならなかったからだ。それに序章でみたように、きちんと執りおこなわれた結婚は、妻が離婚を決意した場合、ときとして妻の財産をかなり増加させることになった。もっとも、全体的にみて妻から離婚を申し出た事例はそう多くはない。

なにより印象的なのは、妻の道徳的な権威であろう。すでに述べたように、彼女はひとつの社会の中心であり、そこでは夫は補佐役でしかなかった。それというのも、実家と婚家の家族の伝統を守り、それを子供たちに教えこむのは彼女だからである。侮辱を受けた場合、きわめて象徴的な所作や情け容赦のない皮肉たっぷりの言葉で、家の男たちに復讐の権利を思いださせ、親族の名誉を守るのも彼女である。それは、コルネイユの悲劇の先駆けのような状況下で最高潮に達するのであり、『韻文エッダ』の偉大なヒロインたちの得意とするところだった。たとえばギョーキの娘グズルーンは、兄弟の復讐をすべきか、その兄弟を殺害した夫の正当性を立証すべきかで、いたばさみになっている（一般に、この種のヒロインたちがなによりもまず実家の親族の掟に忠実であることは注目に値しよう）。彼女は頭韻を正しくかさねた人名の系譜にくわしかったので、詩の手ほどきは当然できたであろう。同様に、彼女がたえず偉大な祖先の記憶をよびさましていたということ、つまり死者にたいする彼女の素朴な崇拝は、彼女と呪術との深いかかわりを説明しているのかもしれない。事実、呪術や妖術は男性より女性の特性であることのほうが多いのである。

ヴァイキング時代以前に時間をさかのぼってみればよい。(七)スカンディナヴィアの女性はシングに出席したり、戦闘に参加することはなかったが、大いに尊敬されていたことはたしかであろう。たとえば「同時代のサガ」は、彼女が快楽の対象とみなされることはけっしてなかったこと、人びとに尊敬されていたこと、その意見はつねに耳をかたむけられていたことを証言している。家の中では、あるいはもっと正確にいうと敷居の中へ一歩足を踏み入れれば、彼女こそまごうかたなき主人であった。敷居は法的に家庭の領域を画するものであり、そこから外は男性の領分だった。家の外の仕事、少なくともその管理は男性のものであり、かれらは政治（シング）、軍事、経済的な事柄を担っていた。けれども敷居の内側で采配をふるうのは主婦である。この文化では妾をもつことも黙認されていたにもかかわらず、正妻とその地位を争う者はだれもいない。こうした妾の存在が深刻な事態をまねくようなことはなかった。なぜなら彼女たちにはいかなる法的権利も、相続に参与する資格もなく、生まれた子供は原則として嫡出子として認められなかったからである。それゆえ使用人の手をかりて家事をこなすのは主婦であり、ときとして使用人の数はかなり多くなる。主婦は食糧の備蓄や食事の準備に気をくばり、家の管理全般をまかされ、子供を育て、教育し、あるいは教育を受けさせる。一般に子供の数は多い。自分の子供のほかに、養育（フォーストル）*の慣習（本書164-165頁参照）により、友人や知人の子供も一時的に受け入れているからである。農場の世話も、仕事がら女性にまかされること（たとえば搾乳）は、彼女がする。貧民や乞食の面倒も彼女がみる。これらの人びとは、まちがいなく当時の悩みの種のひとつであった。ひまなときには機織りや刺繍などをする。もっとも、閑暇はさして長くも多くもなかったはずだが。以上のことから、それほど想像力をはたらかせなくとも、彼女がいかに忙しい日々をおくっていたかがわかる。彼女がその活躍の場であった家族という小集団のなかで評価され、称賛されていたことはあきらかである。この種の敬意は、『ニャールのサガ』を読めば十分にたしかめられよう。そこでは、ベルグソーラ・スカルプヘジンスドーティル（スカルプヘジンの娘ベルグソーラ）という主婦が深い尊敬を受けている。

くりかえしになるが、サガの多くのヒロインと同様、まぎれもなくベルグソーラは、この社会に見合うていどではあるが、こんにちのわれわれが奥方と称するような存在であった。ここでも、さきほどボーンディのところでしたのと同じ指摘や留保が必要となる。十世紀における一般の女性、つまり平均的なスカンディナヴィア女性のことはいっさい不明だ。かといって彼女たちの運命が、サガに登場する偉大な女性の運命と大きく異なっていたわけではないであろう。つまるところ、史料を総合すると、彼女たちは西欧や南欧の「姉妹」にくらべて、より重要な地位を占めているのである。

さきほどついでに触れた貧民についてもひとこと述べておこう。スカンディナヴィア諸地方は豊かではなかった。すでに指摘したように、ほかならぬこの点にこそ、ヴァイキング遠征の主たる原因のひとつが求められるべきである。また、この社会における共同の意識についても強調した。多くの貧民（ファートキスフォールク）や弱者（ウーマギ。文字どおりには「［自分の必要を満たすことの］できない者」）がいたのであり、社会の重荷となっていた。けれども社会がかれらの運命に無関心であったわけではなく、それどころか大いに関心をもっていた。この点については法典やサガが解き明かしてくれる。二十世紀までつづくある制度が存在した。それは、所定の家にひとりないし複数の弱者が一定期間預けられ、そのつぎは別の家に預けられ、以下同じことがつづくシステムであった。このきわめて独特な「フレップル」という制度が、スカンディナヴィア全体にもあったのか（その存在が立証されているのはアイスランドだけである）、そしてヴァイキング時代にすでにあったのかはわからない。これが教会起源であり、制度化されたのは十一世紀になってからというのはありそうなことである。この制度は、現代の用語でいえば、あらゆる災害保険（とくに火災保険）と社会保障と公的扶助をすべてひっくるめたようなものだった。ここではこれ以上立ち入らずに、他人に気くばりすることにはよい面もあったのだと指摘するにとどめよう。ときにはあった負の効果、「他人の目」については後述する。

　さて、子供についてひとことも触れずに、ヴァイキングの社会構造の素描を終えるわけにはいかないであろう。子供は現代と同様、心づかいの対象であり、甘やかされはしないが、細心の注意が払われている。サガにはときおり子供の遊びや、大人の生活のなかに顔をのぞかせている子供の様子が長々と描かれているが、これは西欧の中世文学にはあまりみられない特徴である。子供という地位は、いってみれば一時的なものであり、地域や時代により十二歳かおそくとも十四歳までには「成人」する。成人したからには、その責任をすべて引き受けなければならない。サガはとかく陰欝で荒々しい物語であるといわれるが、そのサガの文章にふと、幼い男の子や女の子が、いつの時代の子供でも知っているような玩具（たとえば小さな金属製の動物）とたわむれている様子が描かれているのは、なんとも微笑ましいことである。

第四章　陸上での日常

住　居

スカンディナヴィアでも、そしてヴァイキングが多少なりとも植民活動をおこなった各地でも考古学的発見がなされてきた。それをもとに、当時の北欧の人びとの暮らしぶりをかなり正確に描きだすことができる。

本来のスカンディナヴィアの遺跡（ビルカ、ヘゼビューなど）であれ、ヴァイキングが拡大していった地域に設けられたもの（たとえばシェトランド諸島のヤールズホフ、ヨークシャー地方のリブルヘッド、そしてとくにアイスランドのストング(二)）であれ、住居の基本はかわらない。かれらの居住単位は多くの建物で構成された農場（ブール*）である。建物の壁は、泥炭のブロックを一段ごとに左右交互にかたむけ、それらを積みかさねて作ったもので、一般に、傾斜するか、湾曲している（この種の興味深い遺跡はアイスランドに残っている）。ひとつひとつの建物はそれぞれ特定の用途にあてられているが、そのうち人びとが住んでいるのは、「スカーリ（母屋）」ないし「ストーヴァ*（居間）」とよばれる長方形の建物である。

その規模は大小さまざまであるが、参考までにストングの農場の母屋を例にとると、建物本体だけの長さは一二メートル、幅は四メートルだった。そこに行くには細い道がついていた。母屋には付属建物が設けられており、狭い通路によって行き来できるようになっていた。母屋に窓はなく、せいぜい豚の膀胱をはった天窓があるくらいだった。煙突もなく、屋根のてっぺんにある簡単な煙出しのための孔がそのかわりをしていた。母屋の中央部には長さ数メートルの長方形の炉床があって、暖房と照明の役割を果たし、そして母屋に専用台所が付設されていない場合には、煮炊きにも用いられた。母屋の内部は屋根を支える二列の支柱によって、中央部とその両側にある壁ぎわの空間とに分けられていた。側壁は通常上張りされていたが、湿気を防止するため内壁から数センチ間隔をおいてあった。

両側の壁ぎわの空間は、それぞれ「ベンチ」で占められていた。これらのベンチは実際にも腰掛けとして用いられていたが、蓋があけられるようになっており、中には寝具が入っていた。つまり、このベンチは日中は座席になり、母屋にアルコーブがそなわっていない場合には――それはよくあることだったが――、夜のベッドにもなったのである。これら二列のベンチそれぞれのまんなかには、それぞれ高くしつらえた席（高座、オンドヴェギ）*があった。そこは複数の人びとが座れるだけの広さがあったが、ひとつは家長のための高座であり、それに向かいあったもうひとつは、かれがとくに敬意を表したいと思っているひとりないし複数の客人のためのものだった。この高座が、もとはといえばなかば法的、なかば宗教的な価値を帯びていたことはたしかであり、それは人びとの関心と尊敬の的だった。高座の両脇に立っている柱には通常彫刻がほどこされており、『植民の書』に記されている物語を信用するなら、おそらく神像が彫られていた(三)。また、主婦をはじめとする女性のために、母屋の下手に壇をしつらえることもあったようだ。

家具はほとんどなく、食糧、とくに干し魚を置いておく三角棚が部屋のすみに一つか二つあるていどである。食卓はとりはずしができ、二本の脚の上に一枚の板をとりつけたもので、食事の際にはその脚を土間に突き立てる――ただし、かならずこうであるわけではない――。土間は土を突き固めたもので、一種の床《ゆか》が張られていることもあるが、いずれにせよ、部屋全体が床でおおわれているわけではない。あかりはランプによって得ている。このランプは、地面に突き立てた細長い鉄の棒の上部を螺旋状に撚り、その上に半球形の容器をのせたもので、その中で獣脂や魚脂が燃やされる。とはいえ、このようなランプではたいして明るくなかったにちがいない。鍋は屋根の梁からぶら下げた長い鎖で炉火の上につるされていた。もちろん火は点火用の台座にはめ込まれた火打ち石を打ちあわせて得た。

ベンチの上に敷かれた革や毛皮は多くの場合高価なもので、主人の自慢の種である。美しいタピスリーも同様であって、レイキャヴィーク国立博物館やパリのクリュニー美術館にみごとに保存されている。そこでは、当時と同じように壁に飾られたタピスリーを鑑賞することができる。十世紀のスカールド詩人ウールヴ・ウッガソンも、孔雀のオーラヴの屋敷にあったこの種のタピスリーのことを愛情をこめて詩《うた》っている。(三) ついでながら、これらのタピスリーは多くの問題、たとえば作製にあたって用いられた様式やステッチに関する問題を投げかけている。それはいわゆる「目の玉ステッチ」(現代アイスランド語で「アウグナサウム」)であり、フランスでは「アルジェリア・ステッチ」とよばれている。また、アイスランドのフラタトゥンガの事例にみられるように、壁の上張りの板全体に彫刻がほどこされていることもある。その独特の彫刻は、まごうことなくビザンティン風である。(四) みごとな剣、象眼がほどこされた鉄の斧、神話や伝説を物語る絵が描かれた楯といった高価な武器もいい添えておこう。これらのものについても、スカールド詩人は愛情をこめて詳細に描いている(たとえばノルウェー人ブラギ・ボッダソンの『ラグナル頌歌』)。

　母屋は他の一連の建物から分けられており、それらとは舗装された道や板敷通路、あるいはストングにみられるようなトンネル状の通路でつながっている。けれども、このような形態になったのは、おそらくヴァイキング時代末期になってからであろう。最大規模の「農場」だと、付属建造物の総数はおよそ十棟になることもある。それらは羊小屋、牛小屋、搾乳場、鍛冶場、船小屋、干し草や穀物用の納屋、食糧貯蔵庫などからなっている。いうまでもなく、便所はいつも母屋から少し離れたところに設置されている。特別凝った農場だと、女性専用の離れまであった。けれども一般には、搾乳場、干し草用の納屋を付設した一連の畜舎、鍛冶場(ないし仕事場)は、母屋(これを意味する語として、「スカーリ」と「ストーヴァ」の二つがあるが、両者の区別はかならずしも明確ではない)から独立していない。家長は鍛冶場に細心の注意を払う。ここでかれは道具類を作り、手入れし、修理する。かれの用いる工具は基本的には三種である。ハンマー、鋏《やっとこ》、一方の先端が非常に細くなった小さな金敷《かなしき》。これらはじつはかなり古い時代にさかのぼり、しかもこんにちにいたるまであまり進歩していない。

　これまで描いたような住居が圧倒的多数を占めるのはたしかだが、それは一部の種類にすぎない。北欧には、そのほかにも、デンマークのトレレボー要塞にみられるように中庭を囲んで四つの家屋が正方形に配置された屋敷もあった。これらの建物の壁は長く、湾曲している。屋根は、どうみてもひっくり返した船を連想させる形をしており、いくつもの支柱がそれを斜めに支えている。通常、屋根には木の板が張られ、その上を泥炭質の芝土がおおっている。イプセンの戯曲『ペール・ギュント』に描かれているように、この種の屋根は非常に低く、牧草を食べようと羊がその上によじ登ることもある。

　ともあれ、ヴァイキングはほかのさまざまな面と同様、住居についても昔からの慣習や伝統をかたくなに守りつづけていたといえよう。けれども浴室、もっと正確にいえば蒸し風呂については話は別である。かれらはたいへんな風呂好きであった。知られてはいないが、中世はけっして不潔で不衛生な時代ではなかったのであり、この点については北欧も例外ではない。蒸し風呂が「バズストーヴァ」——この語の縮約形はいまも残っていて、現代スウェーデン語で「バストゥ」という。ちなみに、「サウナ」というのはフィンランド語である——とよばれる独立した建物をなしていることもあったが、いつもそうであったわけではない。母屋（ストーヴァ）の炉で石を熱し、その上に水を注ぐだけで同じ効果が得られたからである。入浴することと、そのための部屋がたいそう好まれたことはたしかである。現代アイスランド語で「バズストーヴァ」は「居間」を意味するようになっているのだから。

北欧では、いくつかの行政的中心地やとくに商業中心地を別にすれば、住居が密集することはほとんどなく、定住の基本単位は農場（ブール）である。村落、ましてや都市は存在しなかった——ただし、おそらくデンマークの村落は例外だろう。デンマークの場合は、大陸ヨーロッパと地理的に隣接しており、外国の流儀を見習わざるをえなかったのである——。農場が定住単位であったため、それは法的な単位ともなった。農場はボーンディがその世帯構成員と法にしたがって居住する場所であり、さらには宗教的にも重要な意味をもっている。「ストック（梁）」、もっと正確にいうと「トレスキョルド（木の楯）」とよばれる敷居がなかば法的でなかば宗教的な価値を帯びていたことは、一家の主婦について述べたところですでに指摘した。私は、北欧にはほんとうの意味での神殿はなかったと考える者のひとりである。『エイルビュッギャ・サガ』をはじめ、十三世紀に書かれたサガに得々と述べられていることは虚構であって、頻繁に引用されるブレーメンのアダムによる、スウェーデンのウップサラ大神殿のようなたぐいの証言があるにもかかわらず、実際には神殿はなかったのである。アダムは自分が述べていることを自分の目でたしかめたわけではなく、目撃者とされる一人の人が語ったことを報告していると思われる。神殿の問題については後述することにしよう。

私の考えでは、農場こそ法的にも宗教的にも神聖な場所であった。ただし、こういういい方ができるのは、この文化においては法的ということと、宗教的ということが区別できるならば、である。ヴァイキングの文化にあっては、法が宗教のうちに根拠をもっている。あるいは別のいい方をすれば宗教が法を正当化していた。農場が神聖な場所であったことは、農場のもっていたさまざまな特徴のうちにみてとれる。たとえば「トゥーン」*とよばれる囲われた不可侵の牧草地である。それは母屋の入り口前方に広がり、馬、牛、あるいはとくに冬至の祝祭（ヨール）*に犠牲として捧げられた豚などの家畜をそこで飼育した。キリスト教時代になると、トゥーンはひとりの聖人に捧げられることになる。もうひとつの例は、「ガルズ」とよばれる柵のもつ神聖さである。これは一般に石や泥炭のブロックでできた小壁のことであり、農場の建物全体をとりかこんでいた。ガルズを勝手に移すことはまさに瀆聖であり、そのことはこうした犯罪行為から話が展開している『殺しのグルームのサガ』に示されている。[五] さらに、すでに指摘したように、家長（フースボーンディ）が重要な儀式を執りおこなう供儀司祭であったこともたしかなのである。そのため、しかるべきときがおとずれると、農場、とくに農場の母屋は一時的に「神殿」に格上げになり、家長の占める高座は儀式をおこなう舞台となった。ウップサラの「神殿」跡とされる地点が発掘されたのだが、そこで確認された柱の穴によって示される空間は文字どおりの神殿とみるにはあまりにも狭かった。むしろその場所の主人であった人物の高座であったというほうがふさわしいであろう。十一世紀アイスランドのスカールド詩人シグヴァット・ソールザルソンは、スウェーデンの農場で自分がなぜ客人としての接待を受けられなかったのかを記している。それは、人びとがときあたかもアールヴ（大気の霊）に犠牲を捧げている最中であったからなのだ（六）。

以上が標準的な農場のあらましである。けれども農場が自給自足をめざしたというのは誤りであろう。苛酷な気候と少ない人口のために、重労働、なかでも干し草作りや収穫の時期には、あるていどの広さの地域で利用できる労働力は、すべて動員せざるをえなかったのである。それでもやはりボーンディは必要な労働の最大限を、できるかぎり世帯構成員でまかなおうとしたことはたしかである。

衣服

ヴァイキングはスカンディナヴィア外の多くの同時代人とよく似ており、われわれが勝手に作り上げたイメージとはほとんど似ても似つかない。アメリカ映画や漫画によって生みだされたそうしたイメージは、それを撒き散らしてきた滑稽な装身具を売る店にでも、この際すべておひきとり願うべきだろう。

故国では、ヴァイキングはズボン下の上に羊毛製のズボンをはいている。ズボンの形は地域によって異なり、現代のズボンと同じようにゆったりとした長ズボンや、スキーウェアのように足にぴったりとしたズボン、あるいはかつてのアルジェリア歩兵が着用していたようなだぶだぶの半ズボンがある。上半身は腿の中央部まであるチュニックを着て、腰のところで皮のベルトを締めており、場合によっては、そのベルトには、神話や伝説に題材をとった装飾のほどこされた青銅製のバックルがついている。また、四角い襟ぐりの長袖のシャツを着ることもある。頭には、フェルトか羊毛製のつばのない帽子、あるいはさまざまな形をしたフェルトのつばつき帽子をかぶっている。靴は一枚の皮で作られ、足の甲の部分でうまい具合に折りたたんで足を包みこむようになっており、紐で踝《くるぶし》のあたりに巻きつける。なかには靴底が補強されているものもある。手には羊毛かフェルト製の大きなミトンをはめている。さきほど、だぶだぶの半ズボンがあると述べたが、それにはひだがついており、ゴルフ用のズボンやクレタ島の民族衣装に少々似ている。チュニックの上には、一枚の布で作られた袖のないマントをはおっており、一個の楕円形の留め金で右肩の上（ないしはちょうど前）でとめてある。この種のブローチは発掘調査によって大量に出土している。このマントは右腕があらわになっているので、腰の左側につるした剣を容易につかむことができる。また、馬に乗る際にはすそを引き上げて留め金にひっかければよい。ヴァイキングはたいてい髭を生やしているが、義務ではない。かれらは好んで髭を編み、長い髪の手入れにはとくに気を使う。いずれにせよ、お気づきのように、かれらの衣服は基本的には現代のサーミ人（ラップ人）の衣服を想起させることと大である。

ヴァイキングの妻の衣服も実用的である。当然のことながら、現代の意味での下着はまだない。周知のとおり、下着は近代の発明なのである。主たる衣服はひだのついた羊毛製の長い服で、袖の長さはさまざまである。女性は子供が産めるあいだは、ほとんどつねに身ごもっているので、子供に授乳できるよう、この服は両方の乳房の上で開くようになっている。授乳が容易になったのは、対になった楕円形ないし円形のブローチのおかげである。それらの多くは美しい工芸品であり、なかには細工のほどこされた貴金属製のものもある。一枚の高価な布で作られ、長方形で、刺繍のほどこされたエプロンのようなものをこの服の上に着用している。それには、布が一枚だけ身体の前に垂れ下がっているもの、二枚の布が前と後ろに対になって垂れ下がっているもの、あるいは布が胴体を包みこむようになっているものがあり、左胸のところには必要な裁縫道具をつり下げている。両腕はふつういくつもの腕輪で飾りたてられ、それらはたいてい質の高い装飾品である。髪は編んだり、「ポニーテール」にしたり、髷《まげ》を結っている。通常、髪は一枚の布、つまりある種のスカーフでおおわれており、それを首筋のところで結んでいる。これは、既婚女性であることを示すしるしである。ブローチか留め金で胸の上に固定する大きなショールもある。北欧文化の他の多くの特徴と同じく、このファッションももとをただせばビザンティンのものなのかもしれない。帝都とは東方ルートをつうじてたえず交流していたからである。[七] このショールには、後ろのすその先端が尖ったゆったりしたものと、ぴったりしたものとがある。男性の衣服であれ、女性の衣服であれ、その機能性と万能性は高く評価すべきであろう。[八] 魚釣りをしようが、畑を耕そうが、鍛冶をするにせよ、何をするにも自由に身動きがとれる。冬着には粗紡毛織、なかでもヴァズマールという特別丈夫な毛織布で作られた衣服と革と毛皮がよく用いられる。「同時代のサガ」を信用するなら、ヴァイキングは身だしなみにとても気を使っていたらしい。これらの史料には、登場人物の全身像が描かれることはほとんどない。けれどもかれらが人に会うとき、自分の身なりにはつねに細心の注意を払っており、伊達男も粋な男も登場しているのである。

以上に述べた衣服がすべて自家製であることはいうまでもない。母屋について述べる際にはあえて触れなかったが、かの有名な垂直織機こそ、もっとも重要な「家具」である。織機はきわめて有用だった。衣服の布地だけでなく、ヴァズマール毛織布を織るのにも用いられたが、羊の長毛で織られるこの毛織布は、交換貨幣としても用いられていたのである。多くの判決がヴァズマール毛織布の長さでいいわたされたのも、定められた罰金を支払うにはこの「貨幣」によらざるをえなかったからだ。史料には、「外国へ」（この表現は、「ヴァイキング遠征へ」と解することもできる）行くために、ヴァズマール毛織布の包みを、まるごとひとかかえ持って船に乗りこもうとする男の姿が頻繁に出てくる。かれはこの毛織布で交易をおこなったり、遠征費用の支払いにあてるのである。他方、『ニャールのサガ』に記されているすばらしい詩「ダッラザルリョーズ」では、たしかに、織機は特別に不吉な文脈のなかで描かれている。(九)当時の織機は垂直で、壁に斜めに立てかけられていた。経糸《たて》は、穴のあいたただの石のおもりでぴんと張られていた。横糸は、原始的な手動の「杼《ひ》（シャトル）」を用いて経糸のすきまに通されたあと、これもまたじつに単純な水平の横棒で押し上げられた。われわれの知るかぎりでは、男女の区別なくだれもがこのような方法で布地を織っていた。その際、おそらく特有の歌を口ずさんでいたのだろう。「ダッラザルリョーズ」は、まさにそうした歌の代表例なのかもしれない。羊毛はもちろんのこと糸巻き棒で桛《かせ》糸につむがれた。糸巻き棒には、両端が細くなったシリンダー状の重しがついており、木や素焼き粘土や石で作られていた。そして、これを手ですばやく回転させることによって、羊毛を糸状に撚りあわせ、それを手で巻きとって糸にしたのである。亜麻もこれと同じ方法で糸につむがれた。保温性と防水性とたぐいまれな耐久性をそなえたヴァズマール毛織布は、何世紀にもわたって織られつづけてきた。現在のアイスランドの「ウールパ」、つまりある種のフードつき上着もこの布で作られている。北欧で支配的だった色は、とりわけベージュ、栗色、黒といった天然の色であった。だからといって、外国においてと同様、砕いた貝殻やさまざまな植物から作った染料が知られていなかったわけではない。

ヴァイキングが自分の外見に気を使っていたにちがいないことはすでに述べた。愉快ともいえるのは、よい身なりをし、すぐれた武具を携えた立派な男性を描写するためとあらば、なんの躊躇もなく一頁を捧げるサガが、女性のことになると、めったにそういう熱意を示さなくなることだろう。女性が注意を払われているのは、むしろその髪と顔色である。ビロードや絹といった高価な布、それもとりわけ深紅の布のことも好んで描かれている。衣服の細かな事柄になるが、女性の被り物のひとつは糊づけした布で作られ、一本の角のような形をしており、その角が奇妙な具合に前方へ折れ曲がっていた。この被り物が、『ラックスデーラ・サガ（ラックス谷の人びとのサガ）』では、収拾のつかない紛争のひとつの発端になっている。また、すでに触れたことだが、ヴァイキングが外国のファッションに極端なほど敏感であったことはまちがいない。かれらが着用していたゆったりとしたズボンが、ケルト人からとり入れたものであることはたしかである。あるいは、「カプルーン（頭巾）」や「クムパース（丸衿）」（イタリア語で「コンパッソ」）といった語はあきらかに古ノルド語ではないが、それらは外国の習慣にたいし、かれらがいかに強い関心を抱いていたかを示している。[一〇] スノッリ・ストゥルルソンはストゥルルング一族の一員にふさわしく、この種のささいな事柄をことのほか好んでいたらしい。そのような話が、ハーラル苛烈王やオーラヴ・トリュッグヴァソンといった「立派な」王であり、おまけにヴァイキングでもあった人物にかかわってこようものなら、このときとばかりに延々と述べたてているからである。[一一]

ヴァイキングの一年

ヴァイキングの日々の暮らしを検討するには、その一年を再構成するのがいちばんだろう。むろん、ここではとりわけアイスランドの史料、それもとくにスノッリ・ストゥルルソンの記述に依拠することになる。[一二] それらの史料が、かなり緯度の高い地域にあてはまるのは当然だが、北欧全体が、程度の差はあれ、同じような習慣をもっていたとみなしてよいであろう。

まず着目すべきは、古い北欧には、厳密にいうと夏と冬という二つの季節（つまり半年、ミッセリ）*しかなかった、ということである。ちなみにストゥルルソンは、年ではなく冬でかぞえており（「ストゥルラがノルウェーへ向けて出航したのは、かれが一八冬のときだった。そこで、かれは三冬暮らした」）、日数について述べる際には、日ではなく夜を用いている（「その出来事が起こったのは、何某の死の三夜前だった」）。

一年のはじまりは、つまり夏ミッセリのはじまりは四月中旬である。この月は「郭公《かっこう》の月」とか、「種まき時」とか、「春仕事の時」とよばれる（「春」とか「秋」という語はあることはあったが、一年の構成部分にはなっていない）。雪どけは順調に進行しているか、あるいはもう終わっている。河川は氷から解き放たれようとしており、森の中では郭公の囀《さえず》りがたしかに聞こえはじめる。少なくとも六ヶ月間、家畜小屋に閉じこめられていた家畜を、いまや牧草地へ放してやる時期である。冬のあいだ、家畜には古い干し草しか与えてやれないことが多かった。干し草作りは、サガにくりかえし触れられている重大問題である。ボーンディは、つぎに自分の農地のことを考える。かれはまず畑を耕す。当初、「アルズ」とよばれる無輪鋤が用いられていたが、しだいに鉄の刃先と撥土板《はつど》のついたより新しく効率のよい「プローグ」とよばれる犂にとってかわられるようになる。これは、おそらくアングロ・サクソン人の影響だろう。事実、デンマーク、スウェーデン南部、ノルウェー南部のごく一部（現在のヤーレン地方）をのぞくと、スカンディナヴィアには可耕地がわずかしかなく、そのわずかな土地さえ石ころだらけで、深く耕すのは無理だったのである。さて、耕したあとは穀物の種がまかれる。その様子は、こんにちでもバイユーの王妃マティルドのタピスリーで目にすることができる。そこではなによりも大麦か、その早生種である秋まきの六条大麦――どちらもパン作りに適した粉が得られるし、発酵するとビールの原料になるという利点がある――、あるいは燕麦がまかれている。小麦はほとんどみあたらないが、ライ麦はそれより多くみられる。とりわけアイスランドにおいてはそうであった。農地はかなり原始的な農具で平らに均《なら》されるが、この農具は古くからあった。なぜなら、『エッダ』の英雄詩のひとつがそれについて触れているからである。

急いでいるのは畑仕事だけではない。四角いシャベルで泥炭掘りもしなければならない。泥炭のブロックは小壁のように積みかさねて干される。一部は住居の暖房に、その他は住居の壁の外装か、あるいは壁そのものを作るのに用いられる。北欧諸地方では、土地の大半が沼沢地であったことを忘れてはならない。人びとは故人を偲んでルーン石碑を建てたが、そこではキリスト教時代になってもいぜんとして「かれはこれこれの場所に橋を架けた」ことが、故人の功績のひとつとして讃えられている。つまりこれは、沼沢地や泥炭地を渡る舗道を敷設したということなのだ。

ほかの土地では、木材を伐採する時期である。木は暖房にも用いられるが、そのほかにも数限りない用途がある。木は実用的な面でも、また芸術的な目的のためにも用いられる。実際に木は基本的な材料であり、人の作ったものならほとんどすべてのものに用いられている。その理由のひとつは、鉄がかならずしも十分品質のよいものではなく、むしろ粗悪であったからである。そのことはまた、まことに残念なことであるが、われわれの期待ほどに北欧文化の遺物が現存していない理由でもある。木は腐敗しやすく、とりわけ火災にあうとひとたまりもなかったのである。

いずれにせよ、ふたたび巡ってきたこの美しい季節のはじめは非常に忙しい。冬はつねに長く、しかもしばしば苛酷きわまりなかったので、その間に受けた被害をすべて修復しなければならないからである。たとえば、寒さや雪や雪どけ水による被害をすべて修復する。柵、小壁、牧養場の柵も修復する。そして農地や牧草地に堆肥をまいているうちに、時間の大半がすぎていく。また、漁や、場合によってはこの美しい季節に、これからおこなうかもしれない遠征にそなえて、船の修理も念頭においておかねばならない。

五月中旬になると、生活のリズムは変化する。この月は「卵の時」とよばれ、食糧として非常に重宝されていた野鳥の卵を採集する時期である。鳥が断崖の裂け目に巣を作っているような場合、卵の採集には危険がつきものである。そのため、「採集者」は断崖の上からロープでわが身をつり下げなければならず、このロープを振り子のように動かして卵を集める。「子羊柵の時」という名称についても述べておこう。子羊柵とは、子羊を乳離れさせて特定の場所で飼育する牧羊場の柵のことである。さらに「法的な柵の時」ともいう。人びとが農場の範囲や農地などの境界を定める「法的な柵」の修復に励むのがこの時期だからである。この柵を移動させることは犯罪とみなされており、そのことが『殺しのグルームのサガ』によって立証されていることは、すでに触れた。

この時期は快適である。冬のおそろしさやきびしさなど、すっかり忘れ去られているのだろう。人びとの関心は羊に集中している。羊を冬毛から解放すべく、だれもが大鋏を手に刈りこみにとりかかる。羊毛がどのように利用されるかについては、すでにひととおりみた。つぎの六月中旬には、移牧がはじまる。これは、いまもなおノルウェーにしっかりと受け継がれている。農場の名に値するものはすべて山に小屋をもっており、これは非常に重要なものであったようだ。「セル」とよばれるこの小屋は、現在ノルウェーにある「セーテル」の祖型である（ただし、ここで述べていることは、当然のことながらデンマークやスウェーデンの平野部にはあてはまらない）。羊と一定数の牛を引き連れて家族の大半が山に登り、少なくとも二ヶ月間そこで暮らす。長期保存用の乳製品は、このセルで作られる。このような移牧のできない地域では、鷹狩りの最盛期である。この鳥には北欧で繁殖し、とくに珍重された種がいた。フランス語で書かれた現存する最古の文書のひとつに「アイスランド」という語が出てくるが、これこそまさに鷹の引き渡しのためにとり交わされた契約書なのだ。
北欧諸地方の人びとの暮らしは海と密接な関係があり、漁業も活発におこなわれていた。けれども遠洋漁業はなかったようである。当時のバルト海や北海では魚が非常に豊富で（同じことは河川や湖についてもいえる）、とりわけタラが、そしてタラダマシやニシンも多かった。漁は一本釣りや網でおこなわれた。漁獲の大半はすぐに消費されたが、のこりは、こんにちでもアイスランドでみられる逆V字型をした奇妙な格好の簀《す》の子の上で天日で干され、もちろん、乾くとすぐに棚や納屋に積み上げられた。さらに人びとの関心を惹きつけ、また一段と重宝されたのは、鯨や大きな鯨目の海獣の捕獲だった。じつは、組織的な捕鯨がおこなわれていたという事例はほとんどみあたらない。そのかわり、鯨が海岸にうちあげられることはしばしばあった。これは、その土地の人びとにとっては願ってもないもうけ物で、法律が介入しなければならないほどだった。たいていの法典は特別の章をさいて「レキ」、つまり海岸にうちあげられたすべての漂着物について定めている。原則として、レキの収益権は、それがうちあげられた海岸部の所有者のものだった。けれどもいさかいがたえず、とりわけ鯨の解体はしばしば戦闘の原因となった。漁業についてはこれ以上立ち入らないが、漁にはシーズンがあったことをいい添えておこう。それは冬と、おそらく四月から五月にかけての春であり、ときには秋にもあった。ともあれ、以上のことがとくによくあてはまるのはアイスランドであろう。たしかに、漁は（われわれの目からみれば）おおむね「奇跡の大漁」の様相を呈していたにちがいない。こんにちでもノルウェーのいくつかのフィヨルドには、そうした大漁がもたらされることがある。

六月中旬には、「太陽の月」という、いい得て妙な呼び名の月がはじまる。スカンディナヴィア人が太古から太陽を崇拝していたことはたしかだ。古ノルド語で「ソール（太陽）」は女性名詞であることから、北欧において太陽は、おそらく母なる女神ないし偉大なる女神という神格であらわされていたのであろう。この女神は、ヨーロッパのどの前インド＝ヨーロッパ的な宗教にも見いだされる。けれども宗教についてはあとで述べることにしよう。この北方の地で数年間暮らしたことのある者なら、だれでも容易に察しがつくことだが、そこでは崇拝がしぜんに太陽へとむかう。太陽はきびしく残酷で情け容赦のない存在ではけっしてなく、それどころかやさしくてつねに幸運をもたらしてくれるのである。それゆえ、北欧の異教に夏至の大祭があったことはたしかだが、残念ながら、この祝祭についての情報があまりない。

いずれにせよ、この時期になると農場の仕事はかなり減っている。二種の非常に重要な行事が六月中旬におこなわれるのはこのためである。

そのひとつは公的で政治的なこと、つまり「シング」とよばれる集会である。これにはすべてのボーンディが参加し、集団全体の関心事である立法、裁判、交易に関することを全体で決定する。このシングこそ、すでにわれわれもよく知っているボーンディ、家族（エット）とならんで、ヴァイキングの社会の基軸をなす三本柱のひとつである。シングについては第六章の「たいせつな日々」のところで詳細に検討する。ここでは、シングが通常、現代の暦でいえば六月十五日から三十日にかけて開催されるというにとどめよう。ただしこの期間は、アイスランド人のアルシングのように、そのときどきの議事内容に応じて延長されることがある（けれども、アイスランド以外のスカンディナヴィア諸地方にアルシングに相当する全国的な制度があったとは思えない。それというのも、アイスランドは島の海岸線によって範囲が画されたひとつの圏域を形成していたからである）。すでに触れたように、大陸のスカンディナヴィア諸地方では、領土というものの意味がまったく意識されていなかった。忘れてはならないが、国民や国家や王国といった西欧風の概念は、ヴァイキング時代において何の意味もなかったのである。

ひとつだけ強調しておくと、北欧諸地方は広大な面積に拡散した極端に少ない人口をもち、あるいはおびただしい数の島々からなっているので、人びとが寒さや空間的な隔たりにより孤独にさいなまれるのはわかりきったことだ。本書でなんども触れている家族のぬくもりが、いつも孤独を癒してくれるわけではない。情報や新奇なものにたいする飢えがスカンディナヴィア人に顕著にみられるのは、そのためである。

さて、六月中旬は外国から船が到着し、練達の航海者たちが帰ってくるころである。人びとは到着した者にさまざまなことを聞く。司法上・宗教上の機関としてのシングについては、あとで検討することにしよう。シングは共同社会の生活のうえで、重要な時期のひとつにあたる。この場所、この時に、各人がいわば自分の孤独な棲み家から出てくるのである。

この時期におこなわれたもうひとつのことは、西欧人にいっそう深く関係する。六月は、ヴァイキングが航海に出かける時期である。それは、当時知られていた世界の果てへ、そしておそらくはさらにその先までいたる遠洋航海をするためか、あるいは、こちらのほうが普通だったが、取引や売買といった「ビジネス」と、機会があれば、実入りの多い小競りあいないし奇襲を交互におこなう周航のためである。原則として、ヴァイキングは三ヶ月間旅に出て、そのあとは冬にそなえて帰ってくる。故国から遠く離れた土地で越冬することもあるが、そういうことはどうやら通常はないらしい。入植の時期（おおむね九〇〇年から九八〇年ごろにかけてが、そうであったことを思いだそう）の前には、こうした手探りの試練の時期があるはずである。ただし大いに強調しておくべきことであるが、一般に、ヴァイキングは航海に出かけたとき故国に帰ってくるつもりだったのだ。かれらは気候のよい三ヶ月を富を獲得するためにあてた。もちろん、ヴァイキング遠征には準備が必要である。この点についてはとくに情報が不足しており、歴史ロマンの愛好者にとってはまことに残念というほかはない。

遠征にあたっての事の次第はつぎのようであったと思われる。どこかである首長、ある「海の王」が遠征を決意する。しかし船や商品や乗組員が必要である。この種の冒険が準備もなしにおこなわれることなど断じてありえない。秩序と組織の人であるスカンディナヴィア人であれば、なおさらである。それゆえ、遠征の準備がずっと以前から、なにより物的な面で進められたことは、さほど想像力をはたらかせなくとも理解される――遠征資金をだすのはだれか。船（共有する場合はその一部）を提供するのはだれか。革、琥珀、毛皮、ヴァズマール毛織布、食糧を持ってくるのはだれか。三人、四人、あるいは五人の乗組員（漕ぎ手一組、舵手一人、船首に一人）を提供する気でいるのはだれか。よい武器はどこで手に入るのか。通訳（古ノルド語で「トルク」という。これが古スラヴ語からの借用語であることは興味深い）をつとめることができるのはだれか。経路や中継地を知りつくしており、また実入りの多い襲撃に関する情報提供者に確実に出会える場所も熟知している人物はどこにいるのか、など。これらの問題が具体的に解決されなければ、出発は考えられない。

あれこれ予測や予想を思いめぐらせばきりがないのだが、結局のところ、遠征は運まかせであったと考えざるをえない。ヴァイキング遠征のなかで最大のリスクは、実行ではなく準備にあったと私はつねづね考えている。くりかえしになるが、遠征は莫大な出費を要し、成功のあてもない。そもそも航海自体が危険なのだ。この点は、いくら強調してもしすぎることはないであろう。クノール船は甲板のない小船にすぎず、大波にさらされ、難破は日常茶飯事である。はっきりいえば、めざす目的と用いられる手段とのあいだにはあきらかに落差がある。ヴァイキングの「奇跡」なるものは、まさにこの落差にこそあったのである。

諸問題が解決され、乗組員（おおむね、少なくとも三〇人以上の若者）が集められ、装備一式と食糧を積みこんで、いよいよ出航となる。目的地がはっきりしている場合は数週間で到着する。多くの場合、目的地ははっきりしていたらしい。こうした無謀な行為に、冒険や偶然につき動かされて出たとは思えないからである。かれらはあらかじめきちんと決められた目的地へと赴いたのであり、それは指揮者が決めることであった。ヴァイキングの出身地により目的地が異なっていたにせよ、である。スウェーデンのヴァレーグ人はコンスタンチノープルにむけて出発し、デンマークのヴァイキングはのちにかれらの名がつけられることになるデーンロー地方をめざし、ノルウェー人はアイルランド南部に行くのが習慣となっていた。これらの航海者は、自分の経路や寄港地をあらかじめ知っていたとみなしてほぼまちがいない。印象深いことに、グリーンランド（そしてお望みとあらば、ヴィーンランドも）の発見は、じつは風や嵐のせいで航海者が進路を変更したためであったらしい。これについては、諸史料が異口同音にはっきりと述べている。二人の航海者がバルト海や北海の周航について、ウェセックス王アルフレッドに報告し、王はみずからが翻訳した『オロシウスの世界史』にこれらの報告をつけ加えた。「ヴァイキング」のひとりはオウッタルという名前までわかっている。かれらがきちんと決められた経路をたどっていたことは、これらの報告からわかる。(一三)

話をヴァイキングの一年にもどそう。七月中旬には大事な時、「干し草作りの月」がはじまる。干し草作りは非常に重要な仕事である。長い冬のあいだは、家畜を戸外に置いて自分で餌を探させることは不可能で、家畜小屋に収容するのだが、春まで生きのびられるかどうかは干し草にかかっている。ほぼ二ヶ月間、一家総出で草を鎌で刈り、それを熊手で集めて積み上げ、乾燥させたあと納屋に貯蔵する。ゆきずりの客も駆り出され、女性も例外ではない。このことは、『エイルビュッギャ・サガ』のヘブリディーズ諸島出身のソールグンナの挿話でたしかめられよう。それはいつの時代にもあてはまる話だからである。干し草作りの仕事は量的にも、そしてもちろん質的にも本来の穀物の収穫以上の労働である。この穀物の収穫ゆえに、八月中旬から九月中旬にかけての翌月は、原則として「穀物収穫の月」とよばれており、詩人スノッリ・ストゥルルソンにもその用例がみられるのであろう。ところが「二重の月」という名称があって、これはあきらかにより古いものであるが、七月中旬から九月中旬にかけての時期全体をさしている。つまり、この「二重の月」という名称には、干し草作りと穀物の収穫という二つの主要な仕事がかさなっており、明確に区別されていなかったことが如実に示されているのである。

九月中旬には「秋月」がはじまる。この月は夏の半年の最後でもある。すべきことはいくらでもある。まずは家畜を、なかでもかなり広範囲にわたって四散していることが多い羊を集めなければならない（一九三七年に書かれたグンナル・グンナルスソンの長編小説『アドヴェント』には、悲壮で絵画的なこの種の情景が描かれている）。散らばる前に、羊にはしるしがつけられていた。そのため、羊をいったん公共の羊柵（レーットト）に集めて、仕分けをしなければならない。この作業はいつも平穏無事にすむわけではなく、各農家に戻すまでが一苦労である。それから各家庭の必要に応じて屠殺がおこなわれ、干し草貯蔵の最終的な仕上げをし、その間、肉は塩漬けにされ、すでに述べた干し魚とともに人びとの保存食となる。北方の地では、人びとは地面に穴を掘り、肉と雪をいっしょに入れて、その上を丸太でおおう。するとすぐに凍るが、これぞ最古の冷凍食品である。実際この「秋月」には、ある種の一年の総決算が暗黙裡におこなわれる。デンマーク、スウェーデン、ノルウェーという大陸三地方では狩りの時期でもある。弓矢や槍を用いる狩りは、これらの地方の人びとの重要な娯楽のひとつであり、そのために特別に訓練した犬を飼っていた。犬は、大鹿やトナカイをはじめあらゆるシカ科の動物や熊を狩るのに、そしていうまでもないが小さな獲物をとるのにも用いられた。アイスランドには、この種の狩りはまったくない。けれども鳥類はどこでも非常に珍重された。鳥はふつう、網で捕獲された。

十月中旬には冬の半年がはじまる。長期にわたって夜と寒さが支配するこの季節は、さまざまな技術が進歩した現代においても耐えがたいことにかわりはない。とはいえ、いましばらくは宴会を催すには格好の「宴《うたげ》の月」であり、一年でもっとも楽しい時期であることもたしかだ。肉はふんだんにあり、おいしいビールが醸造され、序章でヘルガとビョルンの婚礼を設定した「冬のおとずれを告げる三夜」も近づいている。つまり、このころが客をもてなす時期なのである。招待は適宜おこなわれた。宴会は何日もつづくが、この種の宴会を催すのに、婚儀や葬宴といった重要な出来事を口実にする必要はない。入念に選ばれた招待客たち——とりわけ、招待されたお返しに、つぎは自分が招待するだけの財力があるからこそ選ばれた客たち、と口の悪い人ならいうだろう——は、手ぶらでやってくるようなことはなかった。招待客に割りふる座席については、細心の注意を要する。かれらは上席権に極端なくらい敏感だからである。客が帰る際、招待した側は、楽しい語らいをしにきてくれたことにたいしてはむろんのこと、すばらしい贈物を選んでくれたことにたいしても丁重に礼を述べる。ときには少し見送ることとさえある。すべてはその客のもつ重要性いかんなのだ。

つぎに、きびしい冬に耐えられるよう、農場の建物はすべて修復される。デンマークやアイスランドでは暴風が吹き荒れることがあり、ノルウェーやスウェーデンの北部では雨や雪が猛威をふるう。冬の燃料として、泥炭や木の備蓄も考えておく必要がある。冬は、少なくとも屋外活動については、ある種の小さな死のおとずれを意味しているのである。たしかに、スケートをしたり滑走することはできるし、長いすべり木のついた橇に乗って人びとは外出する。けれども冬の寒さはきびしく、吹雪で命を落とすことも少なくない。

そういうわけで、これ以降の数ヶ月は、これまでみてきた数ヶ月にくらべ特筆すべきことはそう多くない。これらの月の名称はかなり古く、その意味について詳細は不明である。十一月中旬から「フレルの月」ないし「ユーリル」とよばれる月が、十二月中旬から「フルートの月」とか、「モルスグ」とか、「ヨールの月」(最後の「ヨール」は現代北欧諸語の「ユール」に相当する。つまり、「クリスマス」のことである)とよばれる月がはじまる。ついで、一月十五日ごろからが「ソッリ」、その一ヶ月後が「ゴーイ」とよばれる月である。「ソッリ」と「ゴーイ」という名称は、おそらく豊饒多産や植物の生長をつかさどる古風な神々をさしている。これらの神々の名が一年のうちもっとも苛酷なこの二つの月につけられたのは、あきらかに贖罪の期間という意味あいをこめてのことである。最後に、三月中旬にはじまる「エインの月」によって冬の半年が、つまりこれまでたどってきた一年が締めくくられる。じつはこのような月の区分は月の満ち欠けと対応しており、そのため、よく知られている暦のずれが生じた。この点について少し説明しておこう。学者アリ・ソルギルスソンは、その著作『アイスランド人の書』で、少なくともアイスランドでは「夏の補い」という七年に一度のうるう週を創案して、このずれを埋め合わしていたと明言している。これは、何日かを加えることによって埋め合わせる制度だった。

屋外での活動にかぎっていえば、冬の数ヶ月間の生活は不活発かもしれない(とはいえ、たとえば釣りは、とりわけ凍結した湖でひきつづきおこなわれている。釣りは適当な道具で氷に穴をあけ、その穴に垂らした釣り針つきの釣り糸をつかんでいるだけでよい。この方法は現在でも用いられている）。しかし、だからといって人びとが何もせずに退屈な日々をおくっているわけではない。そもそも家での仕事はいくらでもある。これまでその時間がなかったのだ。糸紡ぎ、機織り、裁断、裁縫、タピスリー、刺繍といった仕事は忍耐力と集中力を要する。こんにちにおいても同じだが、当時においてもスカンディナヴィアの女性は刺繍するのが好きだった。その際、いくつかの四角い小さな木の板が用いられ、それぞれの板の四角《すみ》に糸を通すための穴があいていた。それから道具の修理も不可欠で、大工や建具師がせっせとこの仕事にとりくむ。船を建造――これについてはあとで述べる――する際、その部品となるものや四輪車、橇などの準備をするのもこの時期である。察しのとおり、夜が非常に長いので、木を切って彫刻もする。みごとな高座柱やラングスキプ（長船）の船首についていた彫像、あるいはオーセベルの船葬墓（ノルウェー、九世紀）からの出土品にみられるようなさまざまな装飾は、このようにして生みだされていく。

鍛冶場でも、鍛冶師が仕事に精を出している。かれによって生みだされた作品がいかにすばらしいものであったかは後述することにしよう。かれはすぐれた芸術作品だけでなく、驚くべき巧妙さと複雑さをかねそなえた錠や鍵も作っていた。それらは古代ローマのモデルをまねたものであったことが立証されてはいるが、それにしても製造に高度な知識を要したのであり、その例をあげることができる。たとえば仕切りつきの銭入れの場合、それぞれの仕切りの幅は当時西欧で流通していたおもな貨幣のどれかに対応していた。あるいはもっとよい例は、切断銀をはかるのに用いられたみごとな秤であろう。この種の秤はいくつも出土している。これは全体が折りたたみ式になっており、携帯する際には半球形の二枚の皿をたがいにかさねあわせて容器とし、そこに一切合財しまいこんで、あとは皮袋の中に入れておけばよかった。[一四] ついでに、金・銀・青銅のブローチ、首飾り、腕輪といったみごとな装身具のことにも触れておこう。これらはスカンディナヴィア各地の博物館でたいせつに保存されており、貴金属細工の極致とでもいうべき作品が少なくない。一例だけあげると、デンマークのホーネルンで出土した金の透かし細工で作った円いブローチがそうである。

このころはもちろん遊んだり——さまざまなジャンルの資料から総合的に判断して、ヴァイキングは遊ぶのがたいそう好きであったらしい——、古い詩の朗唱、新たな作品の発表、おそらくは近い祖先や遠い祖先の思い出話、そして最近おこなった遠征での体験談、謎なぞなどを楽しむ時期である。謎なぞについては、多くのエッダ詩が語っている。これらの娯楽については、第七章の「知的生活」のところでくわしく述べるが、ここでその主要なものについて触れておいたのは有益であったし、ちょうどよい機会であったと思う。冬の半年が特別寂しくて何もすることがなく、陰鬱なものであったわけではけっしてなかったのである。

この長い冬の期間は、うまい具合にヨールの大祭によって二分されていた。ヨールは冬至の祝祭であったが、いまとなってはその起源は歴史の闇に没している。はるか遠い昔、もう二度と太陽は姿を現さないのではないかという恐怖が、重要な贖罪の儀式を生みだしたであろうことは想像にかたくない。ヴァイキング時代においてもなお、この大祭の折には、重要な供儀の祭礼（ブロート）*がおこなわれていた。けれども、それがだれにたいして捧げられていたのかはっきりさせることはむつかしい。「ディース」とよばれる運命と豊饒の両方をつかさどる曖昧模糊とした神々にたいしてであったのかもしれないし（ここから「ディーサブロート［ディースの犠牲］」という言葉ができた）、あるいはいっそう得体の知れない天上の存在「アールヴ」にたいしてであったのかもしれない。アールヴはおそらく大気の生き物であり、古いことはたしかである。宗教上の史料では、アールヴはアース神族にもヴァン神族にも結びつけられている。[*]アールヴは精神的な力と植物的な機能を支配していたようである（こんにちの民間伝承では、アールヴは「エルフ」という妖精になり下がっているのだが）。

中性名詞複数形であらわされるこの祝祭の名称「ヨール」は、まだ十分に解明されていない。けれども中性複数という形は、超自然的な集合的存在と関係があることを示している。ディースやアールヴがそのような存在であったとしても不思議ではない。ともあれ、この機会のために特別のビール「ヨールのエール」が醸造され、この大祭のクライマックスである祝宴では、犠牲に捧げられた動物の肉が食された。犠牲に捧げられたのは馬か、あるいはむしろ豚だった。この豚が、母屋の前にある手入れのゆきとどいた神聖な囲い地で好んで飼育されていたことはすでに触れたとおりである。こんにちにおいても、「ユールのハム」はクリスマスの食べ物としてスカンディナヴィア人に受け継がれているが、このハムは生け贄の家畜の名残りである。また、いかにもスカンディナヴィアらしい家では、クリスマスにはいつもわらで編んだ雄山羊や雌山羊を飾るのだが、それらについても同じことがいえる。このわらで編んだ雄山羊や雌山羊は、ソールにたいするなんらかの古い信仰に起源があるにちがいない。ソールが戦いの神とは似ても似つかぬものであったことについては後述することにしよう。ヨールの祝祭は二週間もつづいた。無邪気なことに、キリスト教時代になっても、こうした風習はクリスマスのなかに受け継がれていく。クリスマスのお祝いは、キリスト降誕祭の日のあと公現祭（スウェーデン語で「十三日目」）までつづくからである。

それから、この祝祭のあとにつづく二つの月「ソッリ」——この月には、もうひとつの重要な供儀ソッラブロート（ソッリの犠牲）がおこなわれていた。それはこんにちにおいても、アイスランド人のあいだで祝祭として受け継がれている——と「ゴーイ」が植物の神々にあてられていたとしても、それは偶然ではない。それほど、寒さや夜や長期にわたる土地の不毛さへの人びとの不安は大きかったのである。しかし、くりかえしになるが、冬の時期を深刻な目で眺めたり、屋内に閉じこめられる期間と考える必要はない。現在でもそうだが、当時においても、ヴァイキングのようなすぐれた運動能力の持ち主にとって、雪や氷は重要な娯楽の源泉だった。美しい季節なら沼沢地のせいで通行や横断が長く複雑になるところを、雪や氷によって楽になるという利点さえあったのだ。

飲食

宴会についてこれまでくわしく述べてきたのは、その重要性を強調するためである。よく飲みかつよく食べることは、たしかにヴァイキングの喜びのひとつだった。そのことは、日々の食事に上等の肉がいつもふんだんに供されるわけではない農村の文化や、毎日腹一杯食べられはしない貧しい経済の場合と同じである。だからといってかれらの食生活が乏しく粗末であったというわけではないが、なんといっても痩せた地方のことであり、日々の食事はさほど凝ったものではなかったはずである。

じつは、食事は一日に二度しかなかった。一回目の食事のほうがずっと重要であり、この習慣は、充実した朝食をとるゲルマン諸国に多少とも受け継がれている。これが「昼の食事」で、農場の最初の仕事、とりわけ家畜関連の仕事が一段落する「昼どき」（朝九時ごろ）にとった。二回目の食事である「夜の食事」は、いわばわれわれの夜食に相当し、一日の仕事が終わる夕刻、つまり「夜どき」（夜九時ごろ）にとった。

この機会に、一日を二四時間に区分ないし構成する方法について簡単に説明しておこう。(一五) つぎの図をご覧いただきたい。これはもちろん太陽の位置に沿って並べられた二四時間図であり、ここでは基本方位と組み合わされている。

季節によって、表示される時間は最大一時間までずれるが、図全体としては年間をつうじて有効である。人びとは朝六時に起床した。朝、体を洗う習慣があったとは思えないが、すでに述べたように蒸し風呂が用いられており、一般に人びとは土曜日ごとに入浴していた（土曜日は「洗濯の日」とよばれ、身体と衣類を洗った。洗濯には、ソーダを含む物質や、さらには牛の水肥まで用いられた）。そして九時に昼の食事をとり、おそらく正午か午後三時（午後三時は、キリスト教時代の九時課の時間に相当する）には軽食をとったことだろう。われわれの知るかぎりでは、一日はこのように厳密に三時間ごとに区分されていたわけではない。冬は夜が長く、夏は昼が長かったのだから、このことが労働時間の長さをいっそう細かく規定していたのだ。それでもこの図は便利である。

つぎに食事について述べておこう。中世ではどこでもそうだったように、主婦は常用のソース液を作っていた。これは現代のケチャップに相当する。何を作るのにも役立ったのは穀類のひき割りだった。これで作る粥は、こんにちでもイギリス人やスカンディナヴィア人に根づよく受け継がれている。この料理にはパンが添えられていた。このパンは「ぱさぱさのパン」（スウェーデンのクネッケ、ノルウェーのフラットブロード、そしてさまざまなヴァリエーション）で、手動の臼で挽いたり、つき棒で砕いたりした大麦と麩《ふすま》で作られたものだった。「ミュルナ」とよばれる水車もあった。名称からしてすでにこの水車が古代ローマ起源（モリーナ）であることがみてとれる。パンにはバターを塗った。保存がきくよう、バターにはつねに塩を入れ、航海の際、携帯に便利なように手桶や箱に詰めた。主菜は魚料理であったが、新鮮

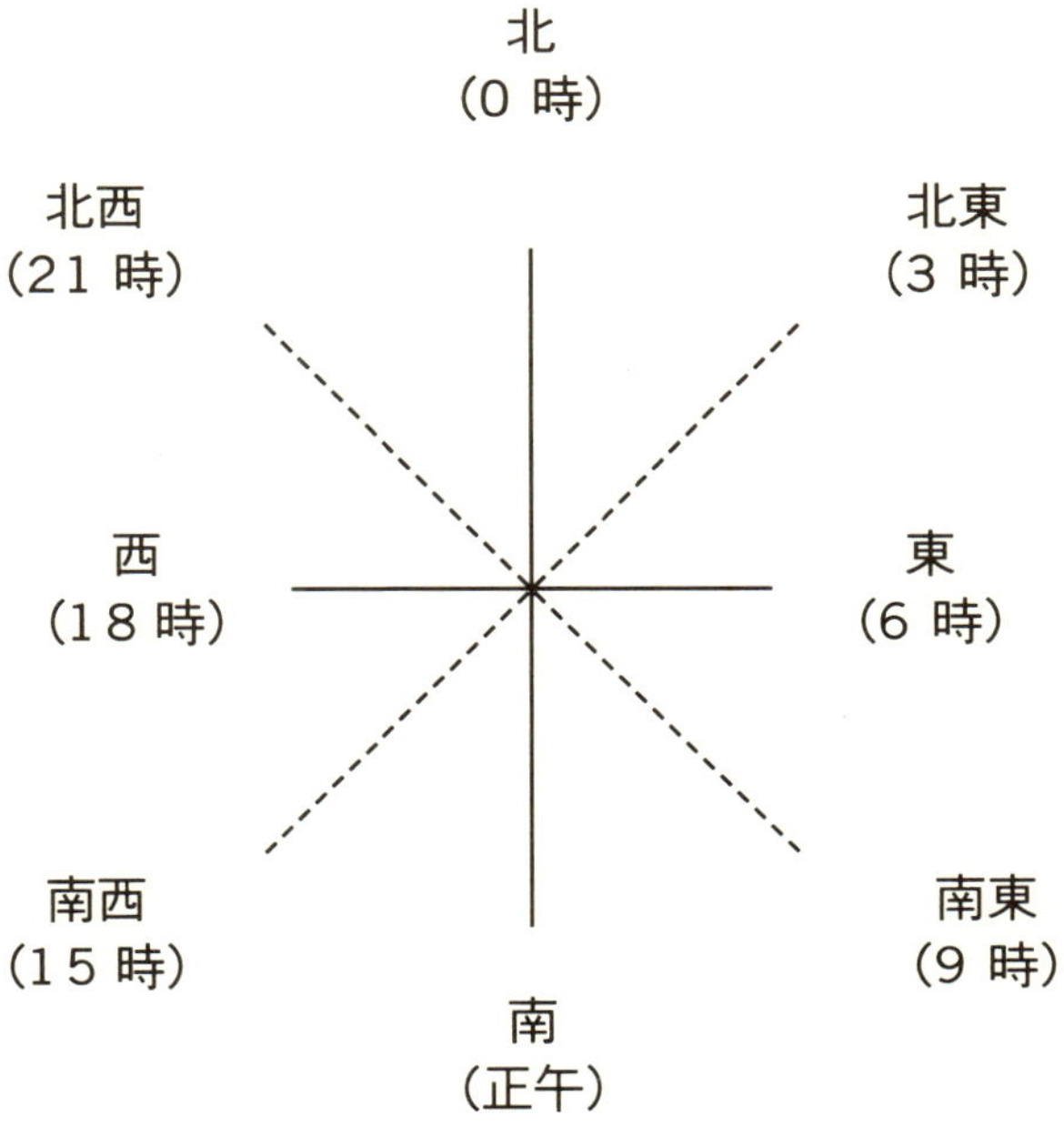
北
(0 時)
北西
(21 時)
北東
(3 時)
西
(18 時)
東
(6 時)
南西
(15 時)
南東
(9 時)
南
(正午)

なものより干したものがほとんどで、原則として茹でて食べたが、焼いて食べることもあった。つけあわせに、干した海藻類やえんどう豆、蕪《かぶ》といった野菜も食べた。肉を食べることはずっと少なかった。こんにちでも中央ヨーロッパでみられるように、肉はたたいてから煮るのが普通であったらしい。けれども、肉を焼くための調理用具は多数出土しており、なかには、先が螺旋状になった鉄製の長い焼き串のように、非常に独創的で実用的なものもある。木製の皿、もっと正確にいうと、椀も用いられており、男女を問わずだれもが自分のナイフと木製ないし角製のスプーンをもっていた。フォークはまだ外国にもなかったのであり、北欧においてももちろんなかった。

数多くの木製のくぼんだ皿やチーズを切る盆は、菓子がなかったわけではないことを立証している。蜂蜜を採集するには蜂の巣を煙でいぶせばよいことを人びとは知っており、この蜂蜜で菓子に甘味をつけた。さまざまなスープや煎薬がよく飲まれていたこともいい添えておこう。その証拠に、大鍋、小鍋、湯沸かしが各地で出土しており、ときには鍋の中味をかきまぜたり、注いだりするのに用いる長柄の柄杓までついていることもある。乳製品は多種多様であったが、おもなものは「スキュル」と「シューラ」だった。「スキュル」とこんにちのアイスランドの「スキール」とを混同してはならない。「スキール」は非常にクリーミーなフレッシュ・チーズであるが、「スキュル」は一種の凝乳で、ヴァイキングの大好物だった。「シューラ」は乳漿のことであり、日常飲料のかわりになった。おそらくは山羊のチーズも献立のなかに含まれており、どこでもそうだが、型で圧縮して作られていた。ここでこうして食事の献立について述べることができるのは、肉、干し魚、チーズに関する記述がいくつかの史料のなかに出てくるからである。このような一連の食べ物のリストは、空想力をかきたててやまない。

果実はなかったわけではないが、南方諸国のように豊富でも、多彩でもなかったことは容易に察せられよう。史料に出てくるのは、リンゴ、榛《はしばみ》の実、胡桃の実、そしてとりわけベリー類がほとんどである。リンゴのことを「エプリ」というが、デンマークとスウェーデン南部についてはこの語に用心すべきであろう。「エプリ」は、しばしばどのような果物にでもあてはまるような文脈のなかで用いられているからである。とはいえ、本物のリンゴもいくつかの墓から出土している。榛の実と胡桃の実は、いくつかの宗教的な神話のなかで特別重要な地位を占めていたようである。そしてとりわけベリー類は、どの品種からでも、ある種の「ブドウ酒」である「ベルヤ・ヴィーン（ベリー・ワイン）」をつくることができた。この点に関していえば、よき主婦といえども献立を豊かにする打ち出の小槌をもっていたわけではなかった。けれども、宮廷文学を翻訳・脚色するフランス人やドイツ人が、随所に述べられている「異国風」の食べ物を紹介しようとしてあれこれ苦心していることである。単刀直入にいえば、北欧にはこれといっておすすめできるような美食などなかったのだ。

いみじくも、史料は厳密な意味での食べ物より、飲み物や飲むという行為のほうにはるかに力点をおいて述べており、「ドリュッキャ」、「ドレッカ」（飲むこと、飲み物）といった語は、しばしば「宴会」の意味で用いられている。この場合、重要なのは基本的欲求を満たすことより、むしろともに酒をくみ交わすことであったからである。すでに述べたように、北欧社会はどちらかといえば家族を基礎とする細胞型の社会であり、したがってまた客をもてなすことが不可欠であった。それゆえ、ともに酒をくみ交わすということがいかに重要であったかは容易に察しがつく。ヨールの祝祭や婚礼の宴や葬宴を「祝う」あるいは「執りおこなう」とはいわずに、「飲む」と表現されるのはそのためなのだ。

ところで、人びとは水やミルクのほかに何を飲んでいたのだろうか。なによりもよく飲まれたのはビールだった。「エール」という語の意味は多岐にわたるが、いずれにせよモルト、大麦、そしてまれにはホップを加えて醸造されたものであり、芳香性のある薬草が風味を添えることもあった。史料ではかならずしも明確に区別されていないが、「エール」、「ビョール」、「ムンガート」というこの飲み物をあらわす少なくとも三つの語があり、これらはすべて酒樽に入れて保存されていた。ビールの醸造は、むろん慎重な心くばりを要する重要な仕事であった。専門家にその醸造を依頼することもあったし、ビール造りの名人といわれる者もいれば、そうでない者もいた。「ムンガート」は「口あたりのよいもの」という意味であるが、どちらかといえば弱いビールで、これより強いのが「ビョール」であったと思われる（アース神族のもとではビールを「ビョール」ということが、「アルヴィースの歌」にはっきりと述べられている）。「エール」は強いビールの代表格であるが、さきほど述べたように、この語はどのビールにもあてはまる。ブドウ酒は当然のことながら輸入品であり、文学のうえでもてはやされていたにすぎない。ブドウ酒以外のものは口にしなかったというオージンの神話は、あきらかに象徴的であり、この神の名の語源である「陶酔」や「恍惚的激昂」を意味する「オーズ」にふさわしい。とはいえインド＝ヨーロッパ文明の名にふさわしい飲み物は、なんといっても蜂蜜（フランス語で「ミエル」）を主成分とする蜂蜜酒「ミョーズ」だった。実際には、蜂蜜や芳香性のあるさまざまな薬草で風味を添えた多彩な「ビール」があったにちがいない。あらゆる点からみて、史料が「エール」について述べている場合、その多くは蜂蜜酒とみなしてよいであろう。

いずれにせよ、これらの飲み物はすべてアルコール度が強かったようであるが、ヴァイキングが酒に非常に強かったとは思えない。どのような宴会でも酩酊はいわば必然的な結果であるわけだが、それはかりか、『エギル・スカッラグリームスソンのサガ』をはじめとして、史料が隠しだてすることなく赤裸々に描写しているように、宴会はおぞましく粗野きわまりないものだった。人びとは杯で酒を飲んだ。杯は天然の角か金属製で、さらには木製のものもあった。これらの杯は、たいてい非常に芸術的に装飾され、彩色され、彫刻され、金属薄片を貼りつけて飾られており、巧妙に作られた支えの上に並べられていた。脚のないガラスの杯は国外、とりわけライン地方から輸入されていた。王妃マティルドのタピスリーに描かれているように、脚のない杯や飲み口が大きく広がったさまざまな種類のコップも用いられていた。以上にあげた杯やコップは、じつはいずれもテーブルの上に固定できない容器であり、酒が注がれると、すぐに飲み干してしまわねばならなかった。さきほど述べたように、酔いが急激にまわるのはそのためなのである。

食卓の儀式もいろいろあった。なかでも飲酒の儀式については、サガの記述をもとに再構成することができる。通常、ひとつの酒杯が順番にまわされ（これを「スヴェイタルドリュッキャ」という）、隣の者と同じだけ飲まなければならなかった。たったひとりで飲む（エインメンニング）こともあったが、この場合は、おそらくもっと小さな杯で飲んだ。二人ずつ組になって飲む（トゥヴィーメンニング）習慣もあり、男性二人のときもあれば、男性ひとりに女性ひとりのときもあった。後者の場合、男性側の意図はいわずと知れたことである。杯は順番に隣へまわされるか、あるいは二列に並んだ席の一方から向こう側へとかわるがわるにまわされた。ともあれ、たくさん飲むことは大いなる殊勲とみなされていたのであり、真の英雄たる者は、たてつづけにたくさんの杯を飲み干さなければならなかった。いったん飲んだものをもどしてしまうおそれはあったが[一六]、どうやらそのことが重大な結果をまねくことはなかったようである。酒豪であることは大いなる誉れであり、そのことは、さきほどあげた『エギルのサガ』や、とりわけスノッリ・ストゥルルソンの書いたウートガルザ・ロキの館へのソールの遠征の愉快な物語によって例証されよう[一七]。

宴会が非常に重要視されていたのは、そこで食する食べ物のせいであったのか、あるいはむしろ、長い時をともにすごしたり、めったになかったようだが互いにうちとけて語りあったり、冗談をいいあったり、偉大な先祖の思い出を偲ぶ機会を提供していたせいであったのか、結局のところ私にはわからない。知的生活について述べる第七章（本書285頁以下参照）で、十二世紀、アイスランドのレイキャホーラルで催された盛大な宴に関する記録をとりあげるが、そこでは現代のわれわれの観点からすれば副次的なことが述べられ、飲食という行為そのものについてはひとことも付されていない。

陸上の移動

船による移動については次章で検討するとして、ここではそれ以外の移動の仕方について若干触れて本章を仕上げることにしよう。

ヴァイキングは通常、馬で移動した。馬は陸上交通の手段としてもっとも一般的なものだった。かれらがどれほど馬に情熱をかたむけていたかは、第七章の娯楽のところで述べることにする。ただし、またもや読者をがっかりさせてしまうかもしれないが、かれらがソミュール騎兵学校の馬術教官のようであったと想像してはならない。かれらの馬はいまもなおアイスランドにいるような小柄な馬であり、ポニーと「普通」の馬の中間ぐらいの大きさだった。この馬は驚くべき耐久力があり、とくに上質の餌をやる必要もなかった。足取りはじつにしっかりし、小さな体でありながら、荷物を運ぶのをものともしなかった。ほとんどいつも忘れられてしまうことだが、ヴァイキング船には乗組員のほかに馬も何頭か舶載されていて、欠かすことのできぬ偵察にも、これらの「戦士」の得意とする急襲にも用いられた。バイユーの王妃マティルドのタピスリーには、庶出のギヨーム（ウィリアム征服王）が馬を艦隊に乗せ、そして戦闘前に降ろすさまが巧みに表現されている。正確にいえば、馬はおだやかな海を航行する場合をのぞき、船の中に横たえられ、しっかりと縛りつけられている。騎手の体格とその馬の大きさとのあいだには、なんとも形容しがたい不釣りあいがみられ、奇妙なイメージを与えているが、現実がそうであったと考えてはならない。ひとつのあだ名がフランスでは非常に名高く、その翻訳が不適切であったために、長いあいだ誤ったイメージでとらえられてきた。フランス人にとってのロロ、つまり初代ノルマンディー公は北欧語では「ゴング・フロールヴ」とよばれる。この「ゴング」というあだ名がついたのは、あまりにも背が高く、馬に乗ると地面に足を引きずっていたからだとされていたのである（「ゴング」は「進む」、「歩く」を意味する動詞「ガンガ」から派生したのであろう）。けれどもじつは、かれのあだ名は「放浪者、浮浪者」を意味する「ゴングマズ」から由来している。「土地なし」であったかれは、なんとしても自分の土地を手に入れなければならなかったからである。

話をヴァイキングの馬と乗り手にもどそう。思いおこしてほしいのは、スカンディナヴィア人は西欧や南欧の一部の同時代人より背が高かったかもしれないが、こんにちのわれわれが想像しがちなほどではなかったということである。いずれにせよ、二十世紀のスカンディナヴィア人から推しはかるほどではない。つまり、ここで問題にしているポニーと「普通」の馬の中間の馬なら、乗り手とのあいだに、これといって不釣りあいなところなどなかったのである。

馬は四輪車につながれることもあった。四輪車は保存状態のよい例がオーセベル船（九世紀、ノルウェー）から出土している。馬の繋駕方法はじつに巧妙にできており、馬の首当てから車軸まで引き綱がわたされていた。轅《ながえ》はほとんど用いられなかったようである。この種の馬車は重い貨物を大量輸送することはできなかったが、人の移動手段や輸送手段として大いに役立った。同じことは橇についてもいえる。橇もオーセベル船から数基発見されており、馬に繋駕するようになっていた。冬は、四輪車より橇のほうがはるかに実用的であったことはいうまでもない。おそらく橇は、轅の左右につないだ二頭の馬に引かせたのであろう。御者はそのうちの一頭に乗っていたと思われる。

スキーのことは、「スポーツ」について述べる際にとりあげる。ここでは、スキーが北欧で古く、おそらくスカンディナヴィア人以前に発明されたということ、そして樏《かんじき》と同様、あきらかにヴァイキング時代に用いられていたことを指摘するにとどめよう。

第五章　船の生活

前章で陸上でのヴァイキングの日常生活をいささかくわしくとりあげなければならなかったのは、われわれがあまりにもヴァイキングとその船を同一視しがちだからである。実際には船ですごしたのは原則として数週間ないし数ヶ月にすぎず、しかもその間ずっとそうであったわけではなかった。かれらは数日間大海原を渡ったり沿岸航海をしては上陸し、交易にいそしんだり、急襲をかけ（ストランドホッグ）*、あるいはもっと用意周到な襲撃をおこなった。けれども、かれらが船に住みついていたと考えるのは馬鹿げたことであろう。いかに造船技術がすぐれていようとも、乗組員にとって船の生活がとりたてて快適であったはずがない。

この点は、ほかにもたくさん理由があって納得できる。ヴァイキング船には、クノール船、スケイズ船、ラングスキプ（長船）、カルヴ船、スクータ船、ビュルジング船などがあったが、積載能力はたいしてなかった。積みこむことができたのは、平均して四〇人ばかりの乗組員、食料、資材、貨物だった。これに馬も何頭かつけ加えておこう。これらの馬は陸上での偵察や、電光石火の襲撃には欠かせなかった。甲板のないこのような船を、あるていどの期間生活の場所とするのは、いずれにせよ困難であった。自由になるスペースは最小限しかなかったのだから、船の生活がさして楽であったはずはない。

けれどもヴァイキング活動の発展を可能にしたばかりか、この活動が成功を収めつづけることになるのは、なによりあの名高いヴァイキング船のおかげである。一千年以上ものあいだ、西欧はなかばおびえ、なかばうっとりと、いつも「海の征服者」の武勇に夢中になり、心をうばわれてきた。船なくしてそれらの武勇をなしえなかったことはまぎれもない事実である。だからわれわれとしては、船にたえず注意を払わなければならない。

スカンディナヴィアの物的世界と精神世界において、それもずっと昔から船が中心的な役割を果たしていたこと、あるいは卓越的な地位を占めていたことはまちがいない。地図を見れば一目瞭然だが、この北方の地には海、湖、河川、フィヨルド、沼沢地など、いたるところに水があり、こうした障害をものともしない輸送手段が不可欠である。すでに触れたように、ロングハウスの屋根は船をひっくりかえしたような形をしていた。また鉄器時代、とりわけ西暦紀元のはじめごろ以降、集合墓は石を立て並べて目印としているが、それをかなり高い場所から見下ろしてみると、船形を描いている。さらに八世紀から九世紀ごろになると（そしてまちがいなくそれ以前にも）、北欧社会の要人はオーセベルにみられるように、船に乗せて葬られるようになる。これらのことが偶然であろうはずがない。かれらはおそらく意識していなかったのであろうが、これらの現象は、すでに青銅器時代（紀元前一五〇〇年～紀元前四〇〇年）の岩石刻画に描かれているような観念の再現である。そこに描かれているのは、いわゆる櫛形の船の特徴をもっており、おそらくそれは、死者を死後の世界へと運んでいくためのものであったにちがいない。いずれにせよエッダ詩には、もっとも美しい神話のひとつ、バルドルの葬送にまつわる神話が語られている。亡骸が船に乗せられ、火を放たれ、沖合に消えてゆくのだが、この神話はさきほど述べた船に関するいっさいときわめてよく符合する。神話に触れたついでに付言すれば、北欧の異教には海の神が何人もいる。だから船が数多くの神話のなかで重要な役割を果たしているのは、驚くにあたらない。また船という乗り物がヴァイキングの野心や策略をかなえるために、ちょうど八世紀に突如として姿を現したということもありえないことだ。それに先だつ長い歴史があったことはあきらかで、必要とあらばヴァイキング船の祖型、たとえばデンマークのニュダム船がそれを立証してくれよう。これらの船はヴァイキング時代より何世紀も前のものであるが、クノール船やスケイズ船のおもだった特徴をすでにそなえている。船の舷側板をよろい張りにかさねて高くしていく構造をしており、船首と船尾がほぼ対称形というまさに典型的な船形をしている。また、右舷後方に舵取りオールをとりつけるようになっているが、これはスカンディナヴィア人の天才的な考案のひとつである。

それゆえ、船がヴァイキングの最大の関心事であったのはまったく当然のことなのだ。船がこれほど洗練されるまでには、多くの時間と豊かな着想、それにノウハウの蓄積を要したのである。考古学やバイユーの王妃マティルドのタピスリーのような物的資料は、この点では文字資料の記述と驚くほど一致する。一例をあげると、「オーラヴ・トリュッグヴァソンのサガ」のなかでスノッリ・ストゥルルソンは、どのようにしてオーラヴ王が北欧でもっとも威厳に満ちた軍船のひとつ、かの有名な「長蛇号」を建造させたかを、さも愛おしげに物語っている。(一) この船の棟梁はソルベルグ・スカヴホッグという人物だった（このあだ名には、「鉋《かんな》をかける」とか、「鉋をあつかう」といった意味が含まれている）。理由は述べられていないが、ソルベルグは、厚板で船の舷側を張る作業が完了するというときに、長期間現場を離れなければならなかった。かれが帰ってきた翌日、人びとは舷側の上部が切り込み傷だらけなのに気づく。その傷は、木を斜めに彫ることのできる道具によってつけられたものだった。そのため、職人たちは仕事の続行をこばむ。事の顚末を知った王がソルベルグをよびつけると、かれは自分が船を壊した犯人であることを白状した。そして自分で「斜めに打ちこんで」つけた傷を修復したのである。このエピソードはいかようにも解釈できる。おそらくこの棟梁は、そのようにして自分の腕前がどれほどすぐれているか誇示したかったのであろう。それはともかく、この史料は当時の技術をつまびらかにするうえで、貴重である。ソルベルグが舷側板を傷つけ、それを修復するのにどのような道具を用いたのかがすぐにわかるからである。それは両柄のついた一種の鉋《かんな》か手斧《ちょうな》だった。この種のものは王妃マティルドのタピスリーの三五番目の場面に描かれており、各地で出土している。これに加えて、とりわけ今世紀になって、ノルウェーのゴクスタやデンマークのスクレレウで船が発掘され、いずれも展示されて衆目の感嘆するところとなり、専門家による綿密な調査もおこなわれた。(二)そこから微細な点についてまで復元された何艘もの船によって、ヴァイキングの大航海が再現され、また当時用いられていた技術の細部を知ることができたのである。(三)

それゆえ皮肉なことに、船が実際にどのような目的に用いられたかということより、船自体のことのほうがよくわかっている。ヴァイキング船の祖型はデンマークのニュダムで発見された船であり、おそらく四世紀にさかのぼるが、それ以降、船がゆっくりと進歩していくさまを再構成できるのも、船自体の情報が豊富にあるからだ。フランス語や英語に、古北欧語から借用した航海用語が受け継がれている点だけをみても、ヴァイキング船が九世紀から十一世紀にかけての三世紀間、ある種の理想の船であったことはあきらかである。J・グラハム・キャンベルの言葉をかりれば、「ヴァイキング時代とその後しばらくのあいだ、北西ヨーロッパで支配的であったのは北欧型の船、つまりヴァイキング船であった。それにはさまざまなタイプのものがあった」(四)。この点に触れずにおいたり、いい加減にすましたりすることはできないであろう。ヴァイキングといえばまず第一に船だからである。船が利益をもたらしうるかぎり、そしてその能力が時代の要請に応えているかぎり、かれらが成功したゆえんはひとえにこの船にあった。けれども、さまざまな理由によりヴァイキング船が時代遅れのものになると、ヴァイキングはもはや存在しえなくなってしまい、歴史の重要なひとこまが幕を下ろすことになる。ヴァイキング活動という未曾有の歴史現象の研究に真剣にとりくもうとするなら、まずは船に注目せざるをえないであろう。

船はヴァイキングの日常的な関心のなかでかなりの比重を占めていた。それは、かれらが船に自分の計画や思い出や夢を託していたからだけではない。もっと平凡な理由、つまり船というものは建造するだけでなく、手入れが必要であったからである。それに、船は大いなる企てのためにだけ用いられたのではない。かれらがことあるごとにいつも船に乗り、大西洋を横断したり、現在のストックホルムのあたりからバルト海を越え、ロシアの湖沼と河川網を通過して黒海にいたり、そこからコンスタンチノープルへむかっていたなどと考えるのは論外である。われわれを魅了してやまないこのような旅が、ヴァイキングの心をとらえなかったわけではない。けれども容易に察しがつくように、かれらの日常的な関心はもっと単純で、もっと急を要することにむけられていた。たとえば、漁、毛皮獣狩り、木材の入手、あるいはただたんに友人や親族の家を訪問するといったことである。そのためのもっとも確実な移動手段が船であった。

ほかのタイプの船もあったが、クノール船、スケイズ船、ラングスキプ（長船）とよばれる船についてみてみよう。これら三つの名称は多かれ少なかれ交換可能であるが、史料の年代によって名称は左右されるし、船が時代とともに変化せざるをえなかったことも考慮しなければならない。たとえば九世紀のノルウェーのゴクスタ船と十一世紀のスクレレウ二号船とでは、その構造はかなり異なるのである。知られている型の最小のものから最大のものまで、また意図されている用途のいかんを問わず、考え方の基本的原理にかわりがないのは驚くべきことである。それでも、すでに触れた船をあらわす名称の多様さは参考になる。ゴクスタ船に載せられていた何艘かのランチ（短艇）ないし小さな漕ぎ舟のひとつである「フェーリング」と、全長二八メートル、船幅四・五メートルの大きなラングスキプとのあいだには根本的な差違はない。「フェーリング」とは、四本オールの船のことであり、この種の名称はざらにある。たとえば「トールヴェーリング」は一二本オールの船、「スレッターンセッサ」は一三の「座席」つまり一三の漕ぎ台をもつ船のことである。

いま述べたゴクスタの小さな漕ぎ舟は全長六・五メートル、船幅一・四メートルであり、標準的な漁船「フェリヤ」は全長一二メートル、船幅二・五メートルある。万能の沿岸航海船である「スクータ型」だと、たとえばスクレレウ三号の残骸船の場合、全長一三・五メートル、船幅三・二メートルになる。いっそう速い「カルヴ型」は全長一八メートル、船幅二・六メートルだが、おそらくこれも「ラングスキプ」に類するものとみなしてよい。全長一六・三メートル、船幅四・六メートルのスクレレウ一号船は「スケイズ型」、ゴクスタ船は「クノール型」であろう。クノール型は交易にも戦闘にも区別なく使える真のヴァイキング船であった可能性がある。けれどもじつのところ、このような区別をする必要があるのかどうか私にはわからない。「ヘルスキプ」という語にしても、文字どおりには「軍船」であるが、王のために建造されたごくまれな船を別にすれば、特定の船の型をさしているとは思えない。全長二八メートル、船幅四・五メートルの大型のスクレレウ二号船は、もうひとつの「ラングスキプ」型である。いくぶん小さめのすばらしいオーセベル船は、結局は船葬に再利用されたのだが、もともと舷側が低すぎ、実際に外海を航海するのは無理だった。オーセベル船が権勢を誇示するためのものであったことは、その豪華な装飾にいまもみることができる。

以上に列挙した「専門」用語はほとんどすべて注意して使用しなければならない。史料に、われわれが必要とするような厳密な説明がなされていることはめったにないし、史料自体、十三世紀に書かれたものなので、もはやかならずしも正確な意味を理解したうえでそれらの用語を用いているわけではないからである。ここで、船首についていた彫像について説明しないですますわけにはいかない。この彫像はしばしばメタファーとして、船全体に名前を与えることになった。たとえば「野牛号」、「雄羊号」、「蛇号」、「鶴号」といった船名は、船首に刻まれた多かれ少なかれ様式化された動物にちなんでいたのである。ちなみに、いわば統計的にいって、この彫像でとくに多いのは竜（ドラゴン）であり、古ノルド語でその単数形は「ドレキ（dreki）」、複数形だと「ドレカル（drekar）」となる。ヴァイキングの船をさすドラッカル（drakkar）がこれに起源することはまちがいない。けれどもこの表現はフランス語特有で、そもそも複数形を使って単数の船を表現していて、語形も綴りも誤っており、馬鹿げた代物だがいかんともしがたい。それはともかく、史料に述べられているフランス語の「スネッキア」（この語は蛇の観念と関係があり、「エスネック」というフランス語は、この「スネッキア」から派生した）はラングスキプの一種であろう。ただし「ラングスキプ」という用語自体、十分に定義されていないといったありさまで、研究は進展していない。それでも、あえてつぎのことは強調しておきたい。非常に小型のものや、貨物輸送以外の用途に考案されたことが歴然としているものを別にすれば、どんなヴァイキング船も想像しうるかぎりのありとあらゆる用途に区別なく使用されていた。その点ではヴァイキング船は、これを考案し使用した人、つまりなんでも屋のヴァイキングの必要性と習慣にまったく似つかわしいものだったのである。

本書では、このすばらしいヴァイキング船について、こと細かに、あまりにも専門的すぎる細部まで検討するつもりはない。そのような事柄についてはほかの研究書を参照されたい。[五] ここでは、スケイズ船の注目すべき特徴のいくつかと、この船がどのように利用されていたかについて指摘するにとどめる。

スケイズ船のイメージは、読者にとってすっかりおなじみのものである。左右対称で、船首と船尾は同じ形をして、同じ高さにもち上がっている。船体はよろい張り工法でせり上がるように作られ、ただ一本の大きなマストが長方形の帆を支えている。帆を張っていないときは、船体から長いオールが突き出ているのが見えたり、あるいは彩色されるか金属をはめ込んで金色に輝く楯が舷側の外側にずらりと一列に並べられ、この船の栄光を誇示していたことであろう。けれども実用的な細部まで検討してもあまり意味がない。なぜなら、こうした船を一艘建造するのは長期にわたるたいへんな仕事だったのであり、この点こそくりかえし述べるべきことなのである。スノッリ・ストゥルルソンは、「オーラヴ・トリュッグヴァソンのサガ」を書き記したそのとき（おそらく一二二〇年）にも、ニザロース（現在のトロンヘイム）では、九九九年に建造されたという「長蛇号」の船台の痕跡がなおもみとめられるとまで述べている。「長蛇号」についてはすでに触れたが、その建造には数多くの「職人（スミズ）」を必要とした。船の建造はボーンディの日常生活の一部だったのであり、当然のことながら、かれらはこれにかなりの時間をさいていた。

まず、斧で木を切りそろえた。主たる道具は斧であるが、さまざまな両柄の鉋《かんな》や手斧《ちょうな》、多様な形態の鑿《のみ》もつけ加えられよう。竜骨――これこそがまず注目すべき特徴である――は、通常オークの一本材で作られたが、船全体を作るのに用いられたトネリコ、イチイ、松、モミなどで作られることもあった。竜骨は船首と船尾に鉄製リベットや木釘で固定された。船首と船尾は対称形で、竜骨から特徴的な曲線を描いて高くなっていた。一本材で作られる竜骨（キール）は、ヴァイキング船の最大の利点である「弾力性」を得るのに役立っていたが、この点については後述することにしよう。つぎに、舷側板を並べ、よろい張り工法で、つまり一枚一枚の板をさながら屋根瓦のように少しずつかさなりあうようにして高くしていった。舷側板も鉄製リベットでとめられ、板と板のすきまはタールに浸した麻繊維を詰めてふさいだ。船全体の安定性は、船体内部の形にあわせて巧妙に切りそろえられた肋材によって保証されていた。

つづいて、肋材が一定の間隔になるように横梁がとりつけられ、その上に床材が縦に張られ、船縁が作られた。それと同時に、魚の形をしたマスト受けも据えつけられた。これもまた創意に富んだ傑作であり、ゴクスタ船の上にみることができる。マストはここにはめ込まれたが、この架台、つまりマスト受けのおかげで、縦方向にあるていどの遊びができたのである。あとは、小さな一種の甲板を船の前方と、場合によっては後方にも設置すればよかった。この甲板によって、船体中央部の船倉とでもいうべき部分の範囲が定められたのであり、そこには積み荷、馬、その他の家畜が積みこまれた（たとえばアイスランドの入植者は、定住する予定のこの島まで、これらのものを運んでいかねばならなかった）。

もうあとは、とりはずしのできる船首像を彫刻すれば終わりだ。これがしばしば動物や怪物の頭をかたどっていたことはすでに述べたとおりである。船首像は装飾的な価値に加えて、もともとは宗教的な役割をもっていたらしい。つまり敵意のある地に接近する場合、船首像はその土地の守護霊（ランドヴェッティル）*を怖がらせると考えられていたのである。かれらの船が友好国に接岸する際、この船首像をとりはずしていた理由も、そのことから説明がつく。

帆はヴァズマール毛織布で作られ、一般に縦長の長方形をしていた。少なくとも通常は縦長の布地が縫いあわされていたが、ゴトランド島の絵画石のなかには、別の可能性（横長の帆）を描いたものもある。船の前方と後方、そしてときにはいちばん上の舷側板にもずらりと穴があいており、オールが収納できるようになっていた。巧妙に作られたこのオール穴のおかげで、オールは船縁ごしに引き上げなくても船内に引きこめられた。オールも、その水かきの部分も長かった。船はオールでも帆でも推進することができた。

スケイズ船は吃水が非常に浅かったので、かなり浅い河川でも外海と同じように動きまわることができた。とはいえ外海では、かなりの水をかぶったはずである。そのことは、出土した数多くの柄杓が立証している。別の章ですでに述べたことであるが、このような船での航海はたわむれの船遊びではなかった。そこではたえず、あらゆることに気をくばらねばならなかったのである。

舵もまた注目に値する。舵は短い柄に大きな水かきがついた一種のオールで、右舷後方に革のベルトでとりつけられ、舵棒が直角についているため非常に操作しやすかった。このように、船が操作しやすいということは、当時としてはまったく異例のことだった。スケイズ船は、ごくわずかな空間さえあれば方向転換することができたのである。風むきはマストにとりつけられた風見がさし示した。スウェーデンのセーデラーラの風見のように、みごとに細工されたものがいくつも発見されている。

このような船に乗って航海したことのある者ならだれしも、全体として、驚くべき柔軟性――さきほどは「弾力性」と表現した――をもつ船という印象を受けるであろう。スケイズ船は波をまともに受けることなく、波にあわせ、見かけは波の運動法則にしたがっていた。だからといって目的地に行くのをあきらめたわけではない。この船が詩のなかで、波の上で身をくねらせる蛇にたとえられるのはしぜんなことであり、その動きのためであったことはまちがいない。ある意味では、船は波のうねりにまかせて身をよじっていたといってもよい。障害にはむやみにさからわぬこと、それが鉄則だったのである。

船内でテントを張ることができたことについても触れておこう。テントは、木製の骨組みの上にヴァズマール毛織布をかぶせたもので、おだやかな海を航行するときや、波止場で停泊するときに用いられた。当時は錨《いかり》などもちろんまだなかった。(五・二)船の飾りといえばつぎのことがある。楯は通常、明るい金属でおおわれたり、あざやかな色で塗られていたのだが、この楯を専用の装置に掛け、舷側の全長に沿ってずらりと並べることができるようになっていた。それは船全体に威風堂々たる容姿を与えていたにちがいない。帆は巧妙な索具装置によって、大きな帆桁の上ですぼめて、すみやかに片づけられるようになっていた。マストと帆はまとめて船体に沿って縦に置かれたので、漕ぎ台に座った漕ぎ手の邪魔にはならなかった。漕ぎ台に座れたのは一人か、せいぜい二人であったと私は考えている。れっきとした戦闘用の船（ヘルスキプ）もあったが、この型が標準であったかどうかは疑問である。もういちどだけ、スノッリ・ストゥルルソンの「オーラヴ・トリュッグヴァソンのサガ」の記述に話をもどそう。かれが得々と、長蛇号の乗組員が何百人もいたと述べているのは、おそらく誇張だろう。スノッリも認めているように、こうした船は出費がかさんだにちがいないし、何でもかでも戦争をすることがヴァイキングの真の目的というわけではなかった。そうしたことから考えて、クノール船は両用に使われたようだ。ただしこの世界の大物たちの場合は例外である。「船長」は「リュプティング」とよばれる後方の高くなったところに立ち、選り抜きの戦士たちは「サクス」とよばれる前方の高くなったところに配置された。なかでも「スタヴンブーイ（船首に立つ者）」は、その旺盛な闘争心のゆえに選ばれた。

「ヴァイキング神話」の期待にお応えして、ここで海戦についても少し述べておこう。ただし確実にわかっている事例は多くないし、そのほとんどはスカンディナヴィア人どうしの戦闘に関するものである。この点に関する資料はもっぱら文学史料になる。それらは、『ヘイムスクリングラ』に含まれているサガのように再構成されたものか、あるいは『ストゥルルンガ・サガ』のようにあきらかにヴァイキング時代よりかなりあとに書き記されたものである。

海戦がはじまる前に、船団を戦闘隊形（フュルキング）につかせておく必要があった。船は横一線に並ぶようたがいにつなぎあわされ、指揮者の船がその中央部に位置した。地上戦であれ海戦であれ、どの戦闘も指揮者自身が斃《たお》されたときに終わった。地上戦で、ヴァイキングが楯で壁（スキャルドボルグ、「楯の城」）を作って指揮者を囲み、また敵がこの壁をなんとかしてうち破ろうとしたのは、そのためである。石をはじめありとあらゆる投擲《とうてき》物を、雨霰のように投げつけることで闘いの火ぶたが切られた。その際、ことさら石が多かったのは、船の安定を確保するための底荷として、どの船も大量に積載していたからである。ヴァイキングの武装については後述する。海戦では、接舷戦に移れるようになるまで、弓――かれらはその達人だった――や突き槍や矛《ほこ》や投げ槍などを用いて戦いはじめた。目的は敵船の戦闘能力をうばって壊滅させ、その乗組員を皆殺しにすることだった。敵兵は徹底抗戦することもできたが、身代金の支払い、ないし捕虜の買いもどしを条件として和睦（助命といってもよい）を求めることもできた。この場合、船はおのずと勝者のものになった。

以上が海戦の要点である。さらにくわしいことを知りたいむきは、『ヨームスヴァイキングのサガ』[六]や『ストゥルルンガ・サガ』に収録されている「同時代のサガ」のひとつである「ソールルズ・カカリのサガ」[七]といった、多少なりとも伝説的なテキストを読むとよいであろう。

船に話をもどそう。船については、研究者たちの慧眼をもってしても、いぜんとして多くの問題が解明されていない。たとえば羅針盤もないのに、海上のヴァイキングはいったいどのようにして航路を決定したのだろうか。端的にいって、まだ満足のいく解答は得られていない。この謎を解き明かそうとして、研究者が好んでひきあいに出してきたのが、いくつもの史料に述べられている「太陽石（ソーラルステイン）」だった。それは曇天の日でも太陽の位置をさし示すという特性をもつ一種の水晶であろうとされている

(実際、宝石たる水晶がそうした特性をもつものとみなされ、連想されていたことがこんにちのわれわれにはわかっている)(八)。小さな刻み目の入った棒がカンタベリーで発見され、一九四八年にはグリーンランドで、一二〇〇年ごろのものと思われる三角形の刻み目の入った木盤が発見された。けれどもこれらも、説得力のある解答をもたらしていない。グリーンランドの木盤を復元してみると、三二の刻み目がついている。これは中世末期に用いられていた方法と一致しているように思われる。けれども、くりかえしになるが、中世末期というのはヴァイキング時代よりずっとあとの時代なのである。木盤の中心軸のまわりを針が動くようになっていた。おそらく、この針によって航路が示されたのであろう。また、いくつかの刻み目は擦り傷の痕《あと》も目立っていて、これらの刻み目が東西南北の四つの基本方位を表示するためだ、ということはありえないことではない。風や潮流、魚群の移動、海鳥の飛翔についての完璧な知識も、方位を知るのに一役買っていた。これらの知識はすべて、口頭伝承で確実に伝えられてきたのだった。くりかえしになるが、ヴァイキングの歴史のなかで地理上の真の発見といえるものは、結局のところそう多くない。アイスランド、グリーンランド、そしておそらくはラブラドールぐらいである。

　ヴァイキングのたどったさまざまな経路も、かれらとかれらの祖先がおそらくずっと昔から知っていたものであった。そしてかれらの活動が、ヴァイキング現象に変貌するには、八世紀と九世紀の変わり目に、さまざまな歴史的要因が信じがたいほどかさなりあうのをまたねばならない。出航するヴァイキングは、はるか遠方を最初の寄港地として船に乗りこんだのではない。かれらは古くからの経験に裏打ちされた正確な「教育」を受けていたし、行く先々の寄港地で、つぎの移動に必要な別の情報が得られることを承知していた。トロンヘイムを出発し、レイキャヴィークへといたるような感動的な大洋横断であっても同じである——この壮挙はサガではおなじみであって、ほとんど注釈を付されることさえない——。地図を見よう。北海から大西洋にかけて、オークニー諸島、シェトランド諸島、フェロー諸島といった大小さまざまな島々が、さながら規則的に点をうったかのように並んでいる。そのつど選択される最初の方角が適切であり、それが維持されさえすれば、これらの島々はめざす目的地にむかう中継点となっている。あらゆる点から考えて、スカンディナヴィア人は天文に精通しており、海岸の地形についてもたしかな知識をもっていた。さて、ここでさきほどとりあげた問題にもどろう。かれらの遠征の多くは、海岸線に沿って航行するか、あるいはバルト海や北海や白海のような海なら、距離が比較的短い箇所を横断するようにしてなされた。これなら「科学的」な技術に頼らずにすんだかもしれない。けれどもビョルグヴィン（ベルゲン）からアイスランド南部まで海を渡るには、既知の確実な中継点を経由したところでゆうに数週間はかかる。それを純粋に経験のみで実行するのはほとんど不可能であったろう。あえていえば、アイスランドからグリーンランド、そしてそこから北米大陸へといたる経路のほうがまだ、克服しがたい困難は少なくてすんだであろう。オウッタルやウルフスタンといった航海者は、ウェセックスのアルフレッド大王に自分の遠征の詳細は報告しているが(九)、それ以上のことは何もあきらかにしてはくれない。両者とも大西洋に挑んだわけではないからである。とはいえヴァイキングは、われわれにも納得がいくような、なんらかの方法をもっていたにちがいない。現在のわれわれの知識では、そう推測するしかない。

すでに述べたように、船上の生活はなまやさしいものではなかったはずである。とくに大洋を渡る長い航海の場合はそうだった。食事といっても干し魚、干し肉と塩漬け肉、塩分の多いバター、干した海藻、大きな「ぱさぱさの」パン、蓋つきの手桶に入れてたいせつに貯蔵されていた飲料水といった粗末なものであったし、自由になるスペースもあまりなかった。食事は二人でいっしょにとるのがならわしで、乗組員各人には「モトゥナウト」とよばれる食事仲間がいた。フランス語で「水夫」を意味する「マトロ」という語はここから派生している。寝具は簡素なもので、衛生状態はみるも哀れだった。けれども、忘れてはならないことだが、大洋を渡る長い航海は通常のことではなかった。むしろ沿岸航海が普通であった。友好的な関係にある場合には、航路途中の中継点に立ち寄りながら、「露営」用の資材、つまりすでに触れた骨組みが木でできているテントを船から降ろし、食糧を調達して、陸上で調理した。敵対的な関係にある場合は、急襲（ストランドホッグ）をしかけた。一般には家畜や食糧を略奪するのが目的であり、高価な物を略奪するのは、たまたまのことであった。

かれらの戦術でよく知られているのは、適所に位置する小さな島に繋留するというものである。裕福な都市、裕福な修道院、大市の立つ場所などからさほど遠くない河口ないしその付近の小島などだ。たとえば、セーヌ川の中にあるオワゼル島やジュフォッス島はルーアンやパリさえも遠征の射程にとらえ、テムズ川のサネット島はロンドンからそう遠くなく、ロワール川のノワールムティエ島やグロワ島はナントや美しい修道院のすぐそばにあった。かれらはそうした場所で好機をうかがいながら、大きな祭りや市の立つ日を見計らってすみやかに上陸し、襲撃のために連れてきた馬を用いて、あるいは行く先々で馬をさらいながら、一気に守りの手薄な場所に襲いかかり、またたく間に略奪した。そこには思いやりのかけらもなく、厚かましいことに途中で「奴隷」を略奪して、つぎに赴くこの「商品」専門の市場で売るのである。さらに、かれらは火を放った。このことについて触れられることはほとんどないが、重要な点であろう。それは、間髪を入れず追跡しようとする追っ手の気をくじき、船のある場所に戻る時間をかせぐためであった。それからかれらはふたたび乗船した。そして出発地点に戻ることもあれば、さらに別の場所へとむかい、略奪をくりかえすこともあった。もちろん故郷に帰ることもあった。ただし、つぎのことは確信をもっていえよう。それは、かなりの期間、とりわけヴァイキング活動の第一期と第二期（少なくとも西欧において八〇〇年から八五〇年までと八五〇年から九〇〇年まで）のあいだは、確実な停泊地点から出撃するというこの戦術が功を奏したということである。なぜなら、こうした停泊地点はほとんど難攻不落であったからだ。私が強い印象を受けたのは、たとえばグロワ島の土塚で発見された船葬墓がきちんと火葬されていたことである。(一〇)ヴァイキングが首長をそこにそのように葬ることができたのは、あきらかに、好立地であるその場所を熟知しており、定期的によく訪れるある種の中継地としていたからであろう。九二二年、ヴォルガ河畔でおこなわれたルーシ人首長の葬儀について、カリフ国のアラブ人外交官イブン・ファドランがすばらしい報告を書き記しているが、(一一)グロワ島の火葬は、そこに述べられている所定の形式にしたがっておこなわれた可能性がある。私の考えでは、グロワ島の火葬がたまたま例外的にこの地でおこなわれたということはありえない。この島はヴァイキングが定期的によく訪れ、熟知していた後方基地のひとつであったと、考えるべきなのである。

海と船なくして、ヴァイキングという観念はまず成り立たないのであるから、これらは当然のことながら本章の中心である。けれども、ここはヴァイキングがたどった北、西、東の航路をくわしくあつかう場所ではないし、(一二)かれらのおこなった数々の植民活動、イングランドのデーンロー、北大西洋上の島々、アイスランド、グリーンランド、のちのノヴゴロド（ホールムガルズ）公国やキエフ（ケーヌガルズ）公国、フランスのノルマンディー地方への植民活動にもここでは立ち入らない。(一三)これらはすべて、本来の意味での歴史に属するからである。だが日常生活にかかわる場合は、当然のことながら外国でのかれらの活動について細かな点まで目をくばろう。それらの活動は、すでに本書で述べてきた本国でのさまざまななすべき仕事以上に、かれらの存在理由であったのだから。

さて、私がたいせつなこととしてくりかえし主張してきたひとつの考えは、ヴァイキングとはなによりも特別な準備を整えた商人であったということである。（一四）一連の状況が有利にはたらいたことはたしかであり、（一五）かれらはそれを巧みに利用した。すぐれた戦士であることを示す術《すべ》も心得ていたが、それは可能なとき、実行できる場所に限られていた。私はつねづねヴァイキング神話のこの戦士的側面に異議を唱えている。この神話は、恐怖にかられた年代記作者の筆から生まれたのだ。年代記作者は、ほとんどかならずといっていいくらいキリスト教聖職者であり、これらの略奪者の標的にされた犠牲者であった。かれらは、ヴァイキングをどうしようもなく粗野な征服者、冒瀆者、放火魔、略奪者とみなしたがる。かれらがそうであったのは偶然にすぎないのに、である。いずれにせよ、ちょうど同時代人となったサラセン人やハンガリー人との共通点など、かれらにはない。ヴァイキングが航海に出たのは交易をするためであり、かれらは当時のすべての大商業中心地を驚くほど熟知していた。西方ルート上には、ドレスタット（オランダ）、ロンドン、ダブリン、ルーアン、ナントが、北方ルート上には、ムルマンスク、アルハンゲリスクがあった。さしずめかれらの海たるバルト海の南岸上には、トルーソ、ヴィスキアウテン、グロービニャがあり、活気に満ちあふれたバルト海の中心地ゴトランド島へ行くのは、かれらの習慣になっていた。東方ルート上には、スターラヤ・ラドガ（かれらは「アルデイギュボルグ」とよんでいた）、ヤロスラヴリ、ブルガール（これらは、ホレズム、ブハラ、サマルカンド、タシケントへとむかう重要な東方隊商路に通じており、ヴァイキングはこれらの土地を頻繁に訪れた）、グネズドヴォ（スモレンスク）、ベレザニイ島（黒海北方）があり、このベレザニイ島からはコンスタンチノープルに通じていた。コンスタンチノープルはかれらの中心的な進出先のひとつであったが、例外はあるにせよ、この地に入りこんだのは、もちろん平和的なかたちによってである。

かれらの故国には、よく整備された大中心地がいくつもあった。もっとも重要なものだけをあげても、現在のストックホルム(当時はまだなかった)からさして遠くないところでヘリエーとビルカが、オスロ・フィヨルドではカウパングが、そしてデンマークではとりわけハイタブ(ヘゼビュー)が発掘されている。地中海地方を別とするかはともかくも、かれらは自分たちの経路上に交易活動に都合のよい場所をひとつふたつ見つけては、そこを足掛かりとしてヨーロッパのあらゆる海と大河を荒らしまわったといえよう。そのことを明快にしてくれるのは、かれらの刻んだ数々のルーン碑文である。そこには、ある人が「ギリシア」、つまりビザンティン帝国で死んだことや、「自分の相続人のために富を獲得する」目的でその地に赴いたことなどが記されている。「富を獲得するため」に旅に出ることは、碑文という類型の「文学」においては、ある種のライトモチーフになっている。

「富を獲得する」にはあきらかに交易と戦闘という二つの方法があった。スウェーデンのグリップスホルム碑文はどのようにも解釈可能であるが、男たちはこう追悼されている。「黄金を求めて雄々しくも遠方へと赴き、東方の地で鷲に餌を与えた」と。文章の後半「鷲に餌を与える」は、敵をうち倒したことを述べる定型表現のひとつである。この碑文全体に含まれている二つの意味に留意されたい。つまり、「黄金を求めて」には「交易をおこなう」ことが、「鷲に餌を与える」には「武力を行使する」ことが暗示されているのだ。これとは正反対に、ヴァイキングをおだやかで気の小さい商人とみなすのは馬鹿げたことであろう。十世紀ごろの商業は、おそらく一瞬たりとも気の抜けない職業であり、行商人の場合はとくにそうであった。この「行商人」という呼び名が適切であるのかどうか確信はもてないが、これまでなんども述べたことからおわかりのように、ヴァレーグ・ヴァイキングは確立した、いわば習慣となった経路をもっていたにちがいない。かれらが「ヴィクス」とよばれる商業地から商業地へと移動していたことを思いおこそう。「ヴァイキング」という名の由来は、おそらくこの「ヴィクス」にある。それゆえかれらは、明日どこで商売すればよいのか前日にもわからない「行商人」ではまったくなかった。もうかる商品をそろえるだけでは十分ではなかった。商品を守り、「妥当な」値段で売りさばき、得た利益を保管できることが必要だった。こうしたことはわかりきったことであるが、けっして忘れてはならない。

好色で破壊的な野獣のごとき人間と平和的な商人。いつものように、真実はさだめし中間にあるのであろう。それでも私は自分の考えを変えるつもりはない。エゼルレッド無思慮王やシャルル単純王といった小心者で無能な君主が武力を行使せず、略奪者が退去とひきかえに要求した「デーンゲルド」つまり代償金を人民からとりたてるという常軌を逸した行動をとり、その額がたえず増加しつづけたとしても。また、ヴァイキング時代最末期、デンマークのスヴェン双叉髭王とその息子クヌート大王がイングランドに断固、かつ純然たる軍事遠征をもって前代未聞の大襲撃をおこなったとしても、である。さらに、明瞭に指摘しておくのが肝要だが、一方でこの種の大規模な遠征は挫折して急速におこなわれなくなり、他方でこの大がかりな運動がヴァイキングの歴史そのものの終焉を告げているということである。

とにかくきびしい時代であったのだ。西欧であれ、近東であれ、商人が平穏に交易に旅立ったとは思えない。値切ったり、売買したり、物々交換したり、自分の財産を守る能力が同時に必要とされたのであり、いざというときには情け容赦なく、なんとしてもチャンスをものにしなければならなかった。「片手に切断銀をはかる秤、片手に両刃の長剣」というイメージをこれまでなんども用いてきたが、そこには、ヴァイキングというものが象徴されているように思われる。秤と剣のいずれを用いるかは、そのつど時と場合に応じて決定された。安全のために地中に埋められた品物や「宝物」が、スカンディナヴィア各地で数多く出土してはいるが、かれらの略奪活動を立証できるようなものはさほど多くない。これらとちがって、窃盗や略奪よりも純然たる交易活動を立証しているのは銀貨であろう。各地の銀貨がまさに山のごとく大量に出土し、造幣されたままのものもあれば、切断されたものもある。切断されたのは、必要な分だけを切りとるためだった。いうまでもないが、取引は貴金属の重量でなされたのであり、ある特定の貨幣によってではない。特定の通貨を基準にするには、平均的なヴァイキングの行動範囲があまりにも広すぎたのである。ヴァイキングは商人として定義されるべきであり、戦士であったのは偶然にすぎない。なんどでもいうが、こんにちと同様、当時においても北欧の人口はきわめて限られており、吶喊《とっかん》の掛け声をあげる無数の群徒を輩出することなどとうてい不可能だった。以後一千年間にわたって、そうした「北の人」を好んで生みだしてきたのは、人びとの想像力なのである。

さて、ノルウェーのカウパングを出発しようとしているヴァレーグ・ヴァイキングのひとりをこれから追っていくことにしよう。かれは念入りに遠征の準備をおこなった。かれは自分のクノール船に細心の注意を払い、修理をほどこした。板を張りかえ、すきまの充填を徹底的にやり直し、帆やアザラシの皮でできたロープの状態も丹念に点検するといったことなどである。かれは慎重に自分の船の乗組員を選んだ。さきほど述べたように、かれがこれから乗りだそうとしている遠征は一瞬たりとも気の抜けないものだったからである。かれには若く、たくましい者が必要だ。いざというときは船を全力で漕がなければならないし、嵐にも立ちむかわなければならない。船の航行が困難な場所では、船を陸地に引き上げて、丸太の上を転がしたり、それどころか往々にしてかなりの距離を人間の背で運ばなければならない。危険な遭遇もありえないことではない。かれは自分を補佐してくれる有能で商いの助けになる者、また出くわした敵をたじろがせ、ゆきずりの客を威圧するだけの員数も必要としている。ともあれ大部分の乗組員が、遠征本来の利益に多少なりともあずかる可能性は大である。かれは何人かの乗組員とフェーラグ（交易その他あらゆる目的のために財産を共有にすること）関係をなしていたにちがいない。そのうち何人かはおそらくかれの親類縁者だった。だから、乗組員をなりゆきで選んだのでないことはたしかである。乗組員の分け前についても、かれは一人ひとりと取り決めた。それは、遠征に参加するにあたって乗組員が要求した額であることもあれば、得られる利益にたいする一種の歩合制であることもあった。また乗組員がみずからの勘定で商いをすることを望み、自分の商品を積みこむこともあった。冒険心にかられて航海に出たのではないとはいわないまでも（そういう実例は知られていない）、そうしたロマンティックな考え方は、ほとんど成り立たないように思われる。くりかえしになるが、問題は「富を獲得する」ことなのである。

かれ、つまり船長（スティリマズ。文字どおりの意味は「舵をとる人」）に話をもどそう。かれは船の所有者であり、遠征を組織した人物であった。かれは二種類のもの、つまり自分と部下のための効果的な武装ともうけの多い積み荷にも細心の注意を払って準備しなければならなかった。つぎに、これら二種類のものについて順次くわしく述べよう。

いくつかの紋切り型のイメージに応えるだけかもしれないが、まずは武装からみていこう。諸法典には、武装がどのような構成であるべきかが明記されている。現存するさまざまな法典の記述をつきあわせてみると、ヴァイキングが装備していたのは斧、剣、槍、弓矢、兜、鎖帷子《かたびら》、楯であった。

斧は剣ほど威信のあるものではなかったが、剣以上にヴァイキングに典型的な武器だった。斧には、柄の長さや刃の幅に応じていくつもの型があった。それはおそるべき武器であり、刃幅の広いものや長柄のものはとくにそうだった。刃先が広がり、両端の尖った「角《つの》型」斧は突撃や接近戦に用いられた。デンマークのマメンで出土した戦斧のように、刃にすばらしい銀の象眼装飾がほどこされていることもあった。斧は敵に投げつける武器としても使えた。また、大工や建具師にとって、もっとも日常的な道具であったことも忘れてはならない。けれども王妃マティルドのタピスリーの三七番目の場面をみれば、ノルマン人の艦船が積んできた武器を陸路ヘイスティングズへむかって運ぶ図柄のなかで、象徴的に先頭に描かれているのは矢とならんで斧である。斧はスカールド詩人によって、ケンニング（いいかえ表現）としても好んで用いられた。母屋（スカーリ）の壁に好んで掛けられたのがみごとな剣であったとしても、斧もまた専用の斧掛けに掛けられるにふさわしい武器だったのである。

しかしながら、剣は比類なき威信を帯びていた。両刃の長剣であったが、片手であつかえた。柄《つか》は特徴があり、平行な二つの鍔《つば》にはさまれ、上鍔には半円形か円錐形の柄頭がついていた。上鍔がなく柄頭が直接ついている場合もあった。ヴァイキングの剣が一級品であったかどうかは定かではない。『ストゥルルンガ・サガ』には、交戦中の戦士が、曲がってしまった刃を踵《かかと》の下で直すために戦いを中断せざるをえなくなった様子がしばしば描かれているし、真に高い評価を受けていたのはライン地方から輸入されたものだったからである。そこにはイングレリイやウルフベルトといった刀匠の名が誇らしげに刻まれていた。とはいえ剣は特別高貴な武器だった。刃と、とくに柄頭、そしてしばしば鞘《さや》にも丹精こめた装飾がほどこされ、場合によってはルーン文字が刻まれていた。

槍は投げ槍と突き槍に分ける必要がある。投げ槍については、ここでもバイユーのタピスリーが印象的な例証を与えてくれる。突き槍は、離れて投げることもできたが、鐙《あぶみ》をとり入れてからは、ヴァイキングが騎上で用いるようになった。鐙はおそらく東方起源で、これをとり入れたことによって、以前よりはるかに強力に槍を突き出せるようになった。槍の穂先とそれを柄にとりつける銅金には、装飾や彫刻や象眼がほどこされていた。穂先の特徴は、細長い三角形をしていることである。高価な槍だと、その穂先にたいていい一種の留めがついていた。これは金属の短い棒で、穂先の基部に垂直についていた。おそらくそれは、相手に突きの一撃を加えたあと、槍を抜きやすくするためのものだった。

弓矢についても触れておかなければならない。弓矢はヴァイキングにことのほか好まれた。ちょうどヴァイキング時代とかさなるマジャール人の弓矢の影響を受けたらしい。ずいぶん前から注目されていることだが、ヴァイキングが有能な戦士であった理由の一端は、かれらの適応力（これは他の多くの活動領域においてもみられる資質である）と、かれらが自分たちより二世紀前のいわゆるヴェンデル時代の武器に、全面的な改良の手を加えたことに求められる。この点については後述することにしよう。弓矢の達人たることが大いなる誉れであったのはたしかである。たとえば、半神半人のヴォルンドの兄弟であり、いわば神格化された英雄エギルは、射手の鑑とみなされている。ウッルという神は、ほかの点ではほとんど知られていないが、弓の神である（だとすれば、青銅器時代の岩石刻画に描かれた射手がかれの原型かもしれない）。『ニャールのサガ』の作者も、弓矢の達人としてのフリーザレンディのグンナルに惜しみない賛辞を与えている。

もちろん、以上にあげたのは典型であり、それにはさまざまなヴァリエーションがあった。たとえば「サクス」という片刃のナイフがそうである。ヴァイキングはこれをいつも腰帯に携えていた。

防禦用武具のうち、まず兜についてつぎの点をはっきりさせておきたい。それは、角《つの》のついた兜はけっして存在しなかったという点である。こうした被り物がヴァイキング時代より何世紀も前に実在した可能性は高いが、その場合この「角」はおそらく宗教的な、つまりは祭祀的な意味をもっていた。けれども、かような被り物は八〇〇年には、もはや遠い過去のものでしかない。意外なことに、ヴァイキングの「兜」はごくわずかしか発見されていない。この「兜」はおそらく円錐形で、鼻当てがついていた。けれども実際には金属製ではなくて、むしろぶあつい革製の円錐形の被り物で、こんにちのモーターバイク乗りが掛けているようなある種の眼鏡がつき、これに鼻を防護する金属製の鼻当てがつながっていたのであろう。「同時代のサガ」は、喉当てや頬当てのことにも触れている。これらは西欧のものを模倣したのかもしれず、北欧でみられるようになるのはヴァイキング時代よりあとのことである。

楯は円形で木製であり、通常はシナノキで作られていたらしい。というのは、スカールド詩で楯を表現するもっとも一般的ないいかえはシナノキだからである。ヴァイキングの文化では楯を飾るべき紋章はまだ知られていなかったが、場合によっては金属でおおわれたり、彩色され、神話や伝説を物語る絵が描かれていることさえあった。現代のわれわれが思い浮かべるような、長方形もしくは三角形で先が尖った形の楯は、当時まだ存在していなかったか、あるいはむしろそれ以前の時代にさかのぼる。通常は小さな楯か円形の楯だった。中央部の裏側には革紐がついて楯が支えられるようになっていたし、その部分の表側には拳を守るための金属製の突起物があり、これも装飾されていた。いくつものスカールド詩が、絵の描かれた美しい楯について熱心に語っている。これはまさしくインド＝ヨーロッパ的な伝統である。そして、この武具がたんなる防禦用のみならず、権勢を誇示するものであったことのあかしでもある。

鉄の輪をつなぎあわせた鎖帷子の着用が一般的であったようだが、小さな金属板をつなぎあわせたものもあった可能性がある。もういちど王妃マティルドのタピスリーを信用するなら、鎖帷子は長く、膝まであったらしいが、このタイプはかなりあとの時代のものかもしれない。このタピスリーは十一世紀に作られたのであり、それはヴァイキング時代が幕を閉じた時期でもあったことを思いだすべきであろう。

ひとつの重要な指摘をして、ヴァイキングの武装の話を締めくくることにしよう。それは、軍装したヴァイキングは一般に思い描かれているようなイメージとは似ても似つかない、ということである。ベルティル・アルムグレンはもっとも信頼のおける証拠にもとづいて、ヴァイキングの軍装の再構成を試みた。

そこから意外な結果が得られることになる。（一六）かれは六世紀の騎乗の戦士とヴァイキングの騎兵を対比する。前者の六世紀の、つまり少なくともヴァイキング時代より二世紀前の騎乗の戦士のいでたちと装備は、スウェーデンのヴェンデルとヴァルスヤーデ、あるいはイギリスのサットン・フーでの出土品にもとづいている。長槍、金属の網をたらした金属製の兜、縦長の楯、非常に長い剣、鎖帷子、簡単な馬具一式といったこの戦士の姿は、ヴァイキングにたいするわれわれの通念に合致しているように思われる。後者のヴァイキングの騎兵は、もっとも厳密な考古学の知識にもとづいて導き出されているが、その結果は、われわれを当惑させるものである。こうして得られた姿はアジアの騎兵によく似ており、著者は八世紀のトルキスタン戦士との類似を指摘している。トルキスタン戦士は、昔の「ゴルフ」用のようにふっくらとしたズボンをはき、その下部を脚絆《きやはん》で巻いている。胸に何本もの飾り紐のついた丈の長い上衣、毛皮の被り物、柄頭のついた剣、矢を満載した矢筒と弓、馬具一式といったいでたちである。馬具のうち鐙《あぶみ》はおそらくドイツ起源であり、かれらが新たにとり入れたのだ。ヴァイキングの戦士もそのような格好をしていた。その姿は残念ながら、スカンディナヴィア人よりむしろハンガリー人を想起させる。

厳密な意味での戦闘そのもの、その戦略、憶測でしか語れない戦術については述べない。何もわかっていないからである。ヴァイキングは陣形をかまえた合戦をしたことがあったかもしれないが、ほとんど知られていないことはすでに指摘した。かれらはゲリラ戦や奇襲の達人であったが、だからといってかれらに軍事的知識があったことにはならない。そういう知識があったと想定するには英雄詩、あるいは海戦のときと同じく「同時代のサガ」の記述に頼らなければならないが、前者は史料として警戒を要するし、後者はヴァイキングよりかなりあとの時代に書き記されたものである。楔形陣形はあったかもしれない。カエサルがすでにそれについて語っている。首長が陣形（フュルキング）の先端（ラニ）に立ち、全軍が合図によって駆け足で敵にむかって進軍し、楔のように突き破るのだ。「ラニ」の本来の意味が「豚の鼻先」なので、ここから「豚（の鼻先）陣形（スヴィーンフュルキング）」とよばれ、その創始者はなんとオージンとされている。この陣形は、それぞれが地位の高い責任者に統率された両袖ないし両翼と、機に応じて戦略拠点へとむかう予備隊からなっていた（二七）。これらのことは兵法マニアを満足させるべく理論的にはよくできている。けれどもほんとうのところをいえば、たとえば『ストゥルルンガ・サガ』に描かれている数多くの「戦闘」はたいして進んだものではない。このサガの記述によれば、戦闘に一〇〇人ないし二〇〇人以上の人員が割りあてられることはけっしてなく、海戦の場合と同様、まず石やさまざまな飛び道具が雨霰と降り注ぎ、それが終わると敵味方双方入りみだれての白兵戦となった。

以上、武装について述べてきたが、遠征の準備中であったあのカウパングのヴァイキングに話をもどそう。船にはたくさんの箱がそろえられ、かれはそのうちのひとつに自分と部下の武器を入念に詰めたが、交易用の商品も負けずに積みこんだ。これらの商品は一瞥に値する。ヴァズマール毛織布についてはすでに触れた。周知のように、当時はヨーロッパ全域で織物交易が盛んであったにもかかわらず、フィンランドをのぞく厳密な意味でのスカンディナヴィア諸地方では、ヴァズマール毛織布はむしろ交換貨幣の役割を果たしていた。ヴァイキング船は重い商品を大量輸送するのにはむいていなかったことを想起しよう。スカンディナヴィア人は、高価で運搬しやすく量的にはそう多くない品物で交易せざるをえなかったのである。ちなみに、それはつぎのようなものであった。貂《てん》、黒貂、栗鼠《りす》、北極狐、ミンク、オコジョ、ビーバーなどの毛皮や獣皮は、とりわけノルウェー北部やスウェーデン北部に豊富で、ヴァイキングはみずから狩りをするか、貢租としてサーミ人（ラップ人）から強制的に手に入れた（後者については、「聖オーラヴのサガ」の第一一三章に最適の事例が記されている）。牙、なかでもセイウチの牙は当時はこんにちよりはるかによく使われた。石鹸石はあらゆる台所用具を作るのに利用され、とりわけノルウェーに大きな採石場があった。そしてとくに琥珀はバルト海南岸にきわめて豊富にあった。これは樹脂が化石になったもので、こんにちと同様、当時においてもさまざまな装身具や工芸品に加工された。

こうした品物は物々交換されたり、売買されたり、取引されたのだが、それらとひきかえに輸入されたのは、行き先がフランスなら塩やブドウ酒（ヴァイキングは中世の塩の重要な商業中心地のひとつ、ノワールムティエ島に関心を示した）、イングランドなら小麦、錫、蜂蜜、銀、中部ヨーロッパのドイツ人地域なら陶器、ガラス製品、衣類、すぐれた武器、スラヴ諸国なら蠟《ろう》や蜂蜜、コンスタンチノープルなら絹、香辛料、金銀細工品、ブドウ酒、東方ルートといくつかの重要な隊商路との結節点でも同様であった。そしていたるところで、機会さえあれば奴隷として売るための人間狩りをおこなった。奇襲（ストランドホッグ）の主たる目的のひとつが、これであったことはまちがいない。当時、ヴァイキングが西欧における最大の奴隷商人であった可能性は大いにある。東方ではコンスタンチノープルが、西方ではヘゼビューが、まさに本書でとりあげている数世紀間、奴隷交易の二大中心地であった。すでに触れたことであるが、まだ十分には解明されていない点もいい添えておこう。それは、かれらが各地で頻繁に傭兵として雇われたことである。このテーマは詳細に研究されねばならないであろう。そのことが端緒となって、スカンディナヴィア人による数多くの植民活動がおこなわれたように思えるからである。傭兵となることは、「訪問」した土地がどのていど自分たちを受け入れる余地があるのか見極めるには絶好の機会であったろう。

あれこれ説明をくりかえすより、ここではむしろすでに触れたアラブ人外交官イブン・ファドランの報告の一部を引用することにしよう。かれはルーシ人、つまりヴァレーグ人について述べている。かれらは東方ルート上で活動していたヴァイキングで、おそらくスウェーデン人であろう。とはいえ、つぎのような異論が出されるかもしれない――ヴァレーグ人のすべてがヴァイキングであったわけではない。この報告に記されているような慣習、とりわけ木の偶像にたいする崇拝は、ほかの史料ではほとんど確認されない。このアラブ人外交官は九二二年に自分が目撃したことを、たんに個人的に解釈しただけなのだ――と。たしかに、こうした意見には一理ある。けれども実際には、アラブ人から得られる数多くの証言のなかに、ヴァイキングがすぐれた戦士であったことに触れたものはほとんどない。イブン・ファドランの記述は以下のとおりである。（一八）

「私がルーシ人と出会ったのは、かれらが交易のためにやってきて、アティル河畔で逗留していたときだった。これまで私はかれらほど立派な体格をした者たちを見たことがない。かれらの身の丈はナツメ椰子のように高く、金髪で赤みがかった顔をしていた。かれらは上着も、カフタン（裏に毛皮のついた丈の長い上着）も身にまとわず、片側の肩だけをおおった衣服を着ているため、片腕は自由である。だれもが斧、剣、ナイフを携行し、けっして手放すことはしない。剣の刃は幅が広く、縦溝がついており、フランクの剣に似ている。……かれらの妻はみな、夫の富と社会的重要性に応じて、鉄、銀、銅、金または木製の小箱を胸元につけている。この円い小箱の中にはナイフが入っており、箱全体が胸元で結びつけられている。彼女たちは首に金や銀の首飾りをしている。というのは、夫はみな、一万ディルハムを手に入れるやいなや、妻に首飾りを一つ作らせるからである。二万ディルハムなら首飾りは二つになる。こうして夫の財産が一万ディルハム増えるごとに、妻の所有する首飾りも一つ増える。そのため、首のまわりにいくつもの首飾りをした女性もいる。かれらにとってもっとも貴重な装身具は、緑色のガラス玉だ。船上には陶製の同種の品々がある。かれらはこのガラス玉一個を一ディルハムで買うのだから、法外な金を支払っている。かれらは妻のために、それらのガラス玉に糸を通し、首飾りを作る。

神の創造物のなかで、かれらほど不潔なものはない。大便や小便をしても身体をきれいにしないし、性交後も身体を洗わない。食後に手を洗うこともない。かれらはまるで迷えるロバのごとくである。かれらは故国から到着すると、大河アティルに船を停泊させ、そのほとりに大きな木造家屋を建てる。ひとつの家屋ごとに、おおよそ一〇人から二〇人もの人びとがいっしょに暮らしている。かれらにはそれぞれ自分のベッドがあり、そこに座る。かれらといっしょに、やがては売られていく定めのうら若き美しい女奴隷たちも座っている。かれらは仲間の目の前で自分の女奴隷と交わる。ときには全員で、だれはばかることなく女と交わることもある。行為の最中に、かれらのひとりから若い女奴隷を買うために買い手が入ってきて、その現場に出くわすこともある。それでもルーシ人は自分の欲望を満たすまで、女を離そうとはしない。……

船が港に到着すると、かれらはパン、肉、タマネギ、ミルク、ビールを携えて船から降りてくる。そして地面に突き立てられた一本の高い木杭のところまで歩いていく。この杭には人間の顔のようなものが彫られており、そのまわりには小さな像がいくつもある。これらの像の背後には、高い木杭が地面に突き立っている。かれらは大きな像の前にひれ伏して、『おお、わが主よ。私は遠い国からやってまいりました。これほど数多くの女奴隷と、これほど多数の貂の毛皮と……』といって、自分が持ってきた商品をすべて列挙する。そして、こうつづける。『私は主たるあなたに贈物を持ってまいりました』。それから、持ってきたものをその木杭の前に置く。『ディナール金貨やディルハム銀貨をもち、私の望みどおりのものを買い、こちらの申すことに異をさしはさまぬ商人を、なにとぞ私のもとにお遣わしくださいますように』。こういってかれは立ち去る。取引がうまくいかず、滞在が長引くようであれば、もう一度、さらにもう一度と、別の供物を携えて戻ってくる。望みがかないそうもないときは、小さな像のひとつひとつに供物を持ってきて、『これらは、われらが主の奥方たちやご息女たちに捧げます』といって、とりなしを頼む。このようにして、かれはひとつひとつの像の前にひれ伏しては、そのとりなしを懇願しつづけるのである。ときに商売がうまくいくと、取引を終えてつぎのようにいう。『わが主は願いを聞きとどけてくださった。こんどは私がそれに報いる番だ』。そして羊や牛を何頭か捕まえにいき、これらを屠殺し、肉の一部は施し物として人びとに分け与え、残りはあの大きな像とそのまわりの小さな像のところまで運んでいって、それらの前に供える。羊や牛の頭は地面に突き立てられた木の杭につるされる。やがて夜の帳が下りると、犬がやってきて、それらをすべて平らげてしまう。そこで、この供え物を捧げた男はこういうのだ。『わが主は私に満足しておいでだ。私が捧げた供え物をすべてお召し上がりになった』。」

不明瞭な点や誤りや混乱があるにせよ、このテキストは一種の大全にはちがいない。この史料のフランス語訳者が加えた註記から以下のような情報を引用しておこう。イブン・ファドランは、これに先だつ部分でも、ブルガール人のもとに奴隷を引き連れていこうとしているルーシ人たちについて語っている（註二五六）。もうひとりのアラブ人イブン・コルダードベーはこれらのルーシ人たちのことを商人であると述べている（同前）。三人目のアラブ人イブン・ルスターは、かれらが栗鼠、貂、黒貂の毛皮を貨幣として用いていることを明言している（註二六六）。さらにかれは、「かれらがスラヴ人のもとで人びとをさらって、ハザール人やブルガール人に奴隷として売りとばしている」こと（註二六九）、「貂や栗鼠その他の動物の毛皮の商いが、かれらの唯一の職業である」こと（註二七三）も指摘している。さきほどの引用文に出てきた「港」についてだが、この史料では「アティル」とよばれているその港は、ヴォルガ川のほとりにある大きな市場であったらしい。イブン・ファドランの時代にはまだ存在していなかったが、やがてこの場所にはブルガールという都市が築かれることになる（註一八四）。ルーシ人の「片腕は自由である」衣服について訳者は、かれらが「斧、剣、ナイフ」を身につけていたことに着目し、つぎのような指摘をおこなっている。「かれらは商人であると同時に戦士であり、武器も仕事道具も持っていた」（註二五九）。このことこそまさに、本書が示そうとしていることの核心である。引用部分の冒頭の一句に「交易のためにやってきたルーシ人たち」とあったことに気づかれたであろう。

以上の註記はいささかまとまりがないのでもういちど整理し直しておこう。ウップサリル（ウップサラ近郊。現在のガムラ・ウップサラ）のひとりのボーンディを想像しよう。かれは毎年ヴァレーグ商人として活動している。時期は六月末である。かれは過去二ヶ月間というもの、ボスニア湾の奥まで船で北上し、高価な毛皮を買ったり、みずから狩りをして、黒貂、貂、栗鼠をしとめたりしてきた。自分の親族や友人の家から、信頼でき、商売においても、逆境にあっても自分の助けになるような若者を募り、農場経営を妻に託した。かれの信頼している大人たちが彼女を助けてくれよう。かれのクノール船は入念に整備されており、外国に到着してから売りさばく積み荷も整然と積みこまれている。かれがおこなう遠征を想像し、根気づよくあとを追ってみよう。

ウップサリルからビルカまでの行程は数「ヴィカ」しかない。「ヴィカ」は海路での距離単位であり、陸路での距離単位「ロスト」に相当する。一ロストはおよそ七ないし八キロであったようだ。ビルカについてはあとでもう少しくわしく検討するが、ここでかれは商品の一部を買ったり、物々交換をする。それらはこれから行く先々で売りさばく鉄製品、青銅製品、革製品、骨製品であり、装飾品もあれば、実用品もある。こうしてしたくを整えたかれは、その気になればまっすぐゴトランド島へ南下することもできる。不思議なことに、当時この島でもっとも活気のあった商業中心地は、のちに繁栄をきわめ、ハンザの大都市のひとつとなるヴィスビュではなく、そのおよそ二〇キロ南方のパーヴィーケンだった。ここからはバルト海沿岸地域へむかうことができる。このバルト海沿岸地域で、「混合」墓地、つまりスカンディナヴィア人の墓と地元住民の墓を含んでいる墓地が発掘された。このことは、そこに古くから異なる民族がある種の共住をしていたことのあかしである。

　けれどもかれは今回、こんにちフィンランド湾とよばれるところを通って、まっすぐ東北東へむかうことに決めた。現在サンクトペテルブルグになっている地点に達したあと、ネヴァ川へ船を進めれば、そのまままっすぐラドガ湖へ達する。この湖の南岸には、ロシア語で「スターラヤ・ラドガ」、古ノルド語で「アルデイギュボルグ」とよばれる地点がある。ここはスウェーデン人のよく知っている交易拠点である。ここからヴォルガ川を遡行して、真東にブルガールへとむかう道が開けている。ブルガールはその名のとおり、ブルガール人の中心都市だった。ブルガールの立地はすばらしく、はっきりとはわからないビャルマランドの住民であったとされるペルミ人の道は、すべてここに集まっていた。ビャルマランドは、のちに伝説的なサガによって、ありとあらゆる不可思議な冒険の舞台となる。[一九]ペルミ人はいわば毛皮取引の専門家であった。また、ブルガールには極東から重要な隊商路が延びていた。これはアラル海南部のホレズムを経由しており、ホレズムのことはいくつものルーン碑文に記されている。この経路上にはブハラ、サマルカンド、タシケントがあり、これこそまさに中国へといたる絹の道である。ビルカに近いヘリエーで出土した小さな仏像は、この中国からもたらされたものである。ブルガールから真南に、あいかわらずヴォルガ川に沿って進めば、カスピ海、とりわけイティルに通じている。イティルはハザール人の首都であり、かれらにたいしては貢納を支払わねばならなかったが、かれらは価値の高いアラブ銀貨を持ち、奴隷交易はいうまでもなく、蜂蜜や蠟の交易もおこなっていた。イティルからは、カスピ海を渡ってゴルガンまで行き、そこからバグダッドへと南下することができた。いまからおよそ五〇年前、スウェーデンで岩のうしろに隠された青銅製の火鉢が発見されたが、これは八〇〇年ごろ、おそらくバグダッドで作られたと思われる。ゴルガンから、ふたたび西欧へといたる重要なルートのひとつをたどって、人びとはコンスタンチノープルにむけて出発した。コンスタンチノープルについてはあとで述べることにしよう。

実際に、こうした旅は冒険であり、現代のヴァイキング神話の大部分は、この冒険というテーマをもとにロマンティシズムによってつちかわれたものである。このような視点にたってヨーロッパと東方の地図を、たとえば南はタシケントの緯度までじっくり眺めてみると、ロマンティックな夢想へと誘《いざな》うものがたしかにある。準備万端整えてビルカを出発した大胆不敵なあの商人も、きっとこの全域を駆け巡ったことであろう。

目下われわれが関心を寄せているその商人は、アルデイギュボルグ（別名スターラヤ・ラドガ）を出発することにした。おそらくはみずからの決断で。いやむしろ、私が思うに、かれは相互扶助の宣誓によって拘束され結ばれた商人の兄弟団に属していたのだから（「ヴァレーグ［ヴェリンギャール］」という名そのものが、この種の宣誓を意味する「ヴァーラル」に由来しているらしいことを想起されたい）、それも考慮に入れたうえで。身の安全という点だけをとりあげてみても、このような遠征を個人的におこなうことなど不可能に近かったのはまずまちがいない。だからかれはここで自分の属する兄弟団に合流し、ホールムガルズ（ノヴゴロド）を経由して真南へとむかうルートをとることになる。この兄弟団は、所定の日にアルデイギュボルグでおちあうことを決めていたのだった。ホールムガルズを築いたのはかれらの祖先ではないが、『ネストール年代記』の記述を信じるなら、統治者と、ひとつの組織体系をこの地にもたらしたのはかれらの祖先だった。あらゆることから考えて、それは嘘ではないはずだ。さらにこの年代記には、かれらのたどったルートもはっきりと述べられている。それによれば、かれらは「ヴァレーグの海」、すなわちバルト海を出発し、ネヴァ川を通って大きな「ネヴォ湖」、つまりラドガ湖に到着する。ついでヴォルホフ川をさかのぼってイルメン湖に達し、そこからはロヴァト川をさかのぼってグニェズドヴォ（こんにちのスモレンスク）の近くまで到達できた。このグニェズドヴォでも発掘調査がおこなわれたが、現在のロシアのほかの発掘地点と同様、純粋にスラヴ的な遺物にまじって、スカンディナヴィア的な遺物が発見された。実際ここでは、スカンディナヴィア的なもののほうが数としてずっと多い。

グニェズドヴォ付近には、相当の距離にわたって航行可能な水路がみあたらないが、それ自体は障害にはならない。陸路でクノール船を移動させるのに、丸太の上に載せて転がしたり、あるいは人間の背で運ぶことさえあったことの証拠がある。彫刻された装飾用の木のパネルと、それより何世紀かあとのオラーウス・マグヌスの『北欧諸民族の歴史』（一五四〇年～一五五五年）とが、どちらの例についても記憶をとどめているのである。ついでにいい添えておくなら、この『北欧諸民族の歴史』は、ヴァレーグ人が乗船する前に狩った貂、黒貂、栗鼠について詳細に描いている。ともあれ、船の陸上運搬に話をもどそう。すでに述べたように、積み荷や艤装をしかるべくとりのぞいてしまえば、たしかにヴァイキング船は四〇人ほどの乗組員で運べないほど重いものではない。

このようにして、われわれはグニェズドヴォ（スモレンスク）までたどりついた。あとはドニエプル川に沿って進めばよい。くだんの商人は、とくにホールムガルズ（ノヴゴロド）と、同じ歴史をもつもうひとつのスカンディナヴィア人「入植地」、ケーヌガルズ（キエフ）へと導いてくれる。ここでも、とりわけヴァイキングの墓を含む墓地が発見されている。よく知られているように、ケーヌガルズ（キエフ）はロシアの中世史において重要な役割を果たした。それゆえスウェーデンからやってきた商人が、黒海へといたるドニエプル川の最終区間を航行するにあたって、このキエフに集結したのは当然のことである。幸運にも、この水路のことが記された第一級の史料が現存している。それは、ビザンティン皇帝コンスタンティン・ポルヒュロゲニトスが九五〇年ごろ書き記した『帝国統治論』である。そのなかで、かれはヴァレーグ人のことを「ロース」とよび、グロービニャ（リガから数百キロ）からグニェズドヴォ、グニェズドヴォからキエフ、キエフからベレザニイ島へとむかうかれらの足跡をたどりながら、ヴァレーグ人について詳細に述べている。記述はじつに内容豊かであり、いささか長くなるが、その一部をここに抜粋するだけの価値はあろう。

「冬の生活はロース人にとって苛酷である。十一月はじめ、ロース人の首長たちはキエフを離れ、貢納を課しているスラヴ諸部族の……（この部分は判読不能）地域にある円形の小さな要塞に行く（この部分は文章があいまいで、「買い物をしに行く」とも読める）。ここでかれらは冬をすごし、おそくともドニエプル川の氷がとける四月には、ふたたびキエフに戻る（支流を航行するため、かれらは自分たちの船から現地の小船に乗りかえる）。

キエフでかれらは自分たちの使い古した船を壊し、スラヴ人から新しい船を買う。スラヴ人は森林の木を伐採し、冬のあいだにこれをつくったのだった。そして古い船から柄杓、漕ぎ台、その他の備品をとりはずし、新しい船につけかえる。六月になると、かれらはギリシア（コンスタンチノープル）へと旅立つ。商人の船団は数日かけて、キエフの下流すぐにあるロース人の要塞、ヴィテチェフに集結する。やがて船団がそろうと、かれらは全員で川を下る。それは、協力して旅の困難に立ちむかうためである（この旅の最大の難所は、ドニエプル川の、現在のドニエポペトロフスク付近にある一連のおそろしい滝と急流である。コンスタンティン帝はそれを七つあげている。一番目はさほど危険ではない）。

その中央には高い岩がいくつもそそり立って島のようである。水は岩にぶつかっては、耳をつんざくようなおそろしい轟音を鳴り響かせて落下する。だからロース人は、あえてそれらの岩のあいだを進もうとはしない。かれらは岸近くに船をとめ、積み荷は船に残したまま、乗船者を陸に降ろす。ついでかれらは裸になって水に入り、石につまずかぬよう足で川底を探りながら歩く。それと同時に、ある者は船首を、ある者は船体中央部を、またある者は船尾を竿で押して船を進める。このように用心に用心をかさねて、川岸のすぐ近くをつたいながら、最初の急流を通りぬける。これを通過すると、すぐさまさきほど降ろした乗船者をふたたび船に乗せ、旅をつづける（けれども、もっと危険な場所がある）。

第四の大きな急流では……かれらは船を川岸によせ、見張り役の男たちが陸に上がる。見張りが必要なのは、ペチュネグ人にそなえるためである（実際、このトルコ系部族は危険きわまりなく、たえず付近を徘徊してはまちぶせしている）。その他の者は船の積み荷をかつぎ、急流を通過するまでの六マイル、乾いた大地の上を鎖につながれた奴隷たちを連れていく。それが終わると、船を引きずったり、肩にかついだりして、急流の先まで運ぶ。そしてふたたび船を水に浮かべ、荷を積みこみ、乗船して旅をつづける（二〇）」。

この真に迫った「ルポルタージュ」は、ほかから得られる情報とよく一致している。事実、コンスタンティン帝の記述に疑いをさしはさむ余地はない。その理由はいたって簡単である。いくつかの細部、たとえばドニエプル川にはいくつもの急流があって危険であることは、実際にたしかめることができるからである。コンスタンティン帝は、これらの急流のスラヴ語名とスカンディナヴィア語名をあげている。スカンディナヴィア語名を解釈するのはむつかしいことではない。エッスーピ（Essupi）の由来は、おそらく「エイ・スピ（ei supi）」または「エイ・ソヴィ（ei sofi）」であろう。これは「酒を飲むな」もしくは「眠るな」という意味である。ウルヴォルシ（Ulvorsi）の由来は「ホールムフォルス（hólmfors）」であり、「小さな島（ホールム hólmr）の近くにある滝（フォルス fors）」を意味している。ゲランドリ（Gelandri）の由来は「ギャッランディ（gjallandi）」であり、「唸る」とか「轟音をたてる」という意味が含まれている。バルフォロス（Baruforos）の由来は「バールフォルス（bárufors）」であり、「（船を）背負って運ばなければならない（「バール（báru）」は「運ぶ」。原形は「ベラ（bera）」）滝（フォルス fors）」を意味している。レアンティ（Leanti）の由来は「フレーヤンディ（hlaejandi）」であり、「笑っている（フレーヤ hlaeja）もの」」を意味している。ストルクン（Strukun）は「ストルク（struk）」もしくは「ストロク（strok）」から由来しており、「走るもの」を意味している。そしてとくに興味深いのはアイフォール（Aïfor）である。その由来は「エイ・フォルス（ei-fors）」であり、「拒否する滝」を意味している。この急流を航行することは不可能だからである。ゴトランド島、ピルガードのルーン碑文がアイフォールの名をあげていることは特筆に値しよう。この石碑は十世紀末、ヴァイキング時代全盛期のものである。そこにはこう記されている。

「あざやかな色彩にいろどられたこの石碑を、ヘグビョルンとその兄弟たち、ロドヴィスル、エイスティン、アームンドが、ルヴスティン（三）の南方の地にフラヴンを偲んで建てた。かれらははるか彼方のアイフォールへと赴いた」。

コンスタンティン帝は、「ロース語」で「アイフォール」という急流を、ロシア語で「ネアセット」とよんでおり、その名はこんにちまで受け継がれている。フラヴンがここを渡河する際に命を落としたことはあきらかである。そして『帝国統治論』が第一級の史料であり、信頼感を与えるものであることも。

皇帝はペチュネグ人にも触れていた。例のヴァレーグ商人の旅は、その原則どおり平和的なものであったが、こうした旅につきものの数々の苦難を考えないとしても、物見遊山のたぐいではなかった。ヴァレーグ人はノヴゴロド公国においても、キエフ公国においてもスラヴ系住民を支配下においていた。だからといって完全に安全であったわけではない。その理由のひとつは、あとで述べるビザンティン帝国があったからで、これとスラヴ諸族との関係はかならずしも良好ではなく、むしろ敵対していた。もうひとつの理由は、察しのとおり、このような長旅には多くの危険がともなっていたからである。それらの危険はとくに遊牧民、つまり一般的にいえばトルコ系部族の、わけてもペチュネグ人によってもたらされた。このペチュネグ人と多くのルーシ人君主、なかでもイーゴリ（北欧名イングヴァル）とウラジーミル（北欧名ヴァルデマール）とのあいだには小競りあいが絶えなくなる。けれどもそれだけではなく、すでにみた強力なブルガール人も、またハザール人も頻繁にかれらの脅威となったことをいい添えておかねばならない。

とはいえ例の商人にとっては、すべて順調に事が運び、ピルガードの碑文にあるフラヴンのような悲劇にあわなかったことにしよう。さて、かれは現在のオデッサから遠くない黒海北岸の島、ベレザニイ島に到着した。ヴァレーグ人がこの地をよく知っていたことはまちがいない。ここで発見されたルーン石碑は、われわれの知るかぎりもっとも東方に位置している。これは、グラニという人物が仲間カルルのために建て、文字を刻んだものである。「グラニは仲間カルルのためにこの墓碑[二一]を建てた」。

この機会に、ルーン学の大家、スウェーデン人のS・B・F・ヤンソンを引用しておきたい。かれは東方ルート上で発見された、この唯一の石碑を念頭におきながら、つぎのように思いをめぐらせている。「カルルが葬られた島では、遮蔽された入り江が東方へとむかう何艘ものスウェーデン人の船を風から守った。北方からの旅行者は、まだ記憶に新しいドニエプル川の滝、砂州、思いがけぬ浅瀬といった数々の危険や苦難をくぐりぬけたすえに、このベレザニイ島にいたって、ようやく自由な海に出た。船首の前方には、バルト海よりも大きな黒海が広がっていた。また南方からの帰途、深い森林におおわれたメーラレン湖の入り江や、ゴトランド島の石だらけの港へ帰る途中にも、かれらはベレザニイ島に立ち寄った。そこでまず英気を養ったのである。帰路では、川の流れや途中立ち現れる幾多の困難とつねに戦いながら、船にしがみついて必死に漕ぎ進まなければならなかった。積み荷を降ろし、男たちが船を背で運び、そしてふたたび荷を積みこむ時は、すぐにやってきた。すべては内陸のむせかえるような暑さのなかでおこなわれたのであり、草原のそよ風と夏の驟雨《しゅうう》もほとんどそれを和らげてはくれなかった[二二]」。

まことにみごとな描写である。ともあれ、ヴァレーグ人はいろいろな理由でアラブ、ビザンティン、西欧の貨幣からなる財宝を地中に埋めた。それらの場所すべてを記入した地図と照らし合わせながら、これまで述べてきた諸経路をたどると、じつに重要なことが示される。かれらが移動する経路は非常に狭い幅の中に限られているのである。

ベレザニイ島のような商業地の様子を再構成するのに、さほど想像力をはたらかせる必要はない。陸で露営するのに必要なものは、すべて船の中にある。先端に獣頭が彫刻された支柱を三角形に交差させ、即座にテントが張られる。調理用具、なかでも鍋をつるすための金属製の三脚がすぐさま設置される。そしてヴァレーグ人は自分のそばに商品を並べるのだが、それらの商品はおもに毛皮や獣皮の包みであり、奴隷はコンスタンチノープルに着くまで売ることはしない。

なぜなら、この「偉大な都市」——古ノルド語でコンスタチノープルをさす「ミクリガルズ」はこの意味である——は、いぜんとしてかれらの長旅の一大中心地であったし、東方からのルートも、われわれがたどってきた北欧からのルートも、地中海からのルートも、すべてこのコンスタンチノープルに集まっていたから、まぎれもなく交通の中枢だったのである。地中海もスカンディナヴィア人は見逃しはしなかった。西方ルート上の経路のひとつをあげると、フランスとスペインを順次、海岸線に沿って進み、ジブラルタル海峡（古ノルド語で「ニョルヴァスンド」）を越え、地中海に入った。そこから気がむけばイタリアやフランス南部へ行くこともあった。けれどもコンスタンチノープルの魅力は格別だった。本書では、この帝都の歴史については触れないが、ヴァイキング時代とこの都市の最盛期とがぴたりとかさなりあうことは注目に値しよう。世界中のあらゆる富がこの都市を経由していったこと、そしてヴァレーグ人がそこから利益を得ていたことは容易に理解できる。スカンディナヴィアでは、これまでに一〇万枚近くものアラブの銀貨が出土した。これらの貨幣は一般に、おそらくは盗難をさけるために所有者によって埋められたのであろう。われわれにとって幸運なことに、これらのクーフィ貨幣[一四]には製造された年号が刻印されている。それらの貨幣をかれらは略奪によって得たのだ、とみなすことはできないであろう。利益の多い交易活動の成果であったにちがいない。ともかくもコンスタンチノープルは、スカンディナヴィア人にあらゆる点で影響をおよぼした。たとえば、アイスランドにはビザンティンのモチーフや技法の影響がありありとみてとれるヴァイキング時代のタピスリーがある。また、すでに述べたように、彫刻されたフラタトゥンガの木のパネルもビザンティン様式である。

さて、例のヴァレーグ人に話をもどそう。取引が成立し、察しのとおり、かなりの財産をたくわえれば、あとは北方にむけて帰るだけだ。ドニエプル川のような河川をいくつも遡行するのは、かなりの体力がいる「運動」になったにちがいない。S・B・F・ヤンソンが指摘しているように、この国をふたたび訪れたいという熱烈な思いがなければ、もういちどこのような冒険に乗りだす気にはとてもなれなかったであろう。けれども、かれらにそういう思いがあったことはたしかである。これらの冒険商人は、よほど頑健だったにちがいない。

それに西欧におけると同じく、コンスタンチノープルにおいても、かれらは傭兵として雇われることを厭わなかった。不思議なことに、スカンディナヴィア人の歴史家も、そうでない歴史家も、なぜかこの点には触れることが少ない。けれども、かれらが傭兵として雇われていたことを示す多くの事例が知られている。かれらが旅に出たのは「富を獲得する」ためであることをけっして忘れてはならない。その際、手段をいちいち気にとめてはいなかった。この場合、交易が通奏低音のごとく基礎にあり、可能な場所と時を選んで略奪をし、そうでないときは傭兵になった。ビザンティンの皇帝はこの点で正しかった。自分の精鋭の親衛隊を構成すべくかれらによびかけたのである。この部隊は、かれらの名にちなんで「ヴァレーグ隊」とよばれる。なかには絢爛たる人生を歩み、王家の出身であるハーラル苛烈王のような人物がこの部隊に加わることもあったが（二五）、だからといって、この「ヴァレーグ隊」がスカンディナヴィア人だけで構成されていたと決めつけるべきではない。実際には、多くのアングロ・サクソン人が含まれていたのであり、もっとのちにはノルマンディー地方のノルマン人も加わるようになったことが知られている。それでも、ヴァレーグ人のような歴戦のつわものが皇帝の目を引いたことは理解できよう。

あらためてくだんの商人に話をもどそう。クノール船に絹、香辛料、銀貨、そしてきちんと閉じた宝箱を積みこんで、かれは乗組員とともにふたたび出発した。あらゆる点から推して、かれらは陽気な人びとだった。おそらく船を漕ぎながら歌もうたった。すでに触れたアラブ人外交官たちは、ルーシ人の発するしゃがれ声を聞いて、いかにおぞましく感じたかを、どう表現してよいものか途方に暮れている。ルーシ人は寄港地で、たとえば夜に、踊り（儀式的なものであったのかもしれない）やパントマイムを演ずることもあった。さきほど引用したコンスタンティン・ポルフュロゲニトスは、その演技ぶりに触れている。

これまでひとりのヴァレーグ商人の日常を追ってきたが、同じことは西方ルートをとったヴァイキングにもあてはまるはずだ。もっとも、このルートでの商人の身の安全は、はるかに心許ないものだった。そのため、ヴァイキングの例のイメージをくりかえすことになるが、切断銀をはかる秤を捨てて、長柄の斧に頼らざるをえないことは日常茶飯事であった。また、かれらがよく訪れていた地域には強力な権力が存在していなかった。これとカロリング帝国の衰退とがあいまって、かれらはもはや交易とは何の関係もないような襲撃へといっそう駆り立てられ、頻繁におこなうようになったのである。東方ルートについて説明するためにさきほどまで私が述べてきた仮構を、ここでくりかえすつもりはない。けれども西欧で活動したヴァイキングが、まず第一に、商業の大中心地に「ねらいを定めて」いたこと、第二に、大きな河川や海岸から、つまり自分たちの船から遠くにけっして離れようとしなかったことはあきらかである。そのことは、フランスの地図に、編年史や年代記などに述べられているヴァイキング侵攻の場所を表示してみればよくわかる。パリにいたるまでのセーヌ川沿いには、フォントネル、ジュミエージュ、ルーアン、ジュフォッス島があり、ソンム川沿岸には、アブヴィルとアミアンがある。ロワール川沿いには、ナント、サン・フローラン・ル・ヴィエィユ、アンジェ、トゥール、ブロワ、オルレアンがあり、ガロンヌ川沿いには、ボルドーとトゥールーズが、そしてローヌ川沿いには、アルルとリヨンがある。ヴァイキング時代、これらはすべてフランスの活発な商業中心地だった。スカンディナヴィア人は、広大な空間のなかで、利益になる商業地や市場が点々と並んだ経路に執着した。このことに注目すべく、さきに東方ルートについてくわしく述べたのである。西方ルートでの交易用の品物については、あえて述べるまでもない。東方ルートでのこの種の巧みに作られた品物については、すでに紹介したことがあるが、みごとなものだった。ゴトランド島のメステルミュールで出土したローマ風の秤のように、(一六)まったくありきたりな用具がしばしば発見されているが、いちいちここでつけ加えるまでもないであろう。

　この種の商人は、もっともらしい口上をあれこれならべたてたり、値段の交渉に際して説得力を存分に発揮するまでもなく、大きな利益を得る機会をすべてつかむ恵まれた条件をそなえていた。この点は私にとっては重要であるが、(一七)ここで再度論ずるつもりはない。ごくありきたりのことを述べるにとどめよう。それは、組織された敵をうち負かせるような正真正銘の軍隊が編成できるほど、かれらの人数は多くなかったということである。当時の社会は内乱に苦しめられていたが、それにまきこまれた諸侯の一戦力となるのが関の山だった。こうした諸侯として、たとえばルイ敬虔帝の孫、アキテーヌ公ピピン二世があげられる。『サン・ベルタン修道院年代記』によれば、かれは八五七年、「デーン人」と結び、ポワティエを荒らしまわったという。デーン人がすぐさま眼前の荒れ果てた状況と、自分自身の実力に気づいたこと、すぐに心理戦争の利点を理解し、それを応用して住民を操ったことは当然のなりゆきであったというべきである。現存するほとんどすべての書かれた「証言」は、そのような恐怖におののいた修道士によって書き記されたのであって、それらの証言はわれわれの見解と矛盾しない。けれどもヴァイキングはつねに二面性をもっていた。あきらかに交易を目的として船出したヴァイキングの事例はいくらでもあげられるが、純粋に軍事遠征を目的として出発した事例を紹介するのは困難なのである。

本書はヴァイキングの日常生活の細かな事柄を例証するにあたって、バイユーの王妃マティルドの有名なタピスリーを頻繁にひきあいに出しているが、これには注意しなければならない。それでも、現代の「漫画」の祖先ともいうべき、このみごとなタピスリーには、たえず二種類の図が並行して描かれているのが見てとれよう。主要な場面がくりひろげられ、場面ごとに公式の説明文が添えられている中段の図と、上下二つの細帯状の部分の図である。これら二種類の図は対応しあっているのだろうか。細帯状の部分の図と、中段の主要モチーフとの関連を知るのは容易なことではない。けれどもヘースティングズの戦いが描かれている最後の場面を別にすれば、細帯状の部分は中段に描かれた主要なテーマからは独立しており、平和的な事柄にしか興味を示していないことに気づくだろう（たとえば耕作と種まきの様子が描かれた九番目と十番目の場面のように傑作もある）。

『王の鏡』はじつはヴァイキング時代のものではなく、一二六〇年ごろの、おそらくノルウェー人の作品である。私が重要だと思うのは、この作品が、王の「家」に属する従士、王自身、王たる者の権利と義務についてよりも、まず商人に関する長い章をもってはじめられていることである。ここには、つぎのようなことが述べられているが、その根が太古の昔にさかのぼるのは確実だ。「私は商人であるよりはむしろ王の従士（ヒルズ）*であった。だからといって、商人という職業のことをけなすつもりはない。なぜなら、しばしばもっとも秀でた人びとがこの仕事を選んでいるからだ」。この史料には「ファルマズ」という語が用いられており、これは「船乗り」にも「商人」にもあてはまる。本章はJ・グラハム・キャンベルの研究を大いに参考にしているが、かれはつぎのように的確な指摘をおこなっている。[二八]海賊行為というのは、大もうけのチャンスはあるのだが、たとえば、大金をもっているアラブ人との奴隷売買がもたらしうるような、「安定した収入を保証」できるものではなかった、と。

議論を締めくくるのはむつかしいことではない。これまで一再ならず述べてきたいくつかの交易「都市」を一瞥すれば十分である。本書の主たる見解と軌を一にして、つぎの点を指摘しておこう。それは、デンマークのヘゼビューや、ノルウェーのベルゲンといった北欧に生まれたおそらく最初の「都市」は、王が建設したということである。スカンディナヴィアの君主は、交易を支配下におけば自分の利益になることを即座に理解したからである。商人にたいする課税は重要な収入源であった。すでに触れたように、ラトヴィアのグロービニャやオーデル河口のヴォリンといったバルト海南岸のいくつかの町は活気に満ち、スカンディナヴィア人が長いあいだにわたって痕跡を残した中心地だった（ヴォリンは、おそらくブレーメンのアダムのいう「ユムネ」。また『ヨームスヴァイキングのサガ』のヨーム城塞のことであろう。アダムは、なんと一〇七〇年の時点で、「ユムネ」がヨーロッパ最大の町であったと述べている）。とはいえヴァイキングの独創のひとつは、ヨーロッパ全域とアジアの大部分をつらぬく定期的なルートを開設したことであろう。もっと正確にいうと、以前から知られ、すでに長いあいだ人びとが行き来していたが、それほど利用もされず、定期的でなかった経路を、いわば「制度化」したのである。

たとえば、ヘゼビュー（ハイタブ）の「街路」――実際には、地表が木の厚板で舗装された小道――をそぞろ歩きながら考えてみよう。情報通であったアラブ人旅行者アル・タルトゥシは、九五〇年ごろ訪れたこの町のことを「大きな町」であったと述べている。先見の明に富んでいたデンマーク王ゴズフレズは、九世紀初頭、フリースラントとデンマークの商人のためにこの地に町を建設させた。こうしてかれらはエーアスン海峡とベルト海峡の危険を回避し、有名なダーネヴィアケ（デンマーク全体を遮断する長い防備塁壁）に沿って、ユトランド半島基部を横断するようになったのである。ヘゼビューは円形の塁壁によって堅固に守られていた。その遺構はいまもなお目にすることができる。この町は、長方形の家屋（平均一五メートル×六メートル）によって構成されていたが、それらの家屋は倉庫でもあったはずである。そこから琥珀、金属、アイフェル地方の石（この石は、ひき臼を作るのに用いられた）、フリースラントの貨幣などの断片が出土している。もっと小さな家屋（三メートル×三メートル）は、わらで編んだ網代壁と屋根でできており、もっとも貧しい人びとの住居に用いられたのであろう。ヘゼビューは十世紀末から十一世紀中ごろにかけて繁栄した。そこでは二度にわたって組織的な発掘調査がおこなわれた。[29] この町を再構成することにより、ヴァイキングの「都市」とはいかなるものであったのかが鮮明に浮かび上がってくる。[30] ヴァイキングの「都市」というのは、元来永住者のためというより、通りすがりの商人のために建設されたことが思いおこされる。アル・タルトゥシはつぎのように述べている。[31]

「それは、世界の大洋の果てにある大きな町である。町の内部には、冷たい水の湧き出る井戸がある。ここに教会をひとつそなえた少数のキリスト教徒をのぞくと、住民はシリウスを崇拝している。……かれらは自分たちの神を讃えるために集まって、祝宴を催し、飲食をともにする。供儀用の動物を一頭屠る者は家の前に杭を立て、そこに犠牲に捧げられた動物をつるす。犠牲に捧げられるのは牛、雄羊、雄山羊、猪である。それは、かれが神のために犠牲を捧げたことが、知られるようにするためである。この町はあまり財産をもたず、豊かではない。人びとの主食は魚であり、これは豊富にある。この地では子供が生まれると、育てなくてすむよう海の中に投げこむ。……そのうえ女性には離婚を申し立てる権利があり、いつでも好きなときに夫と別れることができる。また、彼女たちは眼のあたりに化粧をしている。そうすれば、その美貌はけっして衰えることなく、ますます美しくなるのだと男性も女性も感ずる。……これまで私は、これらの人びとほどおぞましい声で歌うのを聞いたことがない。かれらの喉から出る唸るような声は、犬よりもっと獣じみている」。

もちろん、審美眼までこの情報の提供者にあわせる必要はない。けれども、ここに与えられているほかの情報は事実と一致している。ヘゼビューが豊かではなかったということに、この町が一時的な商品集散地でしかないことがはっきりと示されているのである。

現在のストックホルム西方、メーラレン湖に浮かぶビョルケー島にあったビルカにも、同じことがいえよう。ビルカは、おそらくヘゼビュー以上に商業中心地らしい様子をしていた。この町は九世紀初頭にさかのぼる。ヘゼビューと同じく円形の塁壁がとりまき、おそらく一定の間隔で木の櫓《やぐら》がそびえ立ち、メーラレン湖に面した部分が開口部になっていた。キリスト教化している大陸ヨーロッパに近いヘゼビューより、この町はもっと「異教的」である。墓地群にあるおよそ三〇〇〇基にのぼる墓と「黒土」とよばれる区域（一世紀半の営みにより堆積した木炭と有機物の残骸によって作られた）では、現在も発掘調査が進められている。けれども、これまでの発掘から、ビルカがヘゼビューと同様、鉄の加工、青銅の鋳造、皮革細工、骨細工といった手工業の中心地であり、また交易の中心地でもあったことは十分立証できる。ここから出土した数多くの秤は、その点できわめて雄弁である。ビルカのことをよく知っていたリンベルトは、その著作『聖アンスガール伝』（アンスガールは、北欧でキリスト教の布教活動をおこなった聖人）のなかで、ビルカについて語っている。それによれば、興味深いことに、ビルカは冬でも夏と同じように交易地としてにぎわっていたらしい。そのことから推して、ビルカには二つの天然の港のほかに、もうひとつ人工の港があったにちがいない。ほかにも有益な事実が知られる。すなわちP・ソウヤーがあきらかにしたところによれば、スウェーデンのヴァイキングはすでに鉄鉱山を採掘していた（三三）。そして毛皮と皮革の交易はおもにビルカでおこなわれていたが、ヘゼビューむけの原料鉄の輸出も同じくビルカを介しておこなわれていたのである。発掘調査の結果、ヴァイキングが東方や西欧で取引した品物のほとんどすべてが、ここで出土した。リンベルトはさらにこう記している。「ここには裕福な商人が多く、ありあまるほどの財産があり、貨幣や高価な物もたくさんある」。

　ノルウェーのオスロ・フィヨルドにあるカウパング（文字どおりの意味は「商業地」。「交易をする」、「売買をする」を意味する動詞「カウパ」の派生語）についても触れておこう。ここにも家屋や工房が立ち並び、さまざまな種類の職人が働いていた。製作される品々には、いまやおなじみのものに加えて、ノルウェー特産の石鹸石で作られた用具もあった。カウパングの活動も八世紀末から十世紀初頭にかけて活発であった。この符合は説明するまでもない。セイウチの皮で作ったロープは、カウパングが専門にとりあつかっていた商品のひとつであったらしく、この取引は利益が大きかった。出土物は、ライン地方とイングランドへむかう交易の流れを如実に示している。しかもこのことは、他方でノルウェーのヴァイキングについて知られていることとよく一致している。それにもかかわらず、この「都市」はヘゼビューやビルカほどの重要性をもつことはけっしてなかった。その理由はわからない。

「商人、とくにデンマーク商人の財宝であふれかえっていた」といわれるヨークやダブリン、そしてフランスのカントヴィクといった、あまり知られていない町についても若干説明して、これまでに述べたことを補足しておくべきかもしれない。けれども、国内外でのヴァイキングの日常的な活動の真の姿をあきらかにするには、すでに述べたところで十分であろう。それでもヨークの「ヴァイキング・センター」は、ぜひ訪問をすすめる。この町は九世紀末、デンマークのヴァイキングによって築かれた。かれらは「ヨールヴィーク（おそらく「種馬の入り江」という意味）」と名づけ、ここから「ヨーク」の名が生まれる。ヨークでは、昨今の都市整備計画がきっかけとなり、ヴァイキングの町が発掘されることになった。町は木造建築で構成され、損傷しやすかったにもかかわらず、土壌の性質が保存に適していたため、驚くほど良好な状態で保存されていた。発掘調査は一九七六年から一九八一年にかけておこなわれ、その結果、おびただしい数の出土品が綿密に調査され、目録に記載され、それがどういうものであるか説明がほどこされた。そして一種の博物館が創られた。ここは見学もできるし、また企画者側としては、九〇〇年当時のヨールヴィークを、できるかぎり忠実に復元しようとしたのである。博物館のできばえは目を見張るものだ。見学者は、ヴァイキングの居住用家屋や納屋や工房をじっくりと眺めることができる。工房では、骨、木材、銀、獣皮、銅、粘土が加工される様子を見学することができる。骨のなかでもとくに鹿の枝角からは、櫛や針などが作られ、木材からは小鉢、スプーン、取っ手のない手桶、取っ手つきの手桶、家具が作られる。銀貨からはブローチ、腕輪、首飾りが作られた。同じ場所でそうした貨幣が見つかっている。獣皮からは靴、ベルト、鍛冶師の前掛けが作られる。銅細工はこの町の特産品であったと思われ、斧の刃、槍や矢の先が作られた。粘土からはさまざまな土器類が作られる。付属品を完備した織機、盤ゲーム（フネヴァタブル）*の駒が再現され、船に必要な付属品も入念に復元されている。船の付属品はヨールヴィークの重要な生産物のひとつであった。複製ではあるが、釣り針、錫でメッキされた鉄製スプーン、鍵、鐙《あぶみ》、骰子《さいころ》、そして金属製の折たたみ式ナイフといったものまで見せてくれる。ある意味では、このような復元ほど雄弁なものはない。見学者が自由に手にとって見られるようにおいてある公式パンフレットは、「ヴァイキングとはいかなる人びとであったのか」と問いかけている。これこそ、本書がなにより関心を寄せている問いである。パンフレットは、発掘調査とそれによって得られた成果をもとに、かれらには四つの側面があったと答えている。つまり、略奪者であり征服者、植民地開拓者であり職人、船乗りであり商人、都市の建設者の四つである。本書が一貫して述べてきたことも、結局はこれとなんらかわりはない。

　私はそこまでいうつもりはないが、「ヴァイキング」とはたんに「ブルジョワ」を意味しうるのだと書かれた書物を読んだことがある。(三三)「ヴィクスを転々とする人」というのが、こんにちもっとも一般的に受容されているヴァイキングの語源であり、この「ヴィクス」という語は、知ってのとおり「商業地」を意味している。ただしもちろん、「ブルジョワ」という語は、現代の意味でとらえられるべきではない。ヴァイキングの語源を「入り江」を意味する「ヴィーク」にあるとし、ヴァイキングとは、「入り江に自分の船を停泊させ、平和的な船が通りかかるのを待って襲いかかる獰猛な略奪者」をさすというのが伝統的な解釈であった。これがこんにち支持を失いつつあることは、よい傾向である。

　ヴァイキングは、あらゆる不測の事態にそなえていなければならず、また、利益になるなら戦いをも辞さなかった。そうしたことが、かれらの日常生活の一部であったことはたしかである。けれどもかれらの心理について知りうるすべてのことを考え合わせるなら、つぎの点は断じて見失ってはならない。それは、ヴァイキングの気質の根底にあるのは「利益の追求」なのだということである。

第六章　たいせつな日々

これまでヴァイキングの日常生活をあるていど詳細にたどってきたが、話がときとして単調になり、日々の仕事と慣習の羅列のように映ったかもしれない。けれどもいうまでもないが、ほかの国々と同様、北欧においても重要な出来事には特別なお祝いや催しをしたのである。この章では、出生、結婚、葬儀といった人生の記念すべき日々と、一年のうち政治的・宗教的に重要な行事とに分けて検討をおこなう。以下、それぞれ順をおってみていくことにしよう。

人生の記念日

出生の儀礼についての情報は乏しく、しかもそれは混乱している。当然のことながら、ここでもキリスト教が深くかかわってくるからである。そのため、われわれの知りうることは事実なのか、それともキリスト教の影響を受けているのか、あるいは「歴史の再現」をもくろんだものなのか判断に迷うところである。十三世紀のサガの作者が、おおむね三世紀間にわたる過去を蘇らせようと全力をかたむけた当のものは、まさしくこの「歴史の再現」であったように思われる。中世においては、ほかの国々と同様、北欧でも女性は子供を産む能力があるあいだはつぎつぎと子供を出産していた。それゆえ、ここでもわれわれは高い出生率につきものの諸問題に出会うことになる。

概して、妊娠についてとくに言及されることはない。それほど妊娠はあたりまえのことだった。ここでは「彼女は妊娠していた」をあらわす、精彩に富んだ定型表現を紹介するにとどめよう。「彼女はひとりぼっちではなかった」というのだ。私のみるかぎりでは堕胎や避妊は知られていないが、サガの作者や法典編纂者の潔癖主義にはつねに用心すべきである。われわれが目にするかたちに編纂されたのはすべて、キリスト教に改宗して何世紀もたってからのことだからである。

妊婦は多くの女性に助けられ、とりわけ「治癒の腕」があるとされているある種の産婆に介添えされながら、うずくまるか、あるいは膝をついた姿勢で出産した。とはいえ現在と同様、当時も出産は楽ではなかった。そのことは、『韻文エッダ』の「シグルドリーヴァの歌」で、出産をうながすためにルーン呪文が用いられていることからたしかめられる。『韻文エッダ』に収録されているいくつかの詩を信用するなら、これは呪歌（ガルドル）の合唱によっておこなわれたのであろう。かくして母なる大地に生まれ出でた子供は、臍《へそ》の緒を切られたあと水をかけられ（この慣行はサガでしばしば言及されている。キリスト教の洗礼をまねた可能性はたしかにあるが、古くからの清めの儀式の可能性もある）、天にむかって高々とかかげられたようである。つまり偉大な自然の諸力にたいする、ある種の奉献の儀式である。かつて私が立証しようとしたのも、この偉大な自然の諸力こそが北欧の宗教にとって最初の「神々」ではなかったかということだった（一）。

以上は、父親が子供を育てることに決めた場合である。嬰児の遺棄はさまざまな理由により認められていたらしく、その筆頭にあげられるのが経済的な理由であったのはいうまでもない。生まれた子を育てるのを拒否し、大きな道に置き去りにして野獣のえじきにする権利が父親に与えられていた時代があったのかもしれない。いずれにせよ嬰児の遺棄はサガ、とりわけ伝説的なサガに好んで用いられるモチーフとなる。子供を育てることに決めた場合には、父親は子供に名をつけなければならない。これは新生児がほんとうに親族の一員となることを決定する重要な儀式であり、いってみれば新生児にある種の人格を与えるもの、つまりその存在を保証するものであった。命名は意味もなくおこなわれたのではない。親族に帰属していることが何にもまして重要であり、何世代にもわたる自分の家系をそらんじてみせることができないかぎり、その人間の存在は法的に認められなかった。そのような社会にあって、命名は重大な意味を帯びていたのである。ついでながらサガ、植民に関する書物、そしてこれらに類する史料に、われわれにとって退屈な系譜がかならず長々とつけられているのも、名の重要性から説明がつく。『ストゥルルンガ・サガ』にいたっては、一篇がまるまる系譜にあてられている場合さえみられるのだ。

さて、新生児に与えられる名は一定の基準にしたがって選ばれた（この点については、すでに57頁で、あるていど述べたので、ここではそれを補うにとどめる）。新生児の名は、幸運をもたらすという世評が高いものとか、現実に幸運に恵まれた者によくある名とされているものから選ばれたらしい。出生の直前に亡くなった親族の名をもらった子供を、史料で頻繁に目にするのはそのためである。この命名法が魂の転生、再生という古くからの信仰にもとづくという仮説も、かたくなにしりぞける必要はない。しかし、神の名にちなんでつけられた名には用心すべきである。ヴァイキング時代には、それらの名は、かならずしもその由来となった神の守護という効果が含意されていたわけではないからである。たとえばソール神の名が含まれている名はソルゲストル、ソルギルス、ソルケル、ソルステインなど、おびただしい数にのぼるが、とりたてて説明するまでもないであろう。動物にちなんだ名もビョルン（熊）、アリないしオルン（鷲）、フルート（雄羊）、オルム（蛇）、ウールヴ（狼）など、きわめて多いが、だからといってわけのわからないトーテミズムを結論すべきではない。トーテム信仰は太古の時代には存在したのかもしれないが、ヴァイキング時代にはもはやすたれてしまっていたと考えても、それほどまちがいではなかろう。唯一確信をもっていえるのは、たんなる思いつきで名が決められたのではないということである。北欧社会には厳密な意味での姓がなく、個人の名のほうが重要であったことを忘れてはならない。すでに述べたように、個人の名に加えて、子供はその父の息子もしくは娘とよばれた。「その父の」といったのは、父親不詳の場合しか母の息子、娘とはよばれなかったからである。しかも、個人の名は無限にあったわけではない。あだ名が頻繁に用いられているのはおそらくそのためであり、あだ名が本来の名にとってかわることもしばしばある。あだ名はおびただしい数にのぼり、非常に精彩に富んだものも少なくないが、ここであえて解説するまでもない。それらは他国で用いられていたものとかわらないのである。『植民の書』を一瞥すると、たとえば「強者」、「赤毛」、「麗しの」、「賢者」、「富裕の」がみられるが、これはどこの社会にもある。さらに、北欧社会が断固たる父系制社会であったこともはっきり述べておこう。少なくともここでとりあげている時代に関しては、母系制の事例はみあたらない。

幼児期から「成人」するまで、子供がどのように育てられたのかという点については、すでに触れたとおりである。幼児期には乳母がいた。成人年齢は史料によって異なるが、通常はおそくとも十四歳ごろ成人した。史料に子供が出てくることはめったにないが、所見を総合すると、子供たちは愛され、きちんと育てられていたと思われる。木製や金属製の小さな玩具が出土しているが、それらは他国にみられるものとかわらない。また、とりわけ名家では、子供を数年間友人や高い地位にある人などに預けて養育してもらう慣習があったことも忘れてはならない。その際、いつの日かこちらも同じように引き受けるということが暗黙の取り決めだった。このフォーストル（養育）の慣習は、しばしば非常に堅固な愛情のきずなを生みだし、当然のことながら親族の勢力拡大に一役買った。この種の養育上の義兄弟が誓約をともなう義兄弟となることはよくあることで、その場合には呪術的な儀式があったことはたしかである(二)。ついでながらこの機会に、ヴァイキングの社会で高く評価されていた、もっとも強固な価値のひとつが友情、なかでも男の友情であったことについても触れておこう。『韻文エッダ』の「高き者の言葉」には、「だれにも愛されない男」の境遇を哀れみ、「かれは何のために長生きするのか」と歌うすばらしい詩節がある。すでに述べたように、北欧社会においては、共同体のなかで生きることは、ある種の至上命題だった。孤立せず、友人や誓約兄弟などにとりかこまれているよう、人は終生気をくばっていたのである。

　少し本題から逸れてしまったが、つぎに、出生の儀式が重要なものとみなされていたことを述べて、この話を締めくくることにしよう。序章から述べているように、家族（エット）はヴァイキング社会の基礎構造であった。出生や結婚によって、ある家族の一員に加えられるのはもちろんだが、「エットレイジング」というまったく別の方法でもおこなわれた。この語の用法上の厳密な意味は、たとえば庶出子の認知であるが、言葉の意味は「家族のなかに入れる」であり、もっと広い意味をもつこともあった。家族の一員になることは、社会でその存在を認められるためのひとつの重要な行為だったのである。この対極にあるのが、「エインレイピング」とよばれる定まった住居のない人びとだった。ただし、かれらに家族がなかったわけではない。かれらは無産者というべき存在で、共同社会にとって深刻な問題であった。

　子供のことに話をもどそう。当時、乳飲み子に最初の乳歯が生えると贈物をするのがならわしだった。この慣習はいまもなおスカンディナヴィアで、そしてフランスでも受け継がれている。

われわれの知るかぎりでは、少なくともヴァイキング時代、大人の世界に仲間入りするための通過儀礼となる儀式はもはや存在していなかった。けれども、キリスト教に改宗するずっと以前にはあったようだ。ジョルジュ・デュメジルがみごとに示したところによれば、『散文エッダ』の巨人フルングニルと闘うソールの神話は、おそらくそうした古い通過儀礼の記憶にもとづいている。ヴァイキング時代には、通過儀礼となる儀式はすでに消滅していた。サン・カンタンのデュドンの一文は、じつはヴァイキングに関する史料のなかでももっとも疑わしいもののひとつであるが、[三]綿密な検討もせずに、その一節を根拠としてつぎのように考えるむきもある。すなわち大人社会への仲間入りを願う若者は、聖なる春の名のもとにヴァイキング遠征に参加して自分の力量を示さなければならず、それゆえこの遠征は宗教的な性格を帯びていたのだ、と。この見解は少し検討すれば成り立たないことがわかる。ヴァイキング遠征を遂行する能力を示すことが若者に期待されていたというのはありえないことではない。けれどもそれは、戦士としての能力を示せという意味ではまったくなく、長い航海中、いついかなる波乱にみまわれようとも、危機に対処できるような能力を示せということであったと私はいいたいのである。

ヴァイキングの若者が受けることのできた教育についても、私が確信をもっていえることは何もない。現代の意味での教育は、おそらくなかったであろう。場合によっては、老人が過去に起こった出来事についての基本となる知識、おそらく自分の家族や親族についての知識を子供に授ける役割を担うこともあった。やがてキリスト教化の波により、この種の教育が変化をこうむることはいうまでもないが、それはおおむねヴァイキング時代よりあとのことである。とはいえ、知識を「徒弟」に伝授する職人の親方がいたはずである。遍歴教師や現代のゼミナールのようなものを担当する者のたぐいもおそらくいたであろう。なぜなら、きちんとした手ほどきも受けずに、ある日突然、自分のことをスカールド詩人であるとか、散文物語の朗唱者であると宣言するとは思えないからである。この点については後述することにしよう。同じことは法についてもいえる。たんなる口頭による伝達によって習得されたとは思えないほど、法は複雑かつ緻密である。けれども、この点についてもなんらかの見解を打ちだせるような史料は何も残っていない。

そのかわり、あらゆることから考えて、子供は馬術や武術といったスポーツ競技の手ほどきをしっかりと受けていたようである。こうしたむつかしい技の手ほどきを受けたのは、特定のきわめて高い階層の子弟であったかもしれない。いずれにせよ、当時この北方の地で生きていくのは並みたいていではなく、教育が快楽の追求に誘《いざな》うなどほとんどありえなかった。当然のこととして、生きのびるための技術という価値基準のほうがより好まれていたはずである。叙情的な史料や瞑想や祈禱にかかわる史料がほとんど現存していないのは、おそらくそのためであろう。ともあれ、アイスランドにはあれほど多くの「学識ある者」がいながら、どうしてごくわずかの者だけにしか「学者」というあだ名が与えられなかったのかを私は考えつづけてきた。ここでいう「学者」には、「その知識を伝達するのにたけた者」という意味あいがこめられていて、農場から農場へ自分の知識を広めるために転々とした、すぐれた教育者にして学者のことであったとしても私は驚きはしないであろう。

結婚のことはすでに序章でくわしく述べた。さきほど出生のところで家族の重要性を強調したが、同じことは結婚についてもいえる。結婚とは、なによりもまず二つの親族の同盟と考えられていたからである。内縁関係については、ここではひとつの慣習であったというにとどめよう。裕福なボーンディは何人もの内縁関係の女性をもつことができたが、それが重大な結果をまねくようなことはなかった。明白な取り決めがないかぎり、その女性は夫の財産や相続に参与できなかったからである。内縁関係から生まれた子供も、父親がなんらかの措置をとらないかぎり父親の財産相続に加われなかった。内縁妻やその子供のこのような地位は、以前は厳格であったかもしれないが、ヴァイキング時代にはかなり緩和されていたらしい。「王家」においてさえ、嫡出子であるほかの兄弟と区別されずに、非嫡出子が王位を継承することがあったのである。いずれにせよ、父親はいつでも庶出の息子を認知することができた。スウェーデンやデンマークでは、この手続きは比較的簡単であったらしく、証人の前で父親が子供を自分の膝に乗せればよかった。ノルウェーには、かなり変わった慣習を伝える史料が残されている。それによると父親が庶出の息子を家族の一員に加えたければ、まず三歳の牛を屠殺し、その右脚の皮で靴を片方作った。つぎに祝宴が催され、その間この靴は部屋の中央に置かれていた。そしてまず父親、ついでこのようにして認知される子供、最後に家族全員の順で各自その右足を靴に入れた。こうすることによって、その子供を自分たちと同等の者とみなす意志をあらわしたのである。

相続慣行については、おおむねヨーロッパとかわらない。ここでは、興味深いと思われる点だけをいくつかあげておこう。ひとつは「アルヴサル」、すなわち相続権の第三者への譲渡(文字どおりには売却)である。第三者はこの譲渡とひきかえに、譲渡人を生涯世話することを引き受けた。つまりある種の終身年金である。これがもとで争いになることはもちろんあったが、老人が不自由のない余生をおくるのに便利な方法のひとつだった。それから「エットレイイジング」——ある個人を家族の一員に加えるための儀式——についてはさきほど述べたが、「アルフレイジング」についても触れておかねばならない。これは、ある人を新たに相続権者とすることである。

けれども北欧の相続慣行の最大の特徴は、なんといっても「オーダル(世襲地)」であろう。これは分割できない相続財産、とくに土地財産のことで、所有権は家族のなかにとどまりつづけ、とりわけ分割してはならなかった（この「オーダル」という語には、不分割の観念が含まれている。「オーダル」とフランス語の「アルー」、つまり「自有地」の意味するところが完全には一致しないのはそのためである。「アルー」という語は封建制にかかわるものであって、北欧社会にはあてはまらない。封建制にたいして用いる分析や基準をヴァイキングの社会に適用するわけにはいかないことを、この機会に想起すべきである。この誤りは、とくにフランス人研究者のあいだに顕著にみられるが、それは、かれらがこの種のアプローチにとりわけ慣れているせいであろう。北欧には大まかにいって封建制はまったくなかった）。それゆえ不分割の原則により世襲財産を相続したのは、かならずしも長男ではなかったが、息子のうちのひとりであった。

オーダル権は、古スカンディナヴィア社会をもっともよく象徴しているもののひとつであり、この観念には本質的なものが含まれている。この観念を的確にとらえたものとして、十九世紀初頭のスウェーデンのすぐれたロマン主義者イェイイェルの名高い詩、『オーダル農民』があげられよう。

ヴァイキング時代に話をもどそう。息子たちのうちオーダルを相続した者は、自分の兄弟に代償を払わなければならなかった。そうすることによって家族の土地財産はもとのままたもたれ、かつ相続できなかった兄弟も新たな土地を開拓したり、新たな資源を探したり、移住したりすることによって、よそに富を求めるよううながされたにちがいない。けれども、ここでつぎの点に着目するのは無意味なことではなかろう。それは、オーダルがヴァイキング現象の引き金になったのでないことはたしかだということである。この点について、とりわけスノッリ・ストゥルルソンにみられるような得意満面の記述には用心が必要である。かれらが航海に出たのは、法的に相続から除外されたからではない。くりかえしになるが、遠征の組織者、クノール船の船長、乗組員の召集者、そしてさらには交易のために持っていく商品の主たる供給者として、ことにあたるにはかなり裕福でなければならなかった。したがって、その担い手となったのは、財産の乏しいほかの兄弟より、むしろ農場をかまえたボーンディであったと思われるのである。

一方、相続人は、もっとも近親の相続権者全員と利益を分配することを条件に、土地を売却することもできた。そうすることによって、相続制度が厳格になりすぎないよう歯止めがかけられていたのである。けれどもこんにちと同様、当時も複雑きわまりない相続の事例については枚挙にいとまがない。サガはもちろんであるが、ルーン碑文のうち丹念に刻みこまれたものにもそれがみられる。たとえば、スウェーデンのヒレルスイェの碑文はまさしくヴァイキング時代のものであるが、そこにはこう記されている。

「この文章を読むべし。ゲイルムンドは、当時乙女であったゲイルラウグと結婚した。二人のあいだには息子が生まれたが、その後ゲイルムンドは溺死した。ついで息子も死んだ。やがてゲイルラウグはグズリークと結婚した。かれは……（この部分は碑文が欠損している）。かれらは何人か子供を授かったが、そのうち生き残ったのは娘ひとりだった。娘の名はインガだった。スノッツァーのラグンヴァストが彼女を娶った。その後夫が死に、ついで息子も死んだ。そのため母親が息子の財産を相続することになった。のちに彼女はエイリークと結婚するが、やがて彼女も死んだ。それゆえ、ゲイルラウグが娘インガの遺産を相続することになった。このルーンを刻んだのはスカールド詩人ソルビョルンである」。

ここにあげたものがルーン碑文、つまりヴァイキングの手になる記録であることに十分留意するなら、つぎのことがいえよう。それは、この碑文が法的な性格をもった真正の記録であり——じつはルーン碑文には頻繁にみられる——、しかもあまり例のない遺言であるということである。ここに引用した碑文はリュシアン・ミュッセ訳であるが、かれはこう述べている。(四)「主人公ゲイルラウグはゲイルムンド、グズリークと二度結婚し、彼女の娘インガもラグンヴァスト、エイリークと二度結婚した。けれども息子や娘、娘婿、そして孫息子がゲイルラウグより先に死んでしまったため、遺産はすべて彼女のものになった」。

話が結婚という当初のテーマから逸れてしまった。離婚についても少しだけ触れておこう。離婚の重要性やその頻度を大げさに考えてはならない。当時の女性の地位について述べたところですでに指摘したように、離婚が比較的容易であったことはたしかである。少なくとも、いつものことだが、サガの記述によればそうである。しかしだからといって、この社会がたえず解体しつつある状態にあったと結論してはならない。実際には離婚はめったになく、また、不和になった夫婦双方の家族がいずれも離婚を侮辱と受けとめたため、離婚は深刻で、しばしば悲劇的な結果をもたらしている。それはともかく、法律の規定を信用するなら、妻のほうから比較的容易に夫に離婚を宣言することができたのはたしかである。ただしその場合、妻は十分な理由を申し立てなければならなかった。たとえば、あきらかに夫が性的不能であること(その事例は『ニャールのサガ』にある)、ふだんの生活のなかでの夫のふるまいにたいする不満、夫に嘲笑されたり、夫の行動のせいで自分まで迷惑をこうむるのはもうたくさんだといったことである。夫が妻を離婚するのも同じくらい簡単だった。どんな場合でも、決定には証人を立てなければならなかった。それから彼女は家を出ていった。その際、妻は持参金と、かつて夫が自分に与えてくれていた寡婦扶養料(ムンド)をとりもどしたことを銘記しておこう。そもそも離婚問題のむつかしさは、この点にあったのである。少しずつ納得できるようになるが、この社会では、生活のなかでのあらゆる行為が物質的な価値と結びついているのだ。われわれは、愛や憎しみなどといった先見的な大原則からものごとを考えるのに慣れているが、それよりむしろ平凡に、経済的なことをまず考えるべきであろう。つまり、離婚は夫にとって破滅にほかならなかったのである。

出生や結婚については、かなりの部分をヴァイキング時代よりあとの史料に頼らざるをえなかったが、葬儀についてはその必要はない。これについては十分証拠があり、これまでにおこなわれた数多くの墓の発掘調査から、いわば標準的なイメージを導き出すことができるからである。

葬儀については、少しくわしく検討することにしよう。北欧の異教の初期段階が死者崇拝であった可能性は大いにあるからだ。十三世紀になってもなお、キリスト教徒によって書かれたサガは、当時はすたれてしまったがなお人びとの記憶のうちに息づいていたらしい古い習俗を述べざるをえないと感じている。たとえば『エギル・スカッラグリームスソンのサガ』には、生前不気味な行動をとっていた男（とりわけ、日暮れに狼男になる力をもっていた。かれは「変身者」、「狂暴な力を発揮する者」、「姿が一通りでない者」であった）の死体をどうとりあつかえばよいのかが丹念に描かれている。まず死者の息子が登場する。かれ自身、呪術の心得がないわけではなく、鼻をはじめ死体のすべての開口部に詰め物をする――ここには霊魂や気息にたいする信仰が示されている。これらは、肉体という媒体から抜け出して完全な存在となり、ありとあらゆる災いをなすのだと考えられていた――。つぎに、かれは死者が置かれているうしろの壁に穴をあけ、死体をそこから外へ運び出し、すぐさまその穴をふさぐ。死者が家にとり憑こうと、運び出されたその穴から舞い戻ってこないようにするためである。

北欧で霊魂の存在が信じられていたことはまず疑いない。「霊魂」をあらわすには、少なくとも五つの語彙、「オンド」、「ハム」、「フグ」、「フュルギャ」＊、「サール」がある。（五）このうち二つはあきらかに借用語である。「サール」は大陸のドイツ語からとり入れた借用語であり、「オンド」は「息」の概念に対応した訳語である。この「オンド」がキリスト教とともに伝えられたことは確実である。けれども、あとの三つの語、「ハム」、「フグ」、「フュルギャ」は、まぎれもなく北欧語である。これらの語は、胎児にともなって母親の胎内から出てくる胎盤膜、「外形」（これは「ハム」の文字どおりの意味である）をとった霊魂の観念、あるいは人間に「付いている」もの（「フュルギャ」は「付いている」、「随伴する」）をあらわしていた。「フグ」は、世界中どこでも知られている「世界霊魂（この世界全体に浸透している固有の生命。人間、動物、植物その他いっさいのものの魂の源泉であり、それらを統括している）」（イロコイ族のマナ、南太平洋のオレンダ）の観念におそらく関係している。世界霊魂はわれわれの世界に浸透し、一定の条件下では、われわれのほうからでも近づくことができるが、ときとして、むこうのほうからわれわれの前にその姿を見せることもある。いずれにせよ、これらの語彙の豊かさと、そこに付随する概念の豊かさは十分参考になる。もちろん、とりわけ「ハム」と「フュルギャ」は空間と時間をこえ、肉体的外衣から抜け出して、それ自体一個の実在となり、その肉体を助けることができる。また、幽霊、「ドラウグ」＊となって「戻ってくる」こともある。（六）こんにちにいたるまで、幽霊はアイスランドの民話に文字どおり出没しており、これらの民話にしばしば不気味な雰囲気を醸しだしている。

以上の手短な説明は、ヴァイキングの埋葬をめぐる慣習の全体像を把握するうえで有益である。遠い昔には火葬がおこなわれ——ここにも、死後の世界と霊魂にたいする信仰が示されている——、集合墓があったことはたしかである。石が、上から見ると船の形に並べられた墓はとくに興味深い。けれどもヴァイキング時代には個別墓が普通であり、死者は豪華な衣服、食べ物、武器、動物といっしょに埋葬されている。多少疑わしいが、いくつかの史料を信じるなら、女奴隷か愛妾もひとり死者につきしたがったらしい。

たとえばアラブ人イブン・ルスターは、かれの出会ったルーシ人についてこう述べている。

「有力者が死ぬと、かれらは大きな家ほどもある墓を築き、そこに遺体を安置する。故人が生前身につけていた衣服や金の腕輪、そしてさらに、たくさんの食べ物、飲み物の椀、貨幣もいっしょに添える。かれらは故人の愛妻も、そのかたわらに生きながらにして入れる。そして墓の扉は施錠され、彼女はそこで息絶えるのである」。

女性が生きながら埋葬されたという記述には注意を要する。いまやわれわれもよく知っているイブン・ファドランは、同じような状況下でおこなわれた印象深い葬儀の模様を書き残しているが、そこでは、たしかに女奴隷は死んだ首長とともに葬られている。けれども、彼女はすでに絞め殺されたあとなのである。たとえばビルカでは数多くの墓が発見されたが、そのうちのいくつかは、遺体のまわりに木の枠を組んだ木槨墓である。死者は座った姿勢もしくは胎児の姿勢で埋葬されており、後者がかなり古い時代の慣習であるのは確実だ。他の多くの神話と同様、北欧の神話でも小人は死者の霊、もっと正確にいうと死者自身であり、ミルチア・エリアーデが好んで用いる、人間は大地から生まれ大地に還るという「人間《ホモ》と大地《フムス》との融和」による豊饒のあかしなのである。古ノルド語で「小人」は「ドヴェルグ」であり、その本来の意味は「捻《ねじ》れた人」である。これはもちろん、墓の中での死者の姿勢と関係している。さきほど触れたアラブ人外交官イブン・ファドランは、九二二年ヴォルガの川岸でおこなわれたルーシ人の（したがってスウェーデン人の）首長の葬儀の模様をきわめて劇的に描いている。(12) この報告もまた慎重にあつかわれるべきではあるが、この叙述の多くの点がほかの史料によって裏づけられている。

いずれにせよ、墓の石がしばしば船の形に並べられていること、オーセベルやグロワ島でのように、船が墓として用いられていること、終の住み処で戦士や商人をとりかこんでいた品々から考えて、死出の旅という観念があったことは疑問の余地がない。同じことは女性にもいえよう。女性は正装し、豪華な装身具、生活や娯楽に必要なありとあらゆる品々とともに埋葬されている。ビルカで発見された、身分の高い女性のものであることが確実視されている墓を例にとろう。遺骸は、故人が所有していたもっとも美しい数々の装身具によって飾られている。首飾りのひとつは、銀の環と八〇個の水晶玉と金や銀の箔をかぶせたガラス玉でできている。衣服には一対の銀製のペンダントがついており、それは高度に様式化された馬をかたどっている。金メッキされたみごとな青銅製のブローチは、ヴァイキング時代初期のボッレ様式(八)のもので、非常に美しい動物装飾がほどこされている。これは、この婦人のマントをとめるのに用いられたにちがいない。二個の小さな装身具はイヤリングのかわりか、首飾りの一部であったのだろう。青銅製の留め金はベルトか、まったく別の皮紐のためのものであろう。金メッキされた青銅製の装身具は彼女の二つ目の首飾りであり、きわめて洗練された細工がほどこされている。墓の中では、遺骸のかたわらにフリースラント様式のもの一個を含むいくつかの容器、つまりライン地方のガラスのコップ、アイルランド産の青銅鍋、二個の木製手桶、角製の櫛の入った木箱が置かれていた。この墓は九世紀初頭のものであり、被葬者は地位の高い女性か（彼女は絹の衣服を身にまとっていたが、絹は当時としてはぜいたくの極みである）、少なくとも大変裕福な女性だろう。これにたいし、ビルカの別の墓から、座った姿勢で埋葬された戦士の遺骸が見つかっている。造幣年代のわかる銀貨がともに出土していることから、この墓は九一三年から九八〇年までのあいだにさかのぼるものと推定される。二つの楯が、それぞれ遺骸の頭部と足元に置かれていた。両刃の剣は遺骸の左側に、装飾のほどこされたナイフ、斧、二四本の矢、銀と銅で象眼された矛《ほこ》型の槍は右側にあった。そしてさらに、この木槨墓内の特別に分けられた区画から二個の鐙《あぶみ》と、二頭の馬の亡骸も発見された。[九] 被葬者は商人というよりむしろ戦士であったのだろう。ただし、このように商人と戦士とを区別して考えるべきではないことは、これまでくりかえし述べてきたとおりである。

死後の世界について、ヴァイキングの文明が二つの概念をもっていたことは注目に値しよう。これらの概念は二つの社会階層に対応しているのだと主張されることがこれまであまりにも多かったが、むしろ死後の世界という想念を表現する言葉が時代をおって変化したことに対応しているのかもしれない。そのうちのひとつ「ヘル*」はたんに死後の世界のことであり、特別な含意はない――「ヘル」は「地獄」のことでもあり、そこを支配する醜い女神の名でもある。スノッリ・ストゥルルソンによれば、その半身は黒く、半身は青かったという――。もうひとつの「ヴァルホル*」は、一見したところでは、とりわけ戦争にかかわる概念であるかのようにみえるが、私にはじつは呪術にかかわるもののように思えてならない。オージン神はラグナレク*（これはワーグナー的な「神々の黄昏」というより、むしろ「神的なかの諸力の運命の成就」。ただし、両方のバージョンがある）にそなえて、その戦いで死ぬことになる精鋭の戦士「エインヘルヤル*」をヴァルキューレたちに選ばせていたが、これらの戦士を集めている場所こそ、この「ヴァルホル」なのである。「ヘル」も「ヴァルホル」も、非常に古い概念のように思われるが、後者をより重要なものとみなすのは正しくない。そのことは、『韻文エッダ』の「バルドルの夢」を読めば十分理解できる。神々が死んだバルドルを探しにいく場所は「ヘル」であって、「ヴァルホル」ではないからである。

ロマン主義的な見解には用心すべきであろう。ヴァイキングが死をあからさまに軽んじていたといえる証拠はなく、戦闘願望をみたしてくれる死後の世界のごときものを望んでいたと主張することはできない。「ヴァルホル」が示している寓意は、好戦的というよりむしろ運命的である。強調すべきは、この「楽園」

が、一方でははかないものであるが、他方では詩の神オージンに仕えるスカールド詩人たちによって誇張されたことである。「ヴァルホル」はまさにオージンの本拠であった。バルドルの死の神話にまつわる非常に美しいイメージについても触れておこう。この美しい神は、火を放たれた船で死者の国へと旅立つ。それはえもいわれぬロマンティックな情景であるが、スカンディナヴィア的というより、はるかにケルト的かもしれない。とはいえ、死後の世界が快適で尊敬に値する場所とみなされていたことは、さきほど述べたような女性の装いや、男性の衣服と装備が雄弁に物語っている。人びとは自分に与えられたすべての名誉を携えて、死後の世界へと旅立ったのである。

ただし、そのためにはしかるべきかたちを踏襲していなければならなかった。あとで述べるが、ヴァイキングの公的な生活は、すべて法的措置の対象となっている。法や法律は、まさにこの社会の中心をなしているのである。そのことは、かれらの葬儀慣習に如実に示されている。死者にとってたいせつなのは、「正しく」死ぬこと、つまり正式なかたちを踏んで死ぬことである。さもないと、すでに触れたように、死者があの世から舞い戻ってきて生前暮らしていた場所にとり憑き、すべての近親者に危害を加えたり、ありとあらゆる不幸をもたらそうとするであろう。もっとも有名なのは、『グレッティルのサガ』のグラームの事例であるが、この事例のヴァリエーションには、不気味で背筋が凍るようなものが少なくない。けれども、もっとも代表的なのは、おそらく『エイルビュッギャ・サガ』のびっこのソルステインの事例だろう。なぜなら、幽霊（ドラウグ）になって出てくるのは悪い死に方をした者、つまりきちんとしたかたちを踏んで埋葬されなかった者や、法的に過誤を残したまま死んでしまった者（たとえば、侮辱を受けたのに賠償されなかった者）、あるいは自分の遺した財産について子孫たちの運用の仕方に満足していない者だからである。ここで重要なのは、一般に、正真正銘の訴訟（ドゥラドーム。死者にたいする戸口裁判）を受けさせ、いってみれば、死んでいることを規定どおりに宣告する必要があるということである。（一〇）「規定どおりに」というのは、生者が定められた儀式上の細目にしたがうという意味である。死者はその子孫、すなわち相続人が「遺産を飲ま（ドレッカ・エルヴィ）」ないかぎり、つまり葬宴（エルヴィ）を催さないかぎり、ほんとうに死んだことにはならないのである。その最適の事例は、『ヨームスヴァイキングのサガ』や『ヴァッツデーラ・サガ（ヴァトン谷の人びとのサガ）』に見いだされよう。前者では、葬宴が催されないかぎり、スヴェン王はなにごとにも着手しようとしないことがはっきりと述べられている。また後者では、一族の長であった老インギムンドの死後、遺産が「飲まれ」ないうちは、息子たちはかれの高座に座ろうとはしない。ここでふたたび、イブン・ファドランが深い感銘を受けたルーシ人首長の葬儀の話にもどることにしよう。興味深いのは、ファドランが話を締めくくるにあたって、古ノルド語の史料では確認されていない奇妙な状況下で、故人の相続人（報告には「死者の最近親者」とある）を登場させていることである。この人物が、死者を乗せた船葬墓に火を放つのである。（一一）

　葬儀のもうひとつの特徴を指摘して、この話を終えることにしよう。それは、かれらの世界では、現世とあの世との境界が明確ではないということである。ほしい情報を得るために、生者がいとも簡単に、有無をいわさず死者をよびさますことができることに観察者は驚かされる。神々でさえ、この種のことをいささかおこなっているのだ。『韻文エッダ』の「バルドルの夢」で、オージンは、非業の死をとげる息子バルドルにどのような運命が待ちうけているのかわからず、むりやり巫女を死者の世界からよびさまし、自分の求める情報を与えるよう強いている。あるいは反対に、まったく当然のごとく、死者のほうから生者に直接に――この場合、死者はごくしぜんに生者の前に姿を見せる――、もしくは夢を介して――夢は、サガやエッダ詩にとって欠くべからざるモチーフのひとつである――求められている情報をもたらすためにやってくることもある。全体として、ヴァイキングの世界とは、文字どおり幽霊が出没する二重の世界であったという印象を受ける。あとで述べるが、そのことはまた、かれらの世界で呪術が占めていた重要性をも裏づけているのである。

一年の行事

ここでは法と宗教について検討するが、抽象に流れることなく、日々くりひろげられるあれこれの出来事とのかかわりでみていくことにしよう。法が実際にどういう点で神聖な観念、神聖さそれ自体の表現であったかは、すでになんどもくわしく説明した。以下に、ヴァイキングの宗教はこの特殊なタイプの神聖さの賛美にほかならないことを述べたいと思う。ただし、キリスト教改宗以前の北欧の宗教がもっていた神話、祭祀、儀式についての完璧なリストをここで作成するつもりはない（一三）。

法の観念がこの社会をつねに深く特徴づけていたことに現代の観察者は驚かされる。宣誓をせずに、あるいは証人を立てずにおこなわれることは何ひとつなく、たとえば土地の譲渡といったごくありふれた事から、結婚というもっとも厳粛な事柄にいたるまで、あらゆる活動が法の標識《しるし》のもとにおかれている。われわれの手もとに残されている法典の多くは現存する最古の文字資料であり、しかも、スカンディナヴィアにとってそうであるだけでなく、ゲルマン世界全体にとっても最古である場合が多い。その極端なまでの微細さは理解に苦しむ。まるで、すべてのことがあらかじめわかっていて、それを法典に編纂したかのようである。どの訴訟においても、関係者が極端に形式主義的な態度を示しているのもそのためである。つまるところ、重要なのは主張の正しさではなく、細かな事柄にいたるまできちんと訴訟手続きを踏んだということである。法は神聖であり、法に合致する手続きを踏めない者は、その事実をもって自分の非を立証したことになるのだ。

北欧の神々のうち最古の神は、おそらくチュール（一三）であったことに留意されたい。その名の文字どおりの意味は「神」であり、かれは世界の秩序を保証していた。あるいはもっと正確にいえば、かれは右手を失うことを承知のうえで、「悪」の象徴であるおそるべきフェンリル狼の口の中にその手をさしいれ、無秩《カオ》序《ス》の力を祓いのけたのである。だから、世界の存続と移りゆきは神聖観念にもとづく契約の上に成り立っている。（一四）しかも、すべてのエッダ詩がこの点で一致している。出来事の途中で事態がうまくいかなくなったとき、神々がまず最初にするのが、集まって、ものごとを定めるために「裁判の席につく」ことなのである。『ニャールのサガ』にも、いくつもの法典にも記されている美しい格言、「国は法によって築かれ、不法によって滅びる」を思いおこすべきである。したがって、生活領域のすみずみまで、あきれるほど微細に法や法律が介入していたとしても驚くにはあたらない。すでに述べたように法に通じた人はいるが、普通のボーンディがある種の生きた法典なのである。

正義も法も神々からの贈物であったので、人間が神々に由来する神聖さをともにすることは義務であり、個人の名誉——名誉とは、いずれにしても個人の名誉のことなのだが——を傷つけることは瀆神にほかならない。運命、名誉、復讐というかの有名な弁証法を構成する重要な要素をいささか強調する、少なくとも示しておく必要があろう。（一五）サガや法典をひもとくなら、一生のうちに一度や二度は、いつ終わるとも知れぬ紛争にまきこまれるのはほとんどあたりまえのことである。この種の紛争はアイスランド人のお得意だった。紛争は日常茶飯事であるとはいわないまでも、覚悟しておかねばならない。この点に関する多くの誤解は願いさげにしたいものだ。

ひとりの人間の誕生に際して執りおこなわれる儀式については、ざっとみた。そのときは触れなかったが、それらの儀式は、運命と豊饒多産にかかわっていたディースたちの庇護のもとになされていたらしい。すでに述べたように、冬至の大祭はしばしば「ディース犠牲祭（ディースブロート）」とよばれていた。ディースたちのことはあまり知られていないが、非常に古い神々であることはたしかである。そして、幸運をつかむ能力と成功の才を新生児に授けたのは、まさしく彼女たちだった。(一六) 研究者たちは長いあいだ、奇妙な——とかれらは感じていた——定型表現、「かれは神々に犠牲を捧げなかった。かれは自分にそなわった幸運をつかむ能力と成功の才しか信じなかった」について、誤った解釈をおこなってきた。ここに示されているのは、研究者が考えるような宗教への懐疑ではない。そうではなくて、ある種の暗黙の崇拝行為なのである。つぎに、この点についての説明を試みたい。

　ディースたちであれ、その他のものであれ、神的な「かの諸力」が、ある人に授けた天恵を知ることは、なによりもまず本人の問題である。それはもちろん自分で察知することであるが、人数のごく少ない小さな共同社会のことだから、絶大な力をもつ他人の目、また賢者たちの助言、さらには夢や幻視といったことからも気がつく。夢や幻視は実際に見ることもあるが、中世の聖人伝におなじみの諸例がモデルになっているかもしれない。それはともかく、一定の年齢に達したなら、かれは自分がどういう人間であり、どのようなとりえがあり、何ができるのかを知っていなければならない。いいかえれば、かの諸力がかれにどのような人間であるよう望んだかについて、明瞭な考えをもっていなければならない。現代風のいい方をすれば、かれは今あるようにあらねばならないが、なぜそうなのかを知っていなければならない。つぎに、自分がそうであることを、受け入れなければならない。ロマンティックな反抗も、絶望も、不条理な感情も、かれらの精神世界にはまったく存在せず、神々の決定に叛《そむ》いてはならないのだ。それから、サガやこれに類するどの史料でも物語のやま場を構成しているものがくる。それは北欧語で「スカプラウン」（文字どおりには「根性の試練」）とよばれる。考えうるかぎりのあらゆる侵害が問題であって、言葉による侮辱（はっきりいわれるより、あてこすりが多い。極端な場合、タイミングのよい冷笑で十分である）から、あらゆる種類の搾取、強奪、犯罪など、そしてさらには身体上の攻撃にまでおよぶ。これらの侵害にたいする個人の反応の仕方にかかっているのは、かれらの世界ではすぐれて根本的な価値であるかれ個人の名声だけではない。そのことを明快に示しているのが、つぎにあげる二節、『韻文エッダ』の「高き者の言葉」のなかでもっとも名高く、もっとも頻繁に引用される第七六節と第七七節である。

財産はなくなり、身内も死に
やがてはお前自身も死ぬのだ
だが名声は、人が手に入れたこのよきものは
けっして滅びることはない

財産はなくなり、身内も死に
やがてはお前自身も死ぬのだ
だがけっして滅びぬものを余は知っている
それはそれぞれの死者に下される評価だ

つまり、かの諸力がかれにたいして示そうとしたもの——現代の銀行家なら利益配分とよぶであろう

──をどのように受けとめるのか（各詩節の三つ目の動詞「死ぬのだ」は、おのれを知り、おのれを受け入れたあとのキーワード）、そのことの真価も問われている。実際には侮辱されたのはかれではなくて、かれの内なるかの諸力であり、双方が一体となったものにたいする侮辱は、まさに瀆神である。それゆえ、かれが復讐を望んだとしても、それはまったく正当である。ただし正当なのであって、義務ではない。この点は、世間一般にみられる誤解をさけるためにも強調しておく必要がある。理由が何であれ、かれは別に復讐しなくてもよい。けれども復讐を望んだとすれば、それは正当である。冒瀆されたかれの内なる神聖さは、復讐によって回復されるからである。「かれの内なる神聖さ」とは、実際には「かれの親族全体の内なる神聖さ」を意味している。かれは自分を家族の一部と感じており、つまるところねらわれたのは、かれをつうじて家族にほかならなかったからだ。この家族というものがもっていた絶大な力については、婚姻について述べたところで強調したとおりである。

これまで法について述べ、名誉と復讐の弁証法についても簡単にみてきた。サガにはほとんど欠くことのできない主題も、また、起源にかかわりなくどの法典も信じがたいほど微に入り細をうがっていることも、以上のことから説明される。

それゆえ、これまでに述べたことからだけでも、あらゆる点からみてシングはこの社会の基礎をなす制度である。シングは年に数回、慣習により定められた場所か、地形的にみて望ましい場所で開かれる。たとえばアイスランドのアルシングは壮観なシングヴェットリルで開催されるが、そこは、シングでおこなわれる行事にとって、とくに都合がよい。溶岩が屹立した断崖は、「法の岩」の上に登った朗唱者にとって、すばらしい音響効果を発揮するからである。これらの場所が、かなり古くからあったことはたしかだ。シングには、地域での春季シングと秋季シング、そして六月なかばから二週間開かれる「中央」シング

（アルシング）があったらしい。春季シングでは、懸案の訴訟の予審と中央シングにむけての準備がおこなわれ、秋季シングでは、その決定が告知されていたようである。もっとも「アルシング」という語は、アイスランドについてしか出てこないのだが。

ヴァイキングにとってシングはあきらかに必須の制度なので、これについては少しくわしくみていくことにする。なぜなら、この集会は立法と司法の機構であるだけでなく、経済的・社会的な機構でもあるからである。

いま、アイスランドのシングヴェットリルにいると想像してみよう。ここは、サガには欠くことのできない主役のようなもので、この場所に関する情報はとびぬけて豊富にある。けれども同じことはデンマークのリーベでも、ノルウェーのフロスティでも、スウェーデンのウップサリル（現在のガムラ・ウップサラ）でも、ゴトランド島のヴィスビュについてもいえる。シングの活動に都合のよい場所を選択する必要があったことはさきほど述べたが、そこにはさらに、「シングの裂け目」とよばれる断層か「シングの坂」があり、それによってできる高台がなければならなかった。もとはといえばシングの場所は、こんにちではもはや失われてしまった宗教的な意味を帯びていたのかもしれない。シングの開会前、そこが「聖別され」ねばならなかったと思わせる史料もいくつかある。参列者が座るのに十分なスペースもあるほうがよかった。いずれにせよ中央集会は数日どころか二週間もつづいたのであり、その間そこですごさなければならなかった。「仮小屋《ブース》」（アイスランド語のブーズ* búð は現代英語のブース booth と同根である。実際には木製の骨組みに張ったテントで、小屋全体は石や土でできた常設の基礎の上に建てられた）を建てるアイスランドの慣習が、ほかのスカンディナヴィア諸地方にもなかったはずはない。同じくアイスランドの慣習から考えて、一定の任期——おそらく三年であったと思われる——で選ばれた議長役（アイスランド語では「法の語り手」）も各地の集会にいたであろう。かれの任務は、ひとつには、法律を知らない者がいないように、三年間の任期中、毎年法律を三分の一ずつ朗唱することだった。もうひとつは、公共のために新たな措置を講ずるにあたって、議事の進行役をつとめることであったと思われる。措置といっても行政的なものではなく、立法的なものだった。なぜなら、まことに注目すべきことであるが、この社会には警察も民兵も、ましてや正規の軍隊もなかったからである。けれども、これまで述べてきたことからわかるように、法律は、満場一致の同意——これは絶対に不可欠な条件であったらしい——で採択されるだけで、それ自体として神聖なものとなった。とはいえ、敵対者にたいして下された判決を執行する仕事が、勝訴した者にまかされていたということは、制度上の弱点のひとつとみなしてよいであろう。

話が先まわりしてしまったが、すべての仮小屋が建てられ、ボーンディたちが定められた場所に集まってシングの準備が整うと、会議の幕あけである。そして議長が法律を朗唱するのに耳をかたむけたあと、共通の関心事の討議へと移るが、そのほとんどは農民社会で予想される問題である。重要な点は、すべてのボーンディが完全な発言権をもっていることであり、これはボーンディの特権の最たるものである。このことは、「シング」というゲルマン語について現在提起されている語源が正しいとさえ思わせる。それによれば、「シング」は「がなりたてる」とか、「わめきちらす」といったことを意味するケルト語に由来する。たしかにサガには、この意味のあだ名のついた登場人物が少なくとも一人みてとれる。だれもが自由に発言できるこの集会が、事情を知らない外国人の目にどのように映ったかは想像にかたくない。だから自分の発言に耳をかたむけてもらうには、すばらしい発声器官の持ち主でなければならなかったはずだ。

こうした手続きをすませてようやくシングは法廷として機能し、懸案の訴訟にたいし判決を下す。この点についてもサガから豊富な情報が得られる。訴訟は審理され、なんらかの結論に達するが、また再開し、新たな基礎の上にふたたび審理されるといった、いつ終わるとも知れぬありさまで、サガの大半はまさしくその注意深く詳細な議事録なのである。その絶好の例が『ニャールのサガ』である。紛争を解決しようとしなかったり、受けた侮辱にたいして賠償を請求しないことは、もちろん不名誉なこととされていた。紛争を解決する方法は、実際には三通りあった。つまり、和解を試みること、血の復讐に訴えること、そしてさらに——このケースがほとんどであったが——正式な手続きを踏んで提訴することである。つぎに、これら三つのケースをそれぞれ簡潔に検討する。

第一のケースは、とりわけ「善意の人びと」のとりなしによって和解を求めることである。この「善意の人びと」は、「同時代のサガ」のなかではたしかに重要な役割を演じているが、ヴァイキング時代、かれらがそれほど頻繁に介在することはおそらくなかった。「善意の人びと」が、現実にいたか、手前勝手な創作であるかはともかく、キリスト教的な傾向の反映であるのはまちがいないからである。加害者側から原告にたいし、自己裁決権もしくは単独裁決権を譲ることもできた。これは、原告側にとっては非常に名誉であったので、この場合に課される条件はかなり軽減されることが期待できた。とはいえ、加害者側にしてみれば、ある種の屈辱を感じずにはいられなかった。原告に「自分の生命（頭）をゆだねる」という衝撃的な慣習については、「同時代のサガ」に証言がある——ただし、これは十二、十三世紀の出来事をもとに、その当時の聖職者が書き記したものであることに留意されたい——。けれども、はたしてそれで罪を許すところまでいたったのかどうかは定かではない。つまり、ヴァイキングに慈悲心があったかどうかもわからない。「自分の生命（頭）をゆだねる」というのは、実際に相手の膝に自分の頭を置くこと、いわば相手に屈服することだった。

さきにくわしく分析した神聖観念から考えても、和解よりあとの二つのケースのほうが好まれていたとみたほうが、かれらの慣習にいっそう合致しているように思われる。血の復讐については手短にすまそう。すでに述べたように、復讐の相手はかならずしも加害者自身に限られるわけではなく、その家族のうちだれを報復の対象としてもよい。被害者個人をとおして傷つけられたのは、その親族全体だからである。親族に加えられたこの「傷」は、相手の親族の内部にたいし、望みどおりのありとあらゆる方法で埋め合わされる。『ニャールのサガ』のなかで、ハッルゲルズとベルグソーラという反目しあう二人の女性が、「私がお前の使用人をひとり殺せば、お前は私の管理人をひとり殺す。私がお前の友人をひとり殺せば、お前は私のいとこをひとり殺す……」といった具合に、われわれにとっては馬鹿げたとしか思えない威嚇を競いあっているのはそのためである。けれども、復讐の義務という明文規定は法典のどこにもみあたらないし、よく知られているような、自分の親族の男たちを復讐へと奮い立たせる女性の態度は、文学上のモチーフでしかないかもしれない。とはいえ、どのような方法であるにせよ、復讐する権利が男性にないとは思えない。事実、血の復讐をせずになんらかの賠償を受け入れることは、あまり男らしくない解決とみなされたのであり、賠償を受けることを、「財布の中に死んだ親族を入れて持ち歩く」と表現して蔑んだ。「同時代のサガ」には、侮辱されたと感じている若い首長の事例も出てくる。人びとはかれらに平和的な解決方法を受け入れさせようとするのだが、かれらはこういって嘆く。「冗談じゃない。そんなことをしたらサガに何と書かれることか」。サガに笑いがまれなのも同じような理由による。笑いが描かれていても、純粋に陽気な気分から出たものではほとんどない。それは、紛争当事者が、とどのつまり暴力による解決をもくろんでいるからである。だからといってかれらが獰猛で復讐心がつよく、血を好む輩であったと決めつけてはならない。私の解釈が正しいとすれば、かれらは受けた侮辱を、あるいはもっと正確にいうと、かれらのなかに生きている神聖感覚が、かれらをとおして受けた侮辱をしかと意識していた。それゆえ、血で血を贖うといった欲望には押さえがたい何かが、究極的には、有無をいわさず強制する何かがあったのである。ただくりかえしになるが、血の掟が至高のものであったわけではない。「血の夜はもっとも気がはやる」（復讐へと駆り立てられるのは、犯罪がおこなわれたまさにその当夜である）というある種の格言がある。これを文字どおりに受けとめるのは馬鹿げているが、かれらにとって、侮辱が罰せられないままになっているのをまのあたりにするのは、耐えがたいことであったにちがいない。

それでもやはり、正式な手続きを踏んだ訴訟（告訴と反論）がもっともよくとられる解決方法だった。すでに述べたように公的な規定は当惑するほど詳細をきわめており、それは現代の大判例集のごとき趣である。判事となるのは通常、隣人か地元の有力者だった。かれらは判事団を構成し、それが下した判決は決定的だった。訴訟の手順については、あらゆる重要な段階で証人を立てたり、宣誓をすることが求められたが、それをのぞけば、ここでとりたてて説明するまでもない。判事団の評決はさまざまだった。まったく人間の名に値せず、賠償ではすまされないとみなされる場合（「償えない訴訟」。文字どおりには法的賠償のありえない訴訟）を別にすれば、死刑は存在しなかった。「償えない訴訟」には、強姦、窃盗現行犯（北欧では、貧困はつねに深刻な社会問題だった）、「恥ずべき」殺害、つまりまったく無防備な者にたいする殺害（たとえば、被害者がベッドの上にいたり、地面に倒れていたり、その他まったく防衛できない状態にあるときに殺害された場合）、そしておそらくは妖術や呪術（これらについてはキリスト教の影響の新たなしるし[一七]をみないとすれば、であるが）などがあげられる。

それ以外の犯罪にたいして、刑罰として課されたのは罰金と追放だった。罰金は金銭または現物で支払われたが、金銭によって支払われることはめったになく、現物による支払いとして、ヴァズマール毛織布をはじめ、あらゆる高価な品物があてられた。このような罰金の支払いによっても、有罪となった者を完全な破産状態へと追いやる可能性がきわめて高かったが、さらに重い刑罰は軽重二種の追放だった。「軽追放（フォルバウグスガルズ）」（一八）は三年間の追放が原則であり、空間的に制限された追放、つまり一定区域から追放される。有罪となった者はむこう三年間、領域的な境界がはっきりしているアイスランドでは国から、それ以外の地方では一定の地域から退去しなければならなかった。けれども、いったん刑に服してしまったなら、軽追放者は晴れて潔白の身となり、もとの完全なる状態を回復した。これにたいし、「重追放（スコーグガング）」は確実に古くからの慣習であり、その名称から判断して、大陸のスカンディナヴィアに起源をもつものであろう。この場合、重追放者は森（スコーグ）へ行き、「森の人」や「狼」（「狼」は、北欧語のなかでは最悪の蔑称である）にならねばならなかった。要するに「重追放」とは、個人から人間としてのありとあらゆる特権を剝奪し、野獣の地位にまで貶《おとし》めることなのである。重追放者を泊めてやったり、食べ物を与えたり、運んでやるなど、いかなる援助も与えてはならない。「重追放」を宣告されるような重罪を犯した人間は、もはや人間社会にはふさわしくないのであり、かれは文字どおり人間でないものとされたのである。

　これまで、ヴァイキング社会という小さな社会がもっていた拘束力とその特性についてなんども触れてきたが、いま述べたような判決は、この社会の心性にまったくあうものであったことがわかる。このように人間社会から排除されることは、ある意味では死刑以上に苛酷な措置であった。もっともサガは、追放されながらも何年間も生きた二人の男のことを比類なき偉業として伝えている。この偉業がたぐいまれなるものとして示されていることはあきらかである。ここでいう二人の男とは、ギースリ・スールスソンと強者グレッティル・アースムンダルソンであり、両者ともその名がつけられたサガの主人公である。

さらにもうひとつの可能性として「仲裁」という解決方法が残されているが、これがヴァイキング時代にあったのかどうか定かではない。これを最後にとりあげるのはそのためである。「仲裁」が実際におこなわれる仕方について、ここでとくに指摘することはない。いま、ヴァイキング時代に「仲裁」という方法があったのかどうか定かではないと述べたが、それは、ヴァイキングについてわれわれが知っているところで、「仲裁」という方向に沿ったものはみあたらないからである。かれらは侮辱を受けたことには極端なくらい敏感な反面、術策や遠回しの方法が大好きで、自分の運命を他人にゆだねるようなことはしなかった。いくつかのサガには、いささかそうした遠回しの方法がみられる。被告は身の潔白を証明するために自分の名誉にかけて誓った、とこれまた人びとが名誉にかけて宣誓しているのである。それゆえ、無実を証明するための宣誓はおそらくあったし、さらには決闘を申し立てることも起こったと思われる。後者の場合は一種の神明裁判とみなされる。この神明裁判というのは、なかなか困難な論点である(一九)。サガに記されている神明裁判が、もともとヴァイキングの制度であったのか、あるいは南方から、場合によっては教会によって伝えられた慣習をとり入れたのか、見極めるのはむつかしい。「(真っ赤に熱した)鉄を握る」、煮えたぎった湯であふれんばかりの鍋の中に手をつっこんで鍋底にある石をつかむ、灼熱した犂の刃の上を歩く、といった話がときどき出てくる。けれども、この種の試練を無傷のままきりぬけることが大事なのではないことに留意すべきだろう。傷や火傷をしらべる「専門家」がおり、その検分をもとに被告が無罪か有罪かを決定していた。ただし、この慣習が宗教的なものか、私はいささか疑問を感じている。これらの人びとの心性が、このように直接、神の介入にゆだねるようなものであったとは思えないからである。くりかえしになるが、神あるいは神聖なるものがわが身にあることを法的に証明する目的で、おのが潔白をいわばわが身をもって晴らしたのである。こうした考え方のよってたつ原則からすれば、この種の仲立ち、つまり神判をおそらく必要としなかった。

以上の考察をまとめるには、往々にして引用されるスウェーデンの『古ヴェステルイェートランド法』(二〇)の、ある規定を示すのがなによりであろう。読めばすぐにわかることだが、ここでもわれわれは、現存する版がキリスト教時代に編纂されたものであるという事実にぶつかる。けれども少なくとも基本的には、収録されているそれらの規定が、現実を映しだしていることを疑う必要はない。本文は以下のとおりである。

「犯罪について。もし人が殺害され生命を奪われたならば、それはシングで公表され、その死を被害者の相続人（実際には「主たる原告」と読むべきであろう）に通告し、つぎのシングでもくりかえし公表されるべし。三回目のシングで、かれ（相続人）は提訴すべし。さもないと訴訟は無効となる。ついで、殺害者はシングに出頭し、本人は議場の外にとどまってシングに使者を派遣し、平和を申し入れる（この箇所は、「通行を求める」とも読める）べし。シングの構成員たちは、かれが出廷することを許可すべし。かれは殺害の事実を認めるべし。

ついで、相続人は殺害者の名をあげるべし。複数の殺害者がいる場合、かれは適当と思われる人物に殺害の罪を帰する権利を有している。当該相続人が子供である場合、父方の最近親者がかれといっしょに殺害者の名をあげるべし。子供があまりにも幼少で、さらに母親がその子供を膝の上に乗せている場合、殺害者の名をあげるのは母親である。ついで、殺害に加担した者たちと殺害当時現場にいあわせた者たちの名をあげるべし。この指名は五人を限度とし、うちひとりは被害者殺害のかどで告発される。しかして、シング全体の合意により定められた日に、被告の家で集会が開かれることが裁判によって決定される。この集会の際、シングの構成員たちはつぎのような証言をすべし。『私は五人の者といっしょに前回のシングに出席していた。そこで汝に関して下された判決は、汝が本日この場に出廷し、被害者を殺害したという告発を宣誓によって認め、その宣誓が二組の十二人の宣誓補助人によって確認されるべしというものであった（この種の訴訟では、通常「十二人の宣誓」が要求された）。いま私が証言しているように、汝の訴訟の裁判がおこなわれるかぎり、神のご加護が私と私の証人たちにありますように』。

ついで、被害者の相続人はつぎのように宣誓すべし。『汝は被害者を剣で突いたり切ったりした。汝は被害者の真の殺害者である。そして、この真の殺害者という名こそ、汝にたいし私がシングにおいて与えたものである。神がそのご加護により、いま申し上げたことが正当であることを私と私の証人たちにたいし認めてくださいますように』。ついで、相続人はもう一組の十二人の宣誓補助人の前に立ち、同じ宣誓をおこなう。十二人の宣誓補助人はどれもみな一組の十二人団を構成し、同じ表現を用いる。『十二人の宣誓』で用いられる表現はつぎのとおりである。『この者に神のご慈悲を。しからざれば神のお怒りを』。

しかして、相続人はつぎの全体集会に出席する。……そしてかれは、被告の家での集会の際、法の規定どおり被告人の身の安全を守るためになすべきことをしたのだから、自分と証人たちにたいし神のご慈悲がありますようにと祈り、そこに出席している者たちとともに証言する。ついで、かれはあらためてシングに出席し、主たる告訴人であり相続人である自分にたいし、被告がその不可侵の権利を失い、賠償によって償うことはできないとの判決を下させるべし。ついで、有罪を宣告された者は平和を剝奪され、朝食はシングでとれるが、夕食は森でとるべし。もし被追放者がいまいる場所にとどまり、しかも判決にしたがう気がなければ、地域の長（これはスウェーデンの制度である）が十二マルク支払うべし。また、その地域が四〇マルク支払うべし。さらに、被追放者と飲食をともにし、またかれにつきそう者はそれぞれ三マルク支払うべし。……しかし、もしだれかが被追放者のために賠償を支払うのであれば、被追放者は罰せられず、自宅で夕食をとることができる。原告側に賠償を受領する意志があるならば、相続人にたいし九マルク、親族にたいし十二マルク支払われる。

この十二マルクのうち、六マルクが殺人者の相続人から被害者の親族にたいして支払われ、あとの六マルクは殺人者の一族、つまり父方の一族から三マルク、母方の一族から三マルク支払われる。この内訳は、最近親者が十二エイリル、つぎに近い者が六エイリル、そして順次三エイリル、一・五エイリルというふうに分割される（一マルク＝八エイリル。エイリルの複数形はアウラルであるが、ここでは単数形を用いる）。このようにして、六番目に達するまで（つまり、八分の三エイリルを支払うことになる第五いとこのところまでということになる）そのつど半分に減額されながら、被告側の全員が支払い、原告側の全員が受領すべし」。

翻訳すると、頭韻をかさねた表現や、この種の定型表現特有のリズム感が失われてしまうが、生き生きとした筆致で記されたこの条文に注釈は不要である。けれども、どんな場合でも流血による解決が前面に出てこないことはよくわかる。そのかわり、訴訟手続きの異常なまでのこと細かさと形式の厳格さは、本書でこれまで主張してきたあらゆる観点とよく合致している。

法的活動が、通常のシングのなかでもっとも重要で、もっとも長期にわたるものであったことはたしかだが、この制度はそれにとどまるものではない。シングは新しい法律や必要な法改正が認められたり、訴訟にたいする判決が下されるといった活動で終わるわけではなかった。まだ数多くの事柄があったのである。

シングには、なによりもまずニュースが、北欧の小さな社会が待ちこがれていた貴重なニュースがある。アイスランド人のような島の住民、フィヨルドの奥や近づきがたいフィェル（山）の高地のなかに隔絶されたノルウェー人、湖が点在する森の神秘に分け入って暮らすスウェーデン人の小さな社会は、一年のかなりの期間を、度あいは異なるものの一様に外界との接触を断たれて生活していたからである。外国からやってきた者はだれでも、あるいはたんに遠方からやってきた者というだけで、ある種の熱情をもってむかえられた。アイスランドはつぎのような記憶をとどめている。アルシングが通常の活動を突然やめてしまったのは、司教が到着し、なにか話をするからであったというのだ。いまでもアイスランド語では、「元気かい」とはいわずに、「なにか聞くべきことはありますか」といって挨拶を交わしている。北欧の国々は、当時知られていた世界のいたるところに足を運んでいた航海者や旅行者を擁していて、必要な情報を相互に交換しあったり、旅行の経路について述べたり、習慣について報告するなどしていたにちがいない、と私はつねづね考えてきた。そして、それらの細かな情報はいずれも、遠洋航海に首尾よく成功したいと願う者にとって、なくてはならないものであった。サガの作者は、自分が旅の途中で目にした不思議なものごとについて述べたり、思いがけない慣習のことをくわしく物語ったりしている。またなんとも無邪気なことに、ただたんに読んだばかりの書物に綴られていたエピソードや、他国で耳にしただけの話を、自分の物語のあらすじのなかに巧みにとり入れたりもしている。サガの本質がいかなるものであったにせよ、作者がこうした誘惑に屈せずにいられることはめったにない。トリスタンの物語を直接とり入れた『グレッティルのサガ』のスペスのエピソードはその好例である（二）。シングは、こうしたことにはまったくうってつけの場所であった。
シングはまた、年に一、二度、仲間と顔をあわせたり、遠くで暮らす親戚に逢ったり、あるいは人びとが冬の夜に話題にする偉い首長たちと交際するのに絶好の場所である。夜、仮小屋周辺は活気に満ちあふれている。娘を結婚させる取り決めをはじめたり、土地その他の財産の売買をおこなったり、つぎの遠征の計画をたてたり、借金を返済したり、ありとあらゆることがここでおこなわれる。実際シングこそが、これらの社会の生活の中枢なのである。

　これまであえて触れずにおいたのだが、この集会にはもうひとつ別の側面、宗教的な側面がある。あらゆる点からして、シングはいくつかの重要な儀式の機会でもあった。つまり、集会の開会を告げる儀式、集会のやま場を示す儀式、閉会を告げる儀式である。集会は神聖なものとみなされており、いくつかの史料を信用するなら、武器を携えてくることは認められなかったらしい。もっともこの点は、サガから得られる情報とはかならずしも一致しない。シングの神聖性をあらわす、「シングヘルギ」という表現も存在する。いずれにせよ、シングの立地と「ヴェー」*のあいだに、しばしば直接の関係があったことは考古学によって立証されている。ヴァイキングは神殿をけっしてもたなかったが、それに相当する唯一のものは野外の祭祀地であり、「ヴェー」はそのひとつであったと思われる。

　本書には、「ヘルギ（helgi）」という語が原形または合成語（たとえば「シングヘルギ」）でなんども出てくる。この「ヘルギ」から派生した形容詞「ヘイラグ（heilagr）」――ここでは基本形をあげておく――は、いまもドイツ語の「ハイリヒ（heilig）」や、英語の「ホーリィ（holy）」として残っている。「ヘルギ」という名詞は、まさに「神聖不可侵の状態」を意味していて、いってみれば、ひとりの人間が存在し、命名され、親族の一員に加えられることによってのみ、この状態を実現できるのである。それはその人物の神聖性を表現し、かの神聖なるものを分かちもっていることを示している。侮辱がなされ、侮辱のおこなわれた事実が確認されれば、それだけでその人の神聖不可侵性（これを「マンヘルギ」という。「マン」は、もちろん「人」という意味である）を侵害したことになる。他人の神聖不可侵性を深く傷つけた者は、だれからも「ニージング」つまり「恥知らず」とみなされる。北欧語では、恥ずべき行為を断罪する言葉として、これ以上辛辣な表現はほとんどない。したがってそこには、個人に内在する聖なる価値の感情とならんで、社会的通念とのかかわりも同時に示されており、この点は史料のなかでしかるべき社会規範として示されている。そのことはまた、かれらの法が立脚していた、個と集団のみごとな弁証法を例証してもいる。

ついでにいえば、サガやさまざまな証人によって語られる「神殿」の記述は、大いに用心してしかるべきであろう。サガの大部分は十三世紀になってから、聖職者によって書き記された作品であることに留意されたい。また、あまりにも頻繁にひきあいに出される数々の証人の記述にしても、かれらは他人の語ったことを報告しているにすぎないという点が見過ごされてしまっている。ブレーメンのアダムの場合がそうである。スウェーデンのウップサラの大神殿に関するかれの「描写」は頻繁に引用されるのだが、それはかれが直接見聞したことではない。かれが名前をあげていない、ある情報提供者がかれに語ったことを報告しているだけなのだ。アダムはつぎのように述べている。(二二)

「これらの人びと（＝スヴェーア人。スウェーデン人のこと）はウップサラとよばれる非常に名高い神殿をもっており、これはシグトゥーナやビルカの町からそう遠くないところに位置している。この神殿は全体が金でおおわれており、人びとはそこで三体の神像を崇拝している。そのなかでもっとも強力な神ソールが神殿の中央に玉座を占め、その両側にヴォーダン（オージン）とフリッコ（フレイ）をしたがえている。……人びとは英雄たちも神格化して崇拝しており、かれらのなしとげた輝かしい偉業にたいし、不朽の名声を与えている。たとえば、エイリーク王にたいしてそうであったことが、『聖アンスガール伝』のなかに記されている。かれらの神々にはそれぞれ祭司が配されており、人びとにかわって供物を捧げている。飢饉のおそれがあればソールの神像に、戦争の危機にひんしてはヴォーダンに、婚礼の祝いであればフリッコに神酒を注ぐ。また、ここでは九年ごとにスウェーデン全地方をあげての大祭が盛大に催されることになっている。だれひとりとして、この祝祭への参加をまぬがれる者はいない。……供儀はつぎのようなものである。あらゆる種類の雄の動物から九頭が犠牲として捧げられ、その血を神々に塗りつけるのがならわしである。死骸のほうは、神殿のそばの聖なる森につり下げられる。これらの異教徒たちにとって、この森は非常に神聖な場所であり、屠られた動物が死に、腐敗するという理由で、一本一本の木が神聖視されている。そこでは、人間といっしょに犬や馬さえつり下げられている。あるキリスト教徒は、七二体もの死骸がこのように宙づりになっているのを見た、と私に語った。さらに、この供儀の祭礼の際、通常数多くの歌が唄われたが、なんとも淫らなものだった。それゆえ、この点については黙して語らぬほうがよかろう」。

さらに二つの小さな引用をつけ加えておこう。

「この神殿の近くには、冬も夏も葉が青々と生い茂った常緑の大樹がそびえている。これが何の木であるのかだれにもわからない。そこには泉もある。異教徒たちはそこに犠牲を捧げるのを習慣としており、人間を生きたまま沈める。その者が二度と浮かび上がってこなければ、それは人びとの願いが聞きとどけられたということなのである」。

「黄金の鎖が神殿をとりまいている。この鎖は神殿の切り妻に垂れ下げられており、近づいてくる者にたいし、遠方からその輝きを放っている。なぜなら、まばゆいばかりのこの神殿は周囲の山々と同じ高さでそびえ、あたかも円形競技場のごとくだからである」。

これまで長々とこの史料を引用してきたのは、ひとつには、あとでもういちどこの史料を用いるからである。さらに別の理由は、ここには、この種の証人のせいで生じるあらゆる型の混乱の好例が示されているからであり、そのことは、第二章で述べた見解とも一致している。神殿とは直接関係のない細部、たとえば大樹、聖なる泉、動物や人間の死骸をつり下げていたこと、人間の犠牲などがたしかにほんとうであったとしても、この建物について研究するための手がかりは何ひとつない。ウップサラにあったという「神殿」が、エルサレムのソロモン大神殿を想起させると指摘されたのはもうずいぶん昔のことである。祭司にいたっては、ほとんど論外である。

他方、あらゆることから考えて、古スカンディナヴィア人は、ゲルマン人一般とまったく同じように、泉、井戸、滝、森や個々の樹木、高い場所といった偉大な自然の諸力やその発露を崇拝していた。かれらが「ヴェー」——この語も「神聖な」という意味である——とよんでいたものは、装飾のようなこれらの背景にぴったりであったにちがいない。シングがそういう場所に立地していたと考えても、いっこうにさしつかえない。たとえばデンマークのイェリングでは、よく知られているすばらしいルーン石碑に加えて、墓や礼拝の場までもが発見されている。この礼拝の場が、われわれが「神殿」とよぶような存在でなかったのはたしかである。アイスランドのシングヴェットリルでも信仰上の建造物が建てられたのは、キリスト教に改宗したあとの教会が最初である。

私は司法的・立法的な活動と宗教的な活動、そしてさらに経済的・社会的活動の三者のあいだに密接な関係があったことだけは強調しておきたかったのである。シングにこそ、まさにヴァイキングの生活が凝縮されているのであり、伝来するさまざまな記録のなかでしかるべき地位を占めているのも当然なのである。

話題が変わるのがいささか唐突に思われるかもしれないが、ちょうどよい機会なので、ヴァイキングの宗教慣行について、もう少しくわしく述べておこう。いま、「宗教慣行」といったのであり、「宗教」といったのではない。私が宗教的要素と法的要素とを結びつけようとしているのも、また法と神聖観念の有機的な関連についてあれほど強調してきたのも偶然ではない。「宗教」という語にたいし、われわれは好んで抽象的で概念的な意味を与えようとするが、そうした意味での宗教は古スカンディナヴィアには存在しない。古ノルド語で「宗教」を「シズ」というが、その文字どおりの意味は「慣行、慣習」である。ただし、われわれの考えるような意味での教義的なもの、観想や瞑想についての教典や風習、祈禱の文句といったものを史料のなかに求めても無駄であろう。また、すでに述べたことであるが、われわれが思い浮かべるような祭司、つまり特別な秘儀伝授を受け、ひとつのカーストをなしているような祭司はたしかに存在しなかった。独自の職業としての祭司さえ存在しなかったのである。

このようなヴァイキングの宗教の核をなしたのは何であろうか。その答えは簡単だ。儀礼宗教（カルト）、ギブ・アンド・テイクの原則にたつ実利を意図した行為、すぐに実行できる宗教的ならわしである。この宗教が最高潮に達するのは「ブロート」とよばれる供儀の祭礼であり、それには公的なものも私的なものもある。かなり古い時代のスカンディナヴィア人はたしかに人間を供犠に捧げていた。けれども、それは西暦紀元直後、つまりこの北方の地では鉄器時代とよばれているころのことである。ヴァイキング時代になると、そのような風習はどうやら残っていなかったらしい。そのかわり、動物の供儀は頻繁におこなわれていたと思われる。「ブロート」の儀式では、第一に生け贄が捧げられ、第二に運命の定めに注意深かった諸民族では神意が諮られた。第三に、供儀祭の宴（ブロートヴェイスラ）が催された――それがどのようなものであったかは、宴会のところですでに簡単に触れたが、あとでもういちど述べることにしよう――。宴会では、人びとは祖先や神々、そしておそらくは出席している有力者たちに捧げられた酒を飲み、犠牲にした動物の肉を食べた。この席上で誓いが立てられることもあったが、それは取り消すわけにはいかなかった。そのことを端的に示しているのが『ヨームスヴァイキングのサガ』の事例である。また、あとで述べるセイズ*のような、いくつかの呪術的な儀式が供儀と結びついておこなわれたということもありえないことではない。

この儀礼宗教からは、私的な信仰表現が生まれたかもしれない。それは、現代のキリスト教徒が守護聖人にたいしておこなっているような崇敬を想起させずにはいられない。ヴァイキングは自分の守護神「フルトルーイ」（おおまかにいって、「全幅の信頼をおいている者」の意味）を決めていたらしい。北欧の文化を知れば十分理解できることなのだが、実際に、かれらはその守護神となみならぬ関係をもっていた。かれらは自分の守護神を「親愛なる友（ケーリ・ヴィンル）」とよび、その神をかたどった護符を財布に入れて携帯していた。それはいくつも出土しており、とりわけフレイ、オージン、ソールを表現したものと思われる。『ヴァッツデーラ・サガ』では、老インギムンドが持っていたフレイの護符にまつわる摩訶不思議な話が語られている。驚いたことに、インギムンドがノルウェーにいたときに失われた護符がアイスランドで発見され、しかもその場所は、のちにかれが植民者として入植することとなる場所であった。それゆえヴァイキングは日常生活のすみずみまで、ひとつの神ないし複数の神々と個人的で実利的な関係をたもっていたように思われる。それは自分自身で崇拝すべく選んだ神か、あるいは親族内部でとくに信仰されていた神々だった。さきほど『ヴァッツデーラ・サガ』をあげたが、これは他の多くのサガとは趣を異にしており、ひとりの英雄の運命ではなく、ゴジの地位を代々占めた一家系の話を語っている。ゴジというのは世俗権力も、そしておそらくは宗教上の権力も保持する有力者である。この家系のゴジに共通する特徴は、すでに名をあげたかれらの祖先老インギムンドと同じように、フレイに個人的な信仰を捧げていたことである。

もう少しくわしく述べておこう。われわれは、ヴァイキングがとくに宗教的な人間であったと考えるが、夏至と冬至の大祭（本書91頁と99頁参照）を別にすれば、かれらが特別そうであったかどうかは疑問である。神々に関する抽象的な概念を流布させたのはヴァイキングだという見解にいたってはなおさらである。実用主義者にして現実主義者であったかれらが、祈禱や瞑想、ましてや秘儀など実践しなかったことはたしかである。かれらは死後の世界、つまり霊的世界の存在を信じており、そこに足を踏み入れることもあった。とはいえかれらの「宗教」は、犠牲や供物を捧げるという行為によって表現されていたのであり、その行為の目的は、神々の力をいっそう強固にし、自分の期待する恩寵を得ることにあった。かれらの「信仰」はまさにこの点にあったのである。「信仰」と犠牲のあいだには不可分な関係をみることができよう。

有名なヒョールンガヴァーグの戦いの折、それに劣らず有名なヨームスヴァイキングにたいしてヤール・ハーコンがとった態度ほど、そのことを端的に示す事例はない。もちろん、この話の信憑性に異議を唱えることはいつでも可能である。けれども、少なくともその核心においては、根拠のある伝承にもとづいているように思われる。ヤールは、獰猛なヨームスヴァイキングを屈服させることができなかった。それどころか、かれの死活をかけたこの海戦にいまにも負けそうだった。そのため、このサガの伝えるところによれば、かれは上陸し、自分の守護女神ソルゲルズ・ホルガブルーズに犠牲を捧げた。この女神はとくにかれの一族を守護していたらしい。けれどもむなしいことに、どうやら女神はかれの捧げた供物に関心がない様子だった。とうとう、ヤールは年若い息子を犠牲として捧げた。女神はそれ以上要求することもなく、満足したようだった。そして、猛烈な突風を荒れ狂わせたので、ヨームスヴァイキングは目をあけられなくなり、戦いに敗れたのである。これはある意味では、かれらの精神的な世界において不可欠な観念であった「契約」、つまりヤールと神なる力とがとり交わした「勝利とひきかえにお前の息子を」という契約が履行されたものだ。これはたんなる作り話であるとしても、雄弁な事例である。

以上に述べたことは、通念を打破するためにも重要であると私は考えている。われわれが慣れ親しんでいる範疇にしたがって、ヴァイキングの宗教を提示するのはむつかしいのである。この点はいくら強調してもしすぎることはない。まず、確実な、かれら自身の残した史料がいちじるしく欠けている。つぎに、この宗教がわれわれの知っているようなすがたになるまでには、さまざまな段階をへているのはあきらかである。最後に、エッダやサクソ・グラマティクスの研究から導き出されたそのすがた自体、大いに疑わしいのである。ここでは断定的な主張をせずに、控えめな意見を述べるにとどめるのが無難である。

古スカンディナヴィア人の宗教が、そもそも死者崇拝からはじまったのか、あるいは偉大な自然の諸力にたいする崇拝からはじまったのか定かではない。私はどちらかといえば後者の仮説を選択するにいたったが（二三）、それが確実であると認められているわけではない。スカンディナヴィアや古ゲルマンの神々を擬人化したり個別化することも、かなり早い時期からなされていたかもしれない。すでにみたように、スカンディナヴィアの青銅器時代（紀元前一五〇〇年～紀元前四〇〇年）の岩石刻画には槍を手にした巨人、種豚のように太った人物像、斧もしくはハンマーを持つ人物像があるが、それぞれオージン、フレイ、ソールの原型ないしは範型である可能性は大いにある。同じく観察者にとって印象深いのは、神々の世界に用いられている複数名詞や集合名詞の多さである――もちろん、青銅器時代よりずっとあとになってからのことであるが。「グズ」、「ゴズ」、「レギン」、「ヘプト」、「ベンド」、「アールヴァル」（「アールヴ」の複数形。アールヴは民間伝承の「エルフ」ではない）、「エーシル」（「アース」の複数形。アース神族のこと）、「ヴァニル」（「ヴァン」の複数形。ヴァン神族のこと）など、まるで神の観念を個別化することが不可能であるかのごとくなのである（二四）。それゆえ豊饒多産という機能が、本来はオージン（北欧の有力な家系すべての開祖である）の特性なのか、ソール（この神の象徴である雷からきまって慈雨がはじまる）ないしフレイ（ヴァン神族に属し、豊饒多産をつかさどっていることについては異論の余地はないが、英雄たちの「友」とも考えられている）の特性なのかまったくわからない。また、エッダやスカールド詩を注意深く読めば、神々、「海の王たち」、無名の英雄たちの名前が信じがたいほど数多くあることに気づく。ところが他方では、無名の英雄たちが神々の世界でどのような地位を占めていたのかさえわからないのである。一部の神々にたいし、驚くべき数の名がつけられていたが、わけてもオージンはなんと百以上の名をもっていたのである。

　北欧の神々の世界がヴァイキング時代にはすでに存在しており、しかもそれよりずっと以前からあったらしいことは、史料のなかでもとくにエッダによって立証されている。この世界を描くのに適切な方法は、心理学的あるいは現象学的原理から出発することである。かれらの心性についてわれわれが知りうるすべてのことから、こんにちと同様、当時においても秩序や組織、あるいは混沌《カオス》に秩序を与えるある種の力、断固として適用されるが暴力ではないある種の力が重視されていた、と考えたくなる。力、というよりむしろダイナミズム、あるいは活動にたいする崇拝といったほうがよいかもしれない。この世界では、静止したもの、固定したものはない。ソールのように神々はたえず動きまわっているのであり、ひっそりとした神などいない。あらゆることが明瞭に述べられ、呪術もまた実効力をそなえた手段であり、奥義の探求にとどまるものではない。これらの神々、あるいは半神（とくに英雄）のような存在のうち、一部では受け身の運命論が支配的であるかもしれないが、ここでは積極的な運命論について述べておこう。英雄は自分を待ちうける運命を知りながら、その運命にむかって突き進んでいく。かれはあきらめからそうするのではない。運命、名誉、復讐の弁証法のところで述べたように、かの諸力がそれを望んでいることを知っているからである。テキストは全体としてさまざまな要因の影響を受けているが、そこに一貫した原理があるとすれば、そうしたものとして有用な「力」という観念を中心とする観念複合の三つのヴァリエーションを示すことができよう。つまり、さきほど検討したところで指摘した法の力（やむをえない場合には、いわゆる「正しい」武力）、言葉や知識の力（詩や呪術）、そして「生産」の力つまり豊饒多産の力である。

この種の三分法は便利だが、絶対というわけではない。けれども、本書のほかのところですでに一瞥したボーンディの観念とまさしく符合している。そういうわけで、ボーンディの観念をこの三分法からみてみよう。まず、ボーンディは法律家である。それゆえ契約の神チュールの信奉者であり、法の支配する共同体で生活し、その法は一族の偉大な祖先たちによって背後で支えられている。つぎに、ボーンディは一種の「貴族」である。なぜなら、この社会的地位にある人びとのなかから首長や、場合によっては王が選出されるからである。それゆえ、かれは重要な宗教儀式を主宰し、呪術的な儀式を執行し、つまるところ、そうしたことの後ろ楯となることができなければならない。最後に、ボーンディは、自分の「家」が存続できる物質的な資産に関心を払う農民であり、漁師であり、猟師であり、職人である。したがってかれは、さきほど示した三つの力を自分のなかにそなえている。かれを特定のひとつの神の信奉者とみなすのはむつかしいであろう。かれは万神の殿堂の精髄を自分自身に体現しているのであり、おそらく神々すべてを崇敬していたのである。

すでにわれわれも知っているチュールは、あきらかに「法の力」のカテゴリーのなかに入れるべきである。イギリスにあるローマ皇帝ハドリアヌスの城壁で発見された碑文（じつはフリースラント語）が、チュールを（それ以外には考えられない）「マルス・シンクスス」つまり「シングの軍神」とよんでいることは注目に値する。これほどこの神に最適な表現はないであろう。かれが北欧の神々の世界のなかで、比較的目立たない存在であったとしても驚くにはあたらない。かれは神々の世界の精髄であり、その存在は自明のことである。動かないわけではないが、むしろ動かないことこそがかれにはふさわしい。また、「チュール」という名はたんに「神」を意味しており、しばしば合成語を構成する普通名詞として用いられている。たとえばオージンは「ファルマチュール」とよばれるが、これは「船荷の神」を意味している。チュールは混沌《カオス》の勢力と契約をとり結び、世界の秩序を保証する神である。かれは右手を失ったが、世界が平穏に治まっているのはそのためなのだ。

これにたいし、「ソール（Þórr）」という名が「雷鳴」を意味することはすでにみたとおりである。ヴァイキング時代、ソールはもっとも崇拝された神々のひとつであり、そのことは人名学や地名学によって立証されている。ソール崇拝が盛んであったのは、かならずしもこんにち流布しているような豪放磊落なイメージのせいではない。なぜならかれは知的ともいえるような問題にも大いに興味を示しているからである。「諸々の世界」でそれぞれ使われることばのいいかえ（ヘイティ）*は何かと、小人アルヴィースにたずねたのはソールである。また、かれは有能な呪術師で、食肉用に屠殺した雄山羊を蘇らせることができた。けれども、現実主義や実用主義を体現している神でもあり、わけてもダイナミズムの化身である。巨人と闘うため、かれはたえず「東方にむけて」出発する。この場合、巨人は明確に混沌《カオス》の諸力として想定されている。ソールは雷《いかずち》を象徴するハンマー、ミョルニルによって神々と人間に危害を加えるおそれのある者をことごとく粉砕する。かれは人間に恩恵をもたらし、守護する神であり、そのためヴァイキングはかれにある種の親愛の情を感じていた。ソール神はかつて、はるかに重要な地位を占めていたのかもしれない。人びとは木曜日にかれの名を与え、「ソールの日」としているからである。これはソールがジュピターにひとしいことを意味している。一方、水曜日はオージンにちなんで「オージンの日」とよばれ、したがってオージンはマーキュリーに相当するのであろう。例外はあるが、ソールについてエッダ詩はその個性的な風貌、旺盛な食欲、かれのもつ素朴な常識を前面に押しだしている。また、かれは力の化身である。力を得るためにかれは力帯を締め、鉄の手袋をはめており、怒りを爆発させて、その肉体的能力を増すことができる。ここでかれの「ハンマー」について強調しておこう。ハンマーが稲妻、雷鳴といった荒々しい力の象徴であるのはいうまでもないが、戦いの概念でもある。そればかりか敵にたいする防衛力、さらには呪術の概念とも結びついている。なぜなら、ソール神がハンマーによって人物や出来事を「聖別」しているのが神話のなかでときおりみられるし、また、かれはいくつかのルーン碑文も「聖別」しているからである。「ソールがこれらのルーンを聖別されんことを」と。

かれの人気のほどはいうまでもない。ヴァイキング時代、ソールはわれわれの知らない神々や、チュール神のようにあまり顧みられなくなっていた神々の属性を自分のなかに「蘇らせて」いる。こういうわけで、統計的にみればだが、かれは知性や軍事にかかわっているのと少なくとも同じほど呪術にもかかわっているのである。おそらく呪術が北欧の「宗教」のすべてであったということは、あとで述べる機会があるだろう。いずれにせよ、かれは大地の女神ヨルズ（文字どおりの意味は「大地」。大地はかれらの世界では神格化されていた）の息子とみなされており、雄山羊の引く車で移動するかれのイメージと、北欧で確認されている祭祀の行列とのあいだに関連性があるのはあきらかである。また、呪術の樹として名高いナナカマドとソール神との結びつきや、とりわけスノッリ・ストゥルルソンの『散文エッダ』にあるソールのウートガルザ・ロキの館への旅についての詳細な記述を読めば、ソールがどれほど呪術と深くかかわりあっているかがわかる。だから、この神のイメージをもっぱら戦いのそれに限ることはできないのである。ソール崇拝がヴァイキング、なかでもノルウェーとアイスランドのヴァイキングのあいだで盛んだったのも、おそらくそのような理由による（デーン人のあいだではオージン崇拝のほうが栄えたようであり、スウェーデン人は断然フレイの信奉者だった）。西暦一〇〇〇年より少し前には、ソールはいわば万《よろず》の神となった。ブレーメンのアダムがかれをジュピターにひとしい神とみなしていたことはそこから説明がつく。強調しすぎかもしれないが、かれの真に注目すべき性格は破壊者でも、たんなる乱暴者でもないことである。つまり、けっしてオージンのように意地悪で冷笑的なわけでも、フレイのように受動的なわけでもない。かれは人間にとってやさしく、なにかと助けてくれる有用な神である。すでに述べたように、かれはボーンディにとってこの上なくふさわしい神だった。倫理感に富み、根っから公明正大で、そのためおそらく少々お人好しでもある。かれは最高に洗練されたタイプの知性の持ち主というわけではないが、愚かではない。陽気な楽天家で、ときには好色だが、いつも飲食のつきあいがよい。かれは好感のもてる神であり、要するに庶民的な神なのである。

バルドル神はあきらかに起源もタイプも異なる。つまるところ、この神は別の伝統をあらわす神なのかもしれない。この謎めいた神は、その死と葬送の神話でのみ知られている。いずれの神話も入念にできているが、ここでとりあげるにはあまりに長すぎる。ただ、これまでこの神は受動的な美しい神で、いくぶんオリエント的な色彩を帯びていると考えられてきたが、そうではないということだけは強調しておかなければならない。サクソ・グラマティクスとスカールド詩人は、バルドルに毅然とした戦士のイメージを与えている。他方、かつてフレーザー卿が主張したような、バルドルを植物の神に帰そうとする見解は、こんにちではもはや時代遅れになっている。ヴァイキング時代、バルドルはひとつの例示的な意味をもったといえる。つまり、神々でさえ運命にはさからえないことを、かれは身をもって示しているのである。この神格は「主」を意味する名をもち、時代とともに自分を崇拝したさまざまな国の人びとが至高の徳としたものをつぎつぎと自分の徳としていったのかもしれない。かれは、先史時代の狩猟漁撈民にとっては好戦的な神であり、つぎの農耕牧畜民にとっては受動的な平和の神、そして最後にヴァイキングにとっては理想の神（知恵、寛大さ、勇気、武勲）であった。ただし最後の点に私は疑問を感じており、オージンとのかかわりのなかで明確にする必要があろう。いずれにせよ、かれと太陽とのあいだにはあきらかに関連性がある。古ノルド語で太陽をあらわす「ソール（sól）」は女性名詞であることを思いおこそう。公明正大さ、絶対的な力、繁栄といった太陽の諸特性を、男性形でバルドルが受け継いだのであろう。

この機会に、太陽英雄神（英雄にして神）についていささか触れておこう。この神について、北欧は非常に豊かな伝承に恵まれている。諸外国と同じく、北欧においても偉大な女神ないし母なる女神（やがて地母神にもなる）は古くから崇拝されていた。こうした女神が「女性」としての太陽であることはほぼまちがいない。ここではくわしく立ち入らないが、「女性」としての太陽が両性具有者を生んだのだという考えには、大いに興味をそそられる。スカンディナヴィアでは、この両性具有者は双子の神（かれらはギリシア神話のゼウスの双子の息子に相当する）として二分されており、そのことは完全に立証されている。この双子の神の特性はフレイとフレイヤという二つの性、つまり男と女であるということである。太陽英雄が、この二分された二つの側面の一方、つまり女性の側面である可能性は高い。いずれにしても、これは興味深い仮説である。もとはといえば太陽英雄であるものとして、少なくとも三つの人物像を示すことができる。それは、鍛冶の名人ヴォルンド、ヘルギ——少なくとも三人の人格となってあらわれる——、そして龍ファーヴニルの殺害者シグルズである。

北欧神話ではヴォルンドは鍛冶の名人で、自分のために翼を作り、やがてそれで空を飛ぶ。おそらくかれは北欧神話の世界で最初のすぐれた呪術師である。けれどもこの点を別にすれば、ここで述べるべきことはほとんどない。ヴォルンドは、同類と同じく火で「束ねる」。それゆえかれは束ねる神々に属している。これらの神々がヴァイキングにとって不可欠であったことは、いくら強調してもしすぎることはない。ヴォルンドの像は不鮮明である。『韻文エッダ』の「ヴォルンドの歌」では、それはヴァルキューレと結びつけられている。しかし別の詩では、正しい頭韻をかさねた名前をもつ巨人族の家系につらなる。この種の混乱は、かれがもろもろの英雄像の原型であることからおそらく説明がつくであろう。いくつかの点で、ヴォルンドはロキを先取りしているが、純粋なかたちとしてではない。ヴォルンドの神話は、イカロスとダイダロスを生みだしたインド＝ヨーロッパ的な古い源から発しているのかもしれないが、ヴォルンドがヴァイキングに好まれたのはとりわけ天才的な職人としてであった。奇妙なことに「ヴォルンドの歌」は、復讐の念にかられたグズルーンが夫アトリ（アッティラ）に、自分たちのあいだに生まれた子供たちを食べさせる残酷な英雄物語の先蹤《せんしょう》となっている。ヴォルンドはオージンのように冷笑的で狡猾な面をもっているのである。巨人の呪術師というのはすでに存在していたらしい。スノッリ・ストゥルルソンは、ソールの有名な旅のひとつを物語るなかで、きわめて詳細にこの巨人のことを描いている。そこでは、ハンマーを携えた神ソールが文字どおり笑い者にされている。巨人は「ウートガルザ・ロキ」という名であり、これは外側の囲い、つまり古スカンディナヴィア人の宇宙観によれば、もっとも外側にある第三の円環に住むロキを意味している。さきほど述べたように、このロキは呪術師であると同時に巨人であり、人をかつぐ名人であると同時に死後の世界の、少なくとも一部の支配者でもある。たまたまサクソ・グラマティクスもロキについての知識をもっていたが、かれが紹介しているのは、じつはまったく異なる文脈においてである。それはともかく、このソールとウートガルザ・ロキの話は、オージンとロキという組み合わせを生みだす原型となっているかもしれない。ただし、それはおそらく後世になってからのことである。

これにたいし、ヘルギ「たち」――複数形にしたのは、ヘルギという登場人物が少なくとも二人いるからであり、この「ヘルギ」という名は、たんに「神聖さ」ないし「聖人」を意味しているにすぎない――は、英雄というものにたいする一般通念にいっそうよくあてはまるであろう。ヘルギたちはエッダ詩群のテーマに、それもヴァイキングの名にふさわしいと認められている詩のテーマになっている。(二五) ヘルギたちはヴォルンドとまったく同様、ヴァルキューレ（シグルーン、スヴァーヴァ、カーラ）とたえず関係がある。その古さと、地名に出てくる頻度の高さは、かれらを宗教史では周知の「太陽英雄―母なる女神」という分類に含め、その真の始祖とみなすようながす。ヘルギたちはまた、ヴァイキングという存在にたいする一般通念にもよくあてはまる。以上に述べたことを明確にするため、少なくとも「フンディング殺しのヘルギの歌・その一」の第二六―二七節を引用しておこう。ここから受けるヴァイキングのイメージは型どおりのものであるが、懸命に船を漕いでいるヴァイキングの船団についてまことに雄弁に語っている。

それから海の王はテントをうち倒した
かれの戦士の一団が眠らぬように
王たちは曙の光が現れるのを眺める
勇士たちはマストに高く帆をかかげる
ヴァリンスフィヨルドに

櫂が大きな音をとどろかせ、鉄のふれあう響き
楯と楯の激しくぶつかる音がした
ヴァイキングたちは船を漕いだ
高貴な公に導かれ、海を泡立たせながら
王の船団は陸から沖合へ進んでいく

しかしながらヴォルンドにしてもヘルギにしても、龍ファーヴニルの討手シグルズ（ドイツの伝承では

ジークフリート）を前にしては影が薄くなってしまう。(一六) シグルズはおそらくほかの二人よりあとの時代のものだろう。かれの人物像も複雑きわまりなく、唯一無二の姿を明確に浮かびあがらせることなど望むべくもない。けれどもヴァイキング時代、かれこそが英雄だったのである。この点には驚かされる。なぜなら、われわれが通常用いるような意味での英雄的なことは何もしなかったというのが、この英雄の特徴だからである。かれが龍の殺害に成功したのは、穴の中に隠れていたからで、このようなやり方は誉められたものではない。また、眠れるヴァルキューレをとりまく炎の壁を飛びこえたのも、オージンの名馬スレイプニルの息子にあたる馬のグラニであって、かれではない。この人物の歴史的背景や、かれの文字どおり伝説的な事柄を長々と述べるつもりはない。鮮烈な、とりわけラインの黄金に象徴される太陽を彷彿させる姿についても語らないでおく。

またここではくわしくとりあげないが、シグルズは多くの名高い神々と明白な相互関連を有している。たとえばバルドルとは公正さの点で。チュールとの相互関連については後述する。ソールとはまさに英雄として、そしてとくにオージンとの係累関係は史料にも明記されている。ただひとつだけ強調しておきたいのは、この英雄は高度な倫理性をそなえていたがゆえに、英雄であったということである。王族の出であったかれは、義兄弟たちと誓約兄弟のきずなで結ばれていた（この儀礼は「フォーストブレーズララグ*［誓約兄弟関係］」として非常に有名である）。結果的には、誓いにたいし誠実であったがために、かれは名誉なき死をとげることになる（「名誉なき」とは、普通の意味での英雄的な名誉をもたずにということであり、史料では、かれは森で不意をつかれるか、あるいはなんとベッドに横になっているところを殺される）。けれども古北欧の英雄的な倫理の三つの特性が、かれのなかに集約されているといってよい。かれはもちろん最初から自分の運命を知っていて、それを受け入れ、まっとうした。かれはこの社会の高度に貴族的な観念に生き――かれはヴォルスング家の一員である（二七）――、そのためみずからの規範にしたがわねばならず、誓約をなしたのだ。

ヴォルンドであれ、ヘルギであれ、シグルズであれ、武勲や偉業やありきたりの殴りあいが前面に出てくることはほとんどないことに注目すべきである。サガの時代になると、ガルプ（勇気のある男）やベルセルク＊（野獣戦士）といったかたちで乱暴者を笑いものにするのがあたりまえのことになる。もっとも、サガはあきらかにヴァイキング時代よりあとに書かれたことに留意しなければならないが。くりかえしになるが、ヴァイキングが何にもまして高く評価していたのは知恵や策略や技量であって、腕力でなかった。このことはたしかである。この点は十分強調しておきたい。それらの作品そのものに、北欧の人びとが抱いていた人生観が反映していると思われるからである。ここで、有名な「伝説のサガ（昔のサガ）」（二八）をとりあげるつもりはない。それらのサガが、多かれ少なかれスカンディナヴィア以外のモデルから着想を得ており、西欧の宮廷文学の影響を受けていることは歴然としている。印象深いことに、『エッダ』の英雄詩には、激しい殴りあい、高く生い茂った草むらに飛び散った鮮血、騎手もろとも真っ二つに両断された飾り馬などは、ほとんどどこにもみあたらない。そのかわり目につくのが打算や策略であり、まことに陰険この上ない。アトリにまつわる一連の物語はそのオン・パレードである。さらにいえば、こんにち用いられているような意味での真に英雄的な行為は、女性（とくにブリュンヒルドやグズルーン）によって担われている。ところが男性は、それよりむしろ実利的な良識（古ノルド語で「ヴィット」とよばれる）のほうを頼りにしている。男性を拘束し、しかも一般に悲劇的な結末へと導くもの、それは親族のモラルや忠誠心や仲間との関係を重んじることと、絶対的な運命にたいする感動的なまでの従順さなのである。もうひとつ注目すべきことがある。三人のヘルギはひとつのものであり、ヴォルンドはもとはといえば、神や巨人ではなかったと仮定しよう（ここで「巨人」といったのは、ある伝承によれば、かれは正しい頭韻をかさねた名をもつ巨人の一族に属しているからである）。ヴォルンド、ヘルギ、シグルズには暴力や武勇伝はない。けれどもそれをのぞけば、「英雄」という名のもとに位置づけられるあらゆるものがかれら三人にそなわっている。そのうち神聖で呪術的な側面はヘルギによって、技術の親方たる側面はヴォルンドによって、そして文字どおり倫理的な側面はシグルズによって担われているのであろう。いくつかの史料は、すぐれた職人について、「かれは芸術作品を作ることにかけては、まさに『ヴォルンド』だった」と表現している。ヘルギが非常に人気があり、人びとを守護する存在とみなされていたことは、地名学によって立証されている。また、ヴァイキングのあいだでもっともありふれた名前のひとつがシグルズであったことも、人名学によって裏づけられている。歴史的な変遷過程をたどっていけば、これら三人の登場人物は、おそらく連続する三つの段階を代表しており、もっとも古いのがヴォルンド、もっとも新しいのがシグルズであろう。人びとは時と場合に応じて、三人のうちだれの庇護でも受けることができた。けれども、三人のうちだれひとりとして暴力のイメージを帯びてはいない。つまりどう考えても、ヴァイキングには荒くれ武者らしきところなどなかったのだ。

これまで、ヴァイキングの宗教をあらわす第一の側面、「法の力」についてみてきた。それとは正反対の力、いわば無秩序の力について簡単に触れて、この話を終えることにしよう。それは巨人のスルト、そしてとりわけロキのことである。

巨人族はおそらくこの超自然的な世界の最初の住人であったが、かれらについて特筆すべきことはほとんどない。かれらは強くて巨大であり、自然の諸力が擬人化されたものである。かれらは原初の秘密を知っており、そのことはかれらの古さによって説明される。また、その秘教的な知識を求めて、かれらのもとを訪れる神々の姿がしばしばみられる。巨人族はソールの個人的な宿敵であり、かれらと闘うためにソールはたえず東方にむけて出発する。北欧宗教の原初の段階を代表するのが巨人族であることは疑いようがない。かれらは初期の混沌（とりわけ、両性具有者の源であるユミル）と結びついており、神々との敵対関係もそのことによって説明される。とはいえ、かれらは頻繁に自分の娘たちをそれらの神々と結婚させている。ノルウェーの民話に出てくるトロールを思い浮かべれば、巨人族という存在がどういうものであるのか、理解できよう。トロールの価値は低下し、普通の人間の大きさになっているが、遠い過去の存在の名残りをとどめているにちがいない。ともあれ、ラグナレク（世界の終末）をつかさどるのはスルト（その名はまさしく「黒」を意味している）である。かれは神というよりむしろ巨人であり、あきらかに破壊者としての火を象徴している。

　これにたいし、ロキの解釈は一筋縄ではいかない。もっともすぐれた研究者たちが、この不可思議な人物像の解釈をめぐって壁にぶつかっている[二九]。かれを「悪」の神といってはならない。ロキは可能なかぎりありとあらゆる場所に混乱をもたらすが、「悪の神」という表現はヴァイキングにとって意味がないからである。むつかしい試みではあるが、ロキ像をその歴史的な変遷過程をたどりながら簡単に紹介してみよう。すでに述べたように、もとをただせばロキはウートガルザ・ロキという、ある種の巨人的呪術師であったと思われる。『スノッリのエッダ』で、ウートガルザ・ロキはソールをまんまと手玉にとっている。巨人としてのかれはフェンリル狼、死者の国の女神ヘル、蛇のミズガルズという三つの怪物の父親である。父親のロキと同様、これらの怪物はいずれもあいまいな存在であり、役にも立つが、災いもなす。その典型例がミズガルズである。この巨大な宇宙蛇はその体で世界を一捲きにし、自分の尾に嚙みつくことによって世界をしかるべき場所におさめ、秩序ある状態にたもっている。けれども「時の終わり」の日、かれは世界の締めつけをゆるめ、世界の終末の直接の引き金となる。これらの怪物には原初の巨人の記憶が受け継がれている。かれらの名前自体が液体（フェンリル狼の名前には沼地「フェン」の観念が含まれている）や、大地（ミズガルズは「われわれの大地」、つまり「人間の世界」のことである）や、地下（北欧神話の「地獄」の支配者ヘルの名は、「おおわれているもの、隠されているもの」を意味している）などを示唆しているからだ。

ついで、ロキは悪魔《ダイモン》の姿をとることができた。かれは牝馬、鷹、蝿、アザラシなどへのみごとな変身能力をもち、そのつど進行中のプロセスに終止符を打つ。「ロキ」という名詞は終わりという観念に関係があるかもしれない。狡智にたけているというのは、おそらくかれの「ギリシア的」な側面なのだろう。ただし、それはかれのギリシア的な側面のうち第二のものであって、第一のプロメテウス的な姿（かれはティタン神族のプロメテウスのように、残酷きわまりない責め苦を受けることになる）はすでに存在していた。多くの点でロキに酷似しているオージンとかれとの奇妙な相互関連は、もっと新しい時代のものかもしれない（かれらは誓約兄弟とみなされている）。両者とも（そしてほとんど知られていないヘーニルも）人間の男女の創造にかかわったとされているのは事実である。ロキの別称のひとつ「ロフト」（「空気、大気」を意味する）は、かれをある種の空気の精に見立てているのかもしれない。あるいは、いくつかの史料にもとづいてロギ（炎）とロキの語音の類似に着目するなら、かれは火と結びついているのかもしれない。ここでわれわれの念頭に想い浮かぶのがロキ＝火（Loki-fer）、ルキ・フェル（Luki-fer）、ルシフェル（Lucifer：反逆天使たちの首領、悪魔《サタン》）である。ロキとルシフェルは中傷する人として共通の特性をそなえている（『韻文エッダ』の「ロカセンナ［ロキの口論］」のなかで、ロキは神々を中傷している）。

ロキのなかに北米神話によくあるタイプのトリックスターをみようとする研究者もいる。たしかにかれには「悪戯」できまぐれで、滑稽な面（たとえば、女神スカジを笑わせるためにかれが用いた方法）がある。あるいはかれを文化英雄《カルチャーヒーロー》（開明をもたらす英雄）とみなすこともできる。魚網の発明はかれの功績とされており、漁が主要な生業であった人びとにとって無視できない事柄である。いずれにせよかれは盗みの名人であり、イズンの若さの林檎、ソールの妻シヴの髪、フレイヤの大きな首飾りブリーシンガメンなどをくすねる。かれを蜘蛛とみなそうとする自然主義的な解釈については立ち入らないが、この仮説は「牝馬」に変身中のロキが、八本足の駿馬スレイプニルを生んだことを大きな根拠にしている。けれども、やはりロキはヴァイキングの倫理観にしたがって見たほうが理解しやすいであろう。かれは悪と無秩序の化身であり、破壊者、中傷者であり、世界が正しく機能するのを妨げる者である。しかも、かれには信義も法も信仰もない。いってみれば、チュールとは対照的な存在である。このことは、とんでもなく異様な姿をとる理由の説明になるであろう。そしてもちろんのこと、地名や人名にかれの名がけっして出てこないことの説明にも。

つぎに検討すべき神々は、ヴァイキング時代その存在を広く認められていたが、ただちに道徳的な存在として位置づけるのは、たぶんいっそう困難な神々である。だがここでも問題なのは秩序と力であって、力は「知識」、つまり詩や呪術として言葉によって行使される。自然とのかかわりからすれば、以下で検討する神々は液体の要素に、より関係があるのだろう。ここではエーギル、オージン、ヘイムダッルについて簡単に触れることにする。

話をさきに進める前に、ひとつの重要な指摘をしておこう。それは、七世紀から十一世紀にかけて北欧でもっとも崇拝されたのは、まちがいなくオージン、ソール、フレイの三体の神々であったという点である。しかもブレーメンのアダムが、本書ですでに引用した文章(三〇)で語っているのも、これら三つの神である。もっともデーン人、ノルウェー人、スウェーデン人は厳密には同じであったわけではなく――「北欧人」とか「スカンディナヴィア人」という名称で、すべてを一括する人がいるが、そういう人はこの点をいつも想起すべきである――、それぞれの部族はひとつの神をとくに信仰していたらしい。ソールはノルウェー人に、オージンはデーン人に崇拝されたはずであり、フレイは疑いもなくスウェーデン人に崇拝された。以上の指摘は些末なことではない。宗教や神々が、信仰を捧げる人びとの熱い思いを部分的であれ反映していると考えるなら、たしかに上述した三集団のそれぞれと、その「主要な」神とのあいだには明白な対応関係がある。だがこのことは北欧に共通するものがあったことと矛盾しない。それについてはやがて少しずつあきらかになるであろう。

エーギルは水にかかわる神であり、その名はまさに「大洋」(ギリシア語でいえば「オケアノス」)を意味している。かれが厳密な意味でいえば巨人であるのか、神であるのかは見極めがむつかしく、われわれはこの種のあいまいさにたえず出会う。かれは神々のビールの醸造者である。北欧の儀礼宗教におけるビールの重要性についてはすでに触れたが、そのことはこの神が卓越した役割を担っていたことを十分に物語っている。かれの妻ラーン(文字どおりの意味は「略奪」)は網を投げて船員たちを捕え、命を奪おうとねらっているおそるべき存在である。死と呪術という奇妙な結びつきがこの夫婦を支配している。私にとっていつも不思議でならないのは、北欧の文化がなによりもまず船乗りや航海者によって、しかもかれらのために育まれてきた文化でありながら、そのなかでこの夫婦の神が相対的に低い地位しか与えられていないことである。たしかに、ほとんどすべての神々が船や航海や海となんらかのかかわりをもっている。

たとえば、ヴァン神族のニョルズは船の囲い地に住んでいるし、その息子フレイはスキーズブラズニルというすばらしい船をもっている。また、ソールの特性のひとつは海でも大海原でも歩いて渡れることである。けれども、結局のところ、ヴァイキングのこの重要な側面が、ふさわしい力をすべてそなえたひとつの神格に投影されているようには思えない。

オージン（ウォータン、ウォーデンともいう）についてはとりわけ述べておかなければならない。かれはさまざまな姿態をとる非常に複雑な神であり、信奉者たちはそのことをしかと意識していた。その証拠に、かれらはこの神に百以上の異なる名を与えている。そのなかでもっとも代表的なのは、「仮面をつけた者」を意味する「グリームニル」もしくは「グリーム」である。オージンは北欧の神々の万神殿でかなり重要な地位を占めているので、その人物像についていささか立ち入って述べておこう。以下ではかれの六つの側面をとりあげる。

まず第一に、オージンは死者の神、霊の主人（ドラウガドローティン）、あの世の偉大な導き手である。そのためかれは降霊術師としての知識を有しており、縊死した者と密接な関係がある。かれは「つるされし者の神（ハンガグズ）」である。ユラン半島の青粘土層から、西暦になってまもないころに絞首された遺体がいくつか発見された。これらがオージン、ないしかれの原型のひとつにたいし捧げられた犠牲であったということもありえないわけではないが、たしかではない。われわれの知らない豊饒多産の神――おそらく女神――に捧げられた可能性もあるからである。しかしながら、『韻文エッダ』の「高き者の言葉」のなかで、オージンは犠牲としてみずからを絞首台につり下げ、もっとも高い知恵を獲得したと自慢している。かれはヴァルホル（ヴァルハラ）の偉大な主人であり、そこでは精鋭の戦士（エインヘルヤル）がヴァルキューレに世話を受けている。もともとこのヴァルキューレたちが独眼の神オージンの命令によって戦場へと赴き、これらの戦士たちを選んできたのだ。このようなヴァルホルのイメージのことごとくが死者の神としてのオージンのテーマに対応している。

第二に、第一義的なものではないにせよ、オージンは詩人、予言の神、賢者である。かれはスカールド詩人の守護神であり、詩人たちのために大いに尽力した。というのは詩の霊感をわきたたせる蜜酒を、その所有者である小びとや巨人から盗みとったのはかれだからである。あるいは、巨人であり神でもあるミーミル（この名は「記憶」を意味している）の生首に、かれはあらゆる知恵の秘密、とりわけスカールド詩や呪術に関する知恵の秘密を明かさせている。そのためにかれはこの生首を防腐加工して保存していたのだ。かれは「呪歌の父」でもある。秘事の知識を得るために、かれが九夜「風の吹きすさぶ樹」につり下がっていたことは「高き者の言葉」でくわしく述べられている。ただし、スカールド詩人たちがかれを立派な地位にまつりあげ、その重要性を「誇張」したということはありえないことではない。そもそもかれはスカールド詩人の神だったのだから。

それに秘伝的な試練のあとで特権を得るというのは、かれの第三の側面、神にしてシャーマンということも示している。この種の試練は『韻文エッダ』の「グリームニルの歌」に描かれていることと同じであろう。ここではくわしくとりあげないが、(三一)オージンとシャーマンについて知られていることとのあいだには驚くべき類似性がある。(三二)そのうちのいくつかの細かな事柄については当惑するほどである。たとえばシャーマンは、天幕のまんなかにある刻み目が九つついた柱を馬とし、それにまたがって死後の世界へ行く。これとまったく同様に、オージンもかれの所有する大樹ユグドラシルにまたがって九つの世界へ駆けていくのである。ユグドラシルという名は「ユグ（＝オージン）の馬」を意味する（「ユグ」とは「おそろしき者」という意味であり、オージンの数ある名のうちのひとつである）。あるいは「バルドルの夢」で、オージンは死んだ女をよびさまし、死後の世界におけるバルドルの運命を明かすよう強いている。このような観点からみて、かれが（王）、祭司、供儀者としての特徴をあるていどそなえていることはあきらかである。この点については、とくにこの「祭司」が予知の儀式を執りおこなっていることから、あとでもういちど触れる必要があろう。

けれどもかれの精神的特徴は身体的特徴と同じく人を惹きつけるものではない。周知のとおり、かれは残酷で、陰険で、冷笑的で、女性を蔑視している。かれを「守護神」とするスカールド詩人たちは異口同音に、かれはけっしてあてにはならないとくりかえし述べている。そのことを如実に物語っているのがかれのあだ名のひとつ、「ボルヴェルク（悪の煽動者）」である。民族的帰属にかかわりなく、ヴァイキングにとってオージンがきわめて重要な神であったのは疑いないであろう。とはいえ、読者をがっかりさせてしまうかもしれないが、この神は、読者が思い描くような「ヴァイキング」的な神とはほど遠い。多くの史料をもとにできあがったかれの風貌を眺めてみるとよい。独眼で、醜く、顎髭は霜を加え、汚れた青いマントを身にまとい、柔らかなフェルト帽を目深にかぶっている。片眼がないのは、神聖で重大な秘密についての知識を得る担保としてミーミルに与えているからだ。

オージンも、もとはといえば巨人であったのかもしれない。スウェーデンのボーヒュースレーンのリッツレビューの岩石刻画には槍をふりかざした巨人が描かれており、これがかれの原型かもしれない。しかもかれの祖先は、正しい頭韻をかさねた名をもつ巨人であるとされるのがつねであって、かれにまつわる神話の多くが巨人の男女と結びついている（知恵くらべ、詩の霊感をわきたたせる蜜酒の発明、子孫が復讐者となるという観念）。創造者というかれの第四の側面は、こうした巨人とのつながりに由来するのであろう。かれは原初の両性具有者ユミルの身体から世界を創り、すぐれた建築師にアースガルズの神々の世界を創らせた。最初の男女アスクとエムブラの創造にたずさわったことから、人類を創造した神でもある。さらにかれは諸王家によって始祖とみなされている。これについては愉快な話がある。十二世紀、アイスランドのあるボーンディが自分の系譜を書き記したのだが、その系譜は最終的にはなんと鴉《からす》にまで起源をさかのぼっているのだ（この人物こそ、『ストゥルルンガ・サガ』が捧げられた有名なストゥルルング一族の創始者ストゥルラ・ソールザルソンである）。

　第五に、オージンは勝利の神である。ただし勝利の神であって、戦いの神ではないという点に注意されたい。古ノルド語には「戦争」を意味する語彙はなく、「平和でないこと」を意味する「オーフリズ」であらわされるだけである。「ヘリャフォズル（軍勢の父）」という語が一応あることはあるが、これが戦いの観念に直接関係しているとはとうてい思えない。オージンはみずからが庇護する者に、いかなる手段にせよ勝利を授ける神であることを理解しておこう。「いかなる手段にせよ」とは、策略も、われわれのいう戦術も排除されていないことを意味している。オージンは腕力よりむしろ頭脳で戦う知的な神である。たとえば楔形陣形（豚形陣形。本書136頁参照）の発明はかれの功績にかぞえられており、『韻文エッダ』の英雄詩群のひとつ「ハムジルの歌」では、かれが信奉者に、不死身とみなされている敵をうち負かすには、どうすればよいのか指南しているさまが描かれている。ちなみに、かれの行動パターンは、われわれが知っているヴァイキングの戦争のやり方とまさしく符合する。ヴァイキングも、暴力より策略や知恵のほうを好んでいたのである。「誇り高き北欧の子ら」は直接対決よりも策略を好んでいた。同時代の年代記や物語はその種の策略に満ちみちている。[三三]私の知るかぎり、その信憑性に疑いをさしはさむ必要はない。たとえばハーラル苛烈王の名を冠したサガのなかで、あいついで用いられている策略のうち、いくつかは他の作品にもみられ、そこでは別の人物の功績とされている。それゆえ文学的虚構の可能性はあるのだが、それにもかかわらず、根本においては作者の創作ではない。有名な野獣戦士、ベルセルク（熊のシャツ）やウールヴヘジン（狼の皮コート）が存在していたことはたしかに認めるべきである。かれらは狂気にとらわれると、白兵戦で比類なき武勲の数々を打ち立てることができるようになるのだった。同様に、「血の鷲」という残酷きわまりない慣行が、史料のなかで折にふれ詳細に語られているが、それが祭祀的ないし儀礼的な意味をもち、オージン信仰の影響下でおこなわれたということも、ありえないことではない。この慣行は、犠牲者の背中を脇腹から脇腹まで切り裂き、その裂け目から肺臓を引きずりだして、翼のごとく広げるというものであった。これは青銅器時代にはすでにあって、いくつかの岩石刻画はそれを映しているのかもしれない。最後に第六の側面として、かれが最終的には最高神（アルフォズル）となったことをあげておくが、これはキリスト教的な解釈であると考えるべきであろう。

じつは、かれの名がそのすべてをいいつくしている。オージンは「オーズ」（ドイツ語で「ヴート［Wut］」、ラテン語で「フロル［furor］」）の神である。「オーズ」とは人間を支配する忘我や激情の状態で、通常の能力をはるかにこえさせるものであって、激しい情欲、戦いの興奮、大饗宴の陶酔、祭司の修行、呪術の実践、詩的霊感によってひき起こされる。こうした時、人間は自分のふだんの力とかけ離れたことができるような気になり、実際にも本来の力をいちじるしく増大させる。結局のところ、この点がさきの諸体験に共通であって、だれにでもいつかは起こることなのである。スノッリ・ストゥルルソンはその「ユングリンガ・サガ」で、あきらかにオージンに仕え、服従しているときの野獣戦士を描いている。そのとき、いつものようにユーモラスに表現しようとしているのかどうかはわからないが、しかしつぎの場合にはそう考えたくなる。「かれらはいきり立った犬や狼のごとく鎖帷子なしで戦った。自分の楯に食らいつき、かれらの力の強さときたらまるで熊や牡牛のようだった。敵は皆殺しにされ、火も鉄もかれらの前では何の役にも立たなかった。これが、ベルセルクの激怒とよばれるものなのだ」。かくして九世紀、フルダ修道院のロドルフは「ヴォーダンとは激怒である」と記し、ブレーメンのアダムは、本書ですでに引用した一節のなかで、「オージン、すなわち激怒なり」とのみ述べている。オージンがヴァルホルでブドウ酒しか口にしないとみなされているのも、このような観点と一致する。この激怒があらわれる領域の一覧をさきに示したが、そこにもオージンの複合的な神話的人格が示されている。これはロキを思わせる奇異な人物像であり（オージンの誓約兄弟といわれるかれについても同じことを指摘した）、いずれにしても一般通念とは一致しないオージン像である。「さまざまな世界」の情報をもたらすために「さまざまな世界」を飛びまわる二羽の鴉、二匹の狼ゲリ（がつがつ食う者）とフレキ（貪欲な者）、槍グングニル、九夜ごとにみずからと同じ腕輪八個をしたたり落とす腕輪ドラウプニル、そしてさらに固い大地も大空も海上も比類ない駿足で駆けぬける八本足の馬スレイプニルをもつオージンは、どうみても「美しい神」ではない。たとえ同じ史料で当初、スノッリがかれを非常に美しい神として描いていようとも、である。

　なんども述べてきたように、おそらくオージンは古スカンディナヴィア人の心性を、もっと正確にいうとヴァイキングの心性を、あますところなく表現するものだった。かれが船荷の神でもあったことはくりかえすまでもないであろう。つまり、ラテン文化に通じている観察者たちが、かれをマーキュリーと同一視したのにはそれなりの理由があるのであって、二つの神のあいだにはかなりの類似性がみられる。デュメジルによる神性の三機能（二四）に沿って二つの神をみてみよう。第一の法的・呪術的な機能については、私の考えでは、これをオージンが支配していたとすることはできない。その機能を行使しようにもかれには法的側面が欠けているし、またすでにみたように、その側面はチュールに属しているからである。第二の戦士的な機能について。これがかれにあてはまらないことは、さきほど示したとおりである。かれは戦士というよりむしろ策略家だからである。第三の豊饒多産の機能については、これは副次的なものにみえるかもしれないが、じつはそうではない。なぜならかれは諸王家の始祖とされており、かれのなかに多産の保証者を見いだすことができるからである。反対に、かれにはまごうかたなき秘儀的な側面がある。かれは知恵の神、呪文の神なのである。北欧の社会は小さなものでしかなく、冒険が好まれ、暴力以外の手段による征服が望まれていたにちがいない。そこでは、オージンが重要な地位を占めないわけがないのである。ワーグナーは数々のまぎれもない誤りを犯したが、そのひとつは、オージンを戦いの神としたことだった。なんどでもいうが、ヴァイキングを第三帝国の匪賊のごとくみなす議論はとうてい座視するわけにはいかない。ヴァイキングが崇拝していた神々は、オージンを含め、そのような同一視を断じて許しはしないのである。

ここでヘイムダッルをとりあげるのは、かれがヴァイキングの宗教的心性をとりわけ的確に示しているように思えるからである。ヘイムダッルは神々のための見張りをする神である。かれは草の生える音も、羊の背で毛が伸びる音も聞きとることができる。ルーズル*（一種のアルペン・ホルン。現代北欧諸語の「ルーア」）を吹き鳴らして、ラグナレクのはじまりをしらせるのもかれである。「ヘイムダッル」という名はおそらく「世界柱」を意味しており、その語源は、ヴァイキングが抱いていた人間、生、世界の概念について、まさに興味深い視点を切りひらくものである。なぜなら、ヴァイキングは別の筋書きでは、ブレーメンのアダムの用語を借用するなら「世界の軸（axis mundi）」、「世界柱（universalis columna）」の観念を有しているからである。これはとくにヴェーダ語をはじめとして、インド＝ヨーロッパ語系の多くの言語で共通している。それはもちろん、本章ですでに触れた大樹ユグドラシルである。他のさまざまな史料でも、この樹はまだこの世に生まれ出でぬ霊魂やあらゆる運命の源として、そしてまたあらゆる知識の真髄として示されている。直接的、間接的のいかんを問わず、あらゆる史料をつきあわせてみるとよい。ユグドラシルがあらゆる運命（運命の女神ノルンたち*は、この樹の根元のひとつに住みついている）、あらゆる知識（すでに触れた巨人ミーミルも、この樹の別の根のそばにある泉の持ち主である）、あらゆる生（あらゆる種類の動物、なかでも栗鼠《りす》や鹿がこの樹の枝や根元を住処としている。これらの動物によって生みだされるあふれんばかりの生気をあげれば十分であろう）の営みをつかさどっていることがわかるであろう。北方の地において、樹木、とりわけ針葉樹（ユグドラシルはイチイの樹かもしれない）は、冬のかりそめの死に立ちむかおうとする生をみごとに象徴している。北欧の神界の最初の「神々」はおそらく偉大な祖先、偉大な死者であり、そこからすでにくりかえし言及した偉大な自然の諸力にたいする崇拝へと移行したのであろう。呪術はいわば身近なものであり、この世はそのなかでくりひろげられていることを忘れてはならない。ちなみに神話のなかでヘイムダッル＝ユグドラシルは、ミズガルズ蛇とまったく同じ役割を果たしている。ミズガルズ蛇が世界を水平的にまとめているのにたいし、ヘイムダッルはそれを垂直的にまとめているのである。ミズガルズ蛇は「ヨルムンガンド」ともよばれ、文字どおりの意味は「巨大な魔法の杖」である。したがって、さきに示唆したヘイムダッル＝ユグドラシル＝ミズガルズ＝ヨルムンガンドという等式が成立する可能性を、さらに探求してみる価値がありそうだ。つまりここには、神の諸観念が擬人化され、個別化されていき、聖なる世界が変遷していった過程があますところなく示されているのである。

秩序や力の概念について説明しているわけだが、最後に、その第三の側面を担っている神々について検討する必要があろう。それは大地、水、空気と密接な関係にある生産や豊饒多産の力、つまりヴァン神族である。ヴァン神族が非常に古い概念であるのは確実である。そこから容易にわかることだが、ヴァン神族こそが謎の両性具有者フォルギュン（「生命力を増進させる者」という意味）[三五]や双子の神の原型であり、ひいては、昔も今もスカンディナヴィア人、とりわけスウェーデン人の心性を構成している両性具有者の原型なのである。[三六]ヴァン神族は死者崇拝や呪術に直接関係しているので、農耕文化に属する神々であることははっきりしている。かれらは豊かさ、現世での富、快楽、平和、愛の神々である。人びとはこれらの神々を男根崇拝から信仰していた。そのことは、『ヴォルシの話』[三七]のような奇妙な物語や、オステルイェートランドのロドステンにみられるような直立した石に[三八]よって十分立証されている。これらの神々が両性具有であるとしても、われわれは驚かないであろう。たとえば、ニョルズは北欧神話では男性の神であるが、タキトゥスはこれを女神とし、その著作『ゲルマーニア』で「ネルトゥス、すなわち母なる大地なり」という興味深い叙述をおこなっている。ニョルズは航海と商売をつかさどる神であり、ヴァイキングにとってまさに理想である。しかも、かれはスカジという「女性」[三九]と結婚しているが、スカジは男性名である（スカジはスカンディナヴィアにその名を与えた可能性がある）。かれは自分の姉妹とのあいだに双子の子供をもうけた。この二人はおそらくただひとつの存在でしかなく、一方が他方に付随する陪神だった。この双子の神フレイとフレイヤは地名でも神話でも非常に人気があった。しかも、勃起した男根をかたどったとしか思えない護符がスウェーデンで発見されたが、これは疑問の余地なくフレイを表現している。また、『韻文エッダ』の「スキールニルの旅」では、一点の曇りもない神話が延々と語られている。そこに描かれているのは、この神と美しい巨人の乙女ゲルズ（この名は「囲い地」を意味している。囲われているのは、農耕用に準備されたものだからである）の愛である。そこでは春の太陽神と、それによって実りがもたらされる芽ぶく大地があらわされていることを心にとどめておこう。フレイを象徴する動物は去勢されていない雄豚であり、フレイヤのそれは雌豚（シュール）である（スヴェーア人、つまりスウェーデン人は雌豚の崇拝者だった。スヴェーア人の名称 **Sviar** は雌豚シュール **sýr** にちなんでつけられた可能性がある）。フレイとフレイヤは豊年と平和をつかさどる神であり、すでに67頁で触れたように、「豊年と平和の祈りをこめて」という定型表現は神聖視されていた王にもあてはまる。王が選ばれたのはまぎれもなくそのためであり、それが果たせない場合は、情け容赦なく生け贄として屠られた。フレイがフロージという人物として登場する物語もある。「フロージ」という名はおそらく形容詞「フローズル」が名詞化し、それが擬人化されたのであろう。この名には、賢慮とそれによる豊饒とが結合した意味がこめられている。いずれにせよ、「フレイ」という語は「主君」や「主人」の観念と結びついており、かれを「精液」の概念に結びつけることも可能である。全体として、かれに関するテーマは首尾一貫している。

フレイヤが、場合によってはフレイと同じ神格の女性的側面でしかないことはすでに述べた。彼女についてはテーマはフレイ以上に一貫している。「フレイヤ」は「女主人」であるが、フランス語の **maîtresse** のもつ多様な含意を合わせもっている（「女支配者」、「女主人」、「奥方」、「愛人」など）。しかも彼女はきわめて好色な雰囲気を漂わせながら、猫に引かせた馬車に乗って駆け巡っており、大きな首飾りブリーシンガメンを身につけ、呪術の造詣が深く、死者を支配している。彼女はたくさんの名をもっており、それを語るときのスノッリ・ストゥルルソンはいかにも楽しげである。そしてそれらの名のことごとくに、この女神のじつに個性豊かで、興味深い側面が示されている。たとえば「ホルン」という名は亜麻を象徴し、「ゲヴン」や「ゲヴュン」は「与える女性」を意味している。「イズン」は若さの林檎をもっており、「シュール」はすでに述べたとおり「雌豚」のことである。「主婦」は、「フースフレイヤ（「フース」は「家」）」とよばれていたことを想起しよう。少なくともフレイヤが神オーズと結婚していたとする神話には触れる価値がある。これはイシスとオシリスの神話を彷彿させずにはおかないからである。彼女の夫オーズは旅に出てしまい、フレイヤはかれを待ちこがれて黄金の涙を流したという。フレイヤとオーズの関係は、フリッグとオージンの関係に対応している。

それゆえ、ここでフリッグについても触れておこう。彼女はオージンの妻なので、厳密にいえばアース神族に含めるべきである。けれども、彼女はフレイヤと混同されることが非常に多い。なにより、フリッグとフレイヤの語音が似ているからである。実際には古スカンディナヴィア人の宗教的な想像力は支離滅裂であったわけではなく、偉大な女神や母なる女神、さらには母なる大地といった古拙な概念を、愛人（フレイヤ）、妻（フリッグ）、死の女神（スカジ）という三つの側面に分けて考えていたように思われる。スカジは子供に生を授けたあと、ふたたびかれらをとりもどす。あるいはもっと正確にいうと、生と死のあいだに完全な断絶があるわけではない世界、この世での生を終えたあとのかれらに、生でも死でもない別の状態を認める世界にとりもどす。なぜなら、すでに述べたように、生と死という二つの領域のあいだには明確な区別がないからである。しかしだからといって、ヴァイキングが死を軽視していたと考えてはならない。ラグナル・ロズブロークが蛇穴で朗したとされる「私は笑いながら死ぬ」という有名な句は、さんざん論じられてきた。要するに、かれらは生と死の二分法について、われわれのような観念をもっていなかったのだ。かれらが生を愛していたかどうかはわからないが、たとえ愛していたとしても、死を悲観的にみていたことにはならない。作品にあらわれる「楽園」（本書176頁参照）の、あるいは少なくとも死後の世界の二つのイメージ、ヴァルホルとヘルを完全に区別する必要があるのかどうか、このことについても私は確信をもてないでいる。ヴァルホルについてはすでに少し触れた。ヘルは死後の世界のことであり、そこを支配している女神の名でもある――彼女はあきらかにスカジの一変種である――。ヴァルホルもヘルも古くからの観念であることは、スカールド詩が証言している。しかし、私にはヘルよりヴァルホルのほうがはるかに戦士的で貴族的であるとは思えない。ヴァルホルで暮らし、ラグナレクのおそるべき戦闘にそなえているエインヘルヤルたちはよしとしよう。けれどもかれらの主人オージンは、神の予知能力により、くだんの戦いがむなしいものであることを十分承知している。世界が再生する前に、まず、すべてのものが滅び去ってしまう。つまり、戦士の楽園など不要なのだ。それなのに、二つの死後の世界のうち一方が他方よりヴァイキングの心性に照らして、より霊的なものであるといえるだろうか。

ヴァイキングが信じていたと思われる神々について手短に述べてきた。人間や生や世界にたいしかれらが抱いていた概念は練り上げられたものであり、豊かであったことは、以上のことから十分理解できよう。これを「野蛮」な文明として語るのは、まったく愚かしいことだ。そしてこれこそ、私が示したかったことなのである。

ヴァイキングの「宗教」に欠かせないと思われる事柄はすべてあげた。それは、「宗教」という語も、その語の示す現実も、われわれの通念とは符合しないことを示すためである。実際、ヴァイキングの宗教について、われわれは十三世紀初頭の二人の偉大な神話学者から知識を得ているが、かれらが執筆したのはヴァイキング時代よりかなりあとであり、それが「大陸」の、つまり古典古代や聖書のモデルに即しているのはたしかである。古ノルド語で「宗教」は「シズ」とよばれることを思いおこそう。これは慣行、儀式、祭祀上の所作をさしているのであって、われわれの知るかぎりでは、体系的な宗教、教義、「信仰」、そしてさらには、きちんと組織され秘儀を伝授された「祭司」団体のことではない。いいかえると、この宗教はもっぱら意味のある行為や祭祀にもとづいている。それゆえ、祭祀は自然の「小高い場所」、丘、石積みされた場所、聖なる森、泉、滝、聖別された草原などでおこなわれたのであり、「神殿」でおこなわれたのではない。このことを如実に示しているのが、十一世紀初頭のスカールド詩人シグヴァット・ソールザルソンの『東方へ赴くの歌』である。供儀をはじめとするあらゆる祝祭の際、母屋は「神殿」に格上げされ、そこで必要とされる重要な儀式を執りおこなったのは家長であった。結局のところ、この家長の高座が「祭壇」のかわりをしたのであろう。ブレーメンのアダムは石や木の偶像があったといっているが、これも同じく証明できないだろう。もっとも、粗末な棒杭に彫刻のほどこされたものならあったかもしれず、これならいくつか考古学者が見つけている。けれども、他のさまざまな領域においてと同様、宗教においてもケルト人やスラヴ人の属性をスカンディナヴィア人、あるいはゲルマン人一般にまで帰する必要はたしかにない。そのかわり、ヴァイキングは金属などで作られた護符をたいせつにしていた。フレイやソールやオージンをかたどったその種の護符があったことが知られている。『ヴァッツデーラ・サガ』に出てくる例や、『ヨームスヴァイキングのサガ』がスカールド詩人エイナル・ヘルガソン・スカーラグラムについて語っている証言は信憑性が高いと思われる。このスカールド詩人はヤール・ハーコンから贈物として秤と「分銅」を受けとったのだが、それらの分銅は、秤皿に載せるやいなや自動的に鳴り響きはじめたという。エイナルの奇妙なあだ名「スカーラグラム（秤の響き）」は、民間語源でないとすれば、そこに由来している。

ヴァイキングがその神にたいしておそらくは捧げていた崇拝の「個人的」な性格についてはすでに強調した。こうした崇拝のあり方に起因するのであろうが、かれらはたえず財布の中に自分の「親愛なる友」、とりわけフレイ、オージン、ソールの小さな像を入れて持ち歩いたり、一枚のブラクテアート(四〇)に小さな鎖をつけて首に掛けていた。こうした数多くのブラクテアートには「アル」（守護される運という観念）、「ラス」（誘《いざな》うという概念）、「ラウカル」（文字どおりの意味は「タマネギ」ないし「ニラネギ」。これらは呪術師の使う植物である）といった、まぎれもなく呪術的な意味あいをもつ言葉がルーンで刻まれている。

あらゆることから考えて、ヴァイキングは自分の選んだひとつの神をまったく個人的に崇拝していた。それゆえ、かれらは神を「親愛なる友」とよび、その機会がおとずれたとき、つまり神の助けがとくに必要と判断されたとき、祈りのかたちではなく――祈りというタイプの慣行は立証されていない――、要求（これは動詞「ビジャ」の本来の意味であるが、やがて「祈願する」ことも意味するようになる）というかたちで神の助けを求めた。われわれが検討しているのは、「自分が相手にしかじかの物を与えれば、相手も自分にあれこれの物を与えるだろう」というギブ・アンド・テイクの原理(四一)によって支配されている文化なのである。デンマークのブセネの井戸のような献納物を捧げる井戸や、敵の武器を折り曲げて穴に投げこむというよく知られた慣行は、そのことに端を発している。また『殺しのグルームのサガ』には、グルームの敵対者が牡牛を犠牲に捧げたさまが描かれているが、これはグルームにたいする訴訟を立て直すためなのだ。自然物が神であることもあった。たとえば聖なる石（一例をあげると、『キリスト教徒のサガ』では、ある石を崇拝している家族のことが描かれており、かれらはこの石を守護霊とよんでいる。この一家を改宗させるには、その地のキリスト教伝道師が石に聖水を振りかけねばならない）、木立（とくにナナカマド）、もしくはその他の特定の場所である。人びとは神を味方につける必要があり、それは祈りによってではなく、意味をこめた所作によっておこなわれるのだ。かくして、ヴァイキングが願いをかなえるため、物や動物を「犠牲に捧げ」ているのがみられる。ここで思いだされるのが、『ヨームスヴァイキングのサガ』で、息子のひとりを犠牲に捧げたヤール・ハーコンであるが、これはおそらく文学上の誇張だろう。『ゴトランド島住人の歴史』の第一章にも、つぎのような簡潔な一節が記されている。この史料は早くても十二世紀末になってから書かれたもので、完全に「キリスト教化」されており、ここにも人間の犠牲といったあからさまな誇張が盛り込まれている。それでも、この証言はいまわれわれが研究している方向と軌を一にしている。

「それまで（ゴトランド島の人びと、つまりおそらくはゴート人が「ギリシア」まで達したとき）も、そしてそれ以後も長きにわたって、人びとは『ヴェー』と聖なる囲い地（史料上、ここには解釈困難な術語が用いられている。おそらく杭で囲まれた円をさしているが、何の杭かはわからない）と異教の神々を信じていた。かれらは息子や娘、家畜、そして食物や飲み物も犠牲に捧げた。かれらの邪教では、このようなことがおこなわれていたのである。国全体の場合にはもっとも重要な犠牲をなし、人間を捧げた。それ以外では、国を三つに分けた地域ごとにそれぞれ独自の犠牲をなした。そして『シング』の規模が小さいほど、犠牲に捧げられる家畜や食物や飲み物も少なかった。人びとは供儀の兄弟とよばれた。なぜならかれらはみなでいっしょに犠牲を捧げたからである」。

この宗教が意識され、したがって現実化するのは、意味をこめた行為のなかだけであり、またそれによってだけであった。「ヘイラグ」という語とその同義語はすべて「運、幸運」の観念を帯びているが、たしかに、それらの語がただちにヴァイキングの宗教的心性を代表するものではない。この役割を担っているのは、いまみた『ゴトランド島住人の歴史』の引用文に出てきた「ヴェー」という語である。この言葉は行為、まさに祭儀にかかわっている。

「供儀の祭礼」は一般に「ブロート」とよばれる。これについてはかなりわかっているが、全面的というわけではない。再構成を試みるには、さまざまな史料をつきあわせることが必要である。[四二] それでも、「ブロート」の過程に含まれるいくつかのやま場をあげることはできる。まず供儀――ヴァイキング時代に人間が犠牲に捧げられたことはまったくない。この慣行はヴァイキング時代よりも前にさかのぼる――についてであるが、犠牲獣の血は特別の容器である「血の鉢」に集められ、神意を諮るのに用いられた。これこそが全過程の最高潮であり、また存在理由でもあったことはまちがいない。人びとは未来に関する情報、たとえば参加者のひとりないし複数の者の運命はどうなのか、飢饉、疫病などの憂慮すべき事態はこれからどうなっていくのかといった情報を得るために犠牲を捧げた。つまり、供儀とはなにより未来を予見するための作業だったのであり、多かれ少なかれ呪術が頼りなのである。つぎに、人びとは宴会（ヴェイスラ）* を催して、屠った犠牲獣の肉を全員で食べた。これが「ブロートヴェイスラ（犠牲の宴）」であり、すでに本書に出てきた「ヴェイスラ」の合成語である。この宴会の過程で乾杯がなされた。「ドレッカ・ミンニ（追悼して飲む）」という表現も、すでに本書ではおなじみである。後世の史料は、「神々」（キリスト教時代になると、これらの神々はキリストと聖人にとってかわられる）を讃えて、としているが、もっとたしかなことは、家族や親族や集まった人びとの偉大な祖先を讃えるためだった。それは、M・カーンがみごとに示しているように、[四三] 現世と死後の世界の熱い一体感を得るため、あるいは一方から他方への連続性を確保するためだった。すでに述べたように、これら二つの世界を画然と分かつものは何もない。実現困難なことの宣誓はかならずしも犠牲の宴の構成要素であったわけではないが、そのように誓われた儀式の威勢のよさがあらわれている。『ヨームスヴァイキングのサガ』にはとくに細部まで立ち入った事例がみられるが、なんども述べたように、この「伝説的」なサガの記述を額面どおりに受けとるべきではない。[四四] いずれにせよ、「ブロート」はまさしく社会的な性質をもった儀式、はっきりいえば実利的なものだった。

事実、その目的は運、運命、幸運を望ましい方向へと導き、強化することにある。そして、ここにこそまぎれもない北欧世界の鍵となる観念があるのだ。これらの観念とそれに結びついているきわめて豊富な語彙については、ここでは深く立ち入ることはしない。[四五] けれども、これらがかれらの心性のなかで大きな比重を占めており、かれらの文化の生き生きとした源泉であることはあきらかであろう。運命がヴァイキングの世界を動かし、ヴァイキングが運命を知り、信ずる。われわれは北欧神話を首尾一貫したものとみなそうとしているが、かれらにとってもそうであったとすれば、神話がかれらに諭しているのは、神々でさえ運命という「かの諸力」の定めにはしたがわねばならないということである。「ノルンの裁きのあと、一夜たりとも生き長らえる者はいない」。これはエッダ詩からの引用であるが、この宗教を研究する場合、つねに肝に銘じておかなければならない言葉であろう。ここでは長講釈にふけるより、むしろ例をあげておこう。その最適の事例は『殺しのグルームのサガ』にみられる。[四六] 主人公グルームはノルウェー人の祖父から二つの物――お守りというべきかもしれないが――、外套と槍を受け継ぐ。これらがかれの親族に与えられた幸運のしるしであることは、この作品にはっきりと示されている。この外套と槍は運命の定める人の道を象徴しており、親族の名誉を体現している。人の道というものをわきまえ、親族の名誉を傷つけないかぎり、かれは偉大な人物（ソーグリグル*「語るにふさわしい」、つまりサガに題材を提供するのにふさわしい人物）でありつづける。けれども、いかなる理由であれ人の道にそむいたならば、かれはいわゆる「名誉」（ただし、この意味をあらわす言葉は多様である）を失う。つまり、かれはもはやその祖先にふさわしくないのである。ところがこれこそ、誓いを破ったグルームの身にふりかかることなのだ。契約、いいかえれば、口にした言葉にたいする誠実という観念がすべてを支配している世界においては、誓いを破ることは重大な冒瀆であった。それゆえ、誓いを破ったかれが、人として守るべき道を象徴している二つの物を厄介払いしたいと願ってやまなかったのは、まったく理にかなっている。そのあとは、かれは自分自身に定められた運命をまっとうすべく突き進んでいくのである。

ともあれ、われわれが霊魂とよぶものに関連する豊かな語彙をみるのがなによりだろう。(四七)この場合も、史料が受けている影響、とくにキリスト教的な影響に注意しなければならない。もっとも、「世界霊魂」の存在を信じていた男女を「野蛮人」とか「未開人」とみなすべきではない。人間が適切な方法によって霊魂（フグ　hugr）の介入をうながすこともできたが、ときには霊魂のほうから夢の中に出てきたり、あるいは幽霊になって姿を現すこともあった。「フグ」は吉凶いずれの結果をももたらすことがあった。「噛みつい（ビータ　bita）」たり、「空中を騎行する（リーザ　riða）」ことができ、「マラ（mara）」つまり夢魔となって現れたのである（「悪夢」を意味するフランス語の「コシュマール（cauchemar）」はここから派生した）。あるいは「ハム（hamr）」（文字どおりの意味は「形」）とよばれるある種の内なる分身もヴァイキングは信じていた。「ハム」はその物質的な媒体から抜け出すことができ――このとき、肉体は空中浮揚の状態か硬直状態にある――、その際、当人の姿か、もしくは象徴的な姿（たいていは動物）をとった。そして空間と時間の壁をこえて、当人が懸念していることの手助けをするのである。さらに、人にはそれぞれキリスト教の守護天使のようにつきしたがう「フュルギャ（fylgja　守護霊）」が与えられているということも信じられていた。おそらくこれは前述したものの変形にすぎない。「フュルギャ」は本人の前に姿を現すこともあったが、それは不吉な前兆とみなされていた。ここでは深く立ち入らずに簡単にみてきたが、[四八]以上ではっきりさせたかったのは、ヴァイキングが唯物論的な世界のなかで生きていたのではないということである。

すでに述べたように、ルーンはそれ自体としてはかならずしも呪術的な文字ではない。けれども呪術的な目的に使うことができたし、また、きわめてしばしば使われたにちがいない。この点に関しては、リュシアン・ミュッセをはじめとする権威ある専門研究を参照されたい。[四九]他方、スカールド詩人は極端にまわりくどい定型表現を非常に頻繁に用いていた。ことの重要性を誇張するつもりはないが、それがかならずしも純粋に芸術的な目的のためではなかったことは明白である。たとえば、「ニーズ」呪法の事例はしばしば確認されているが、そこではあきらかに名誉を傷つけるための呪術がもっとも重要な役割を演じている。「ニーズ」[五〇]にはほとんどかならずといっていいくらい、きちんと韻律を踏んだまじないが唱えられた。「セイズ」呪法は、『赤毛のエイリークのサガ』を信用するなら、高度に呪術的な儀式であり、これには霊をおびきよせるための呪歌（ヴァルズロックル）が歌われたはずである。銅製の丸い小箱の中から干からびた小蛇が発見されたが、それが意味や意図のない行為であったとは考えがたい。[五一]この蛇は、敵にたいして「送られた」呪詛と関係があるのだろうか。それとも、その持ち主を守護するためのまじないと関係があるのだろうか。この問いに即答することはできない。有名なイェリングの石碑について考察する場合も同様である。この石碑のひとつの表面にあるのはキリストの像にはちがいないが、奇妙なことに、伝統的なオージンの姿を彷彿させるような形象化にしたがっている。

われわれならどうしても「宗教」なり呪術なりに帰そうとするものを、運や運命と結びつけるほうがじつはよいのかもしれない。ヴァイキングはまぎれもなく運命の定めた世界で生きていた。古ノルド語で

「幸福」は「ヘイル」ないし「ハミンギャ」といわれ、運、よい運を意味している（フランス語の「幸福［ボヌール］」も同じ「よい運」という語義から発している）。当然のことながら、ある個人にとって幸福が何にあるのかを定義するのは非常にむつかしい。運命、名誉、復讐の弁証法について簡単に検討したところですでに触れたが、つまるところ幸福とは、かの諸力のなすがままに、文句をつけたり聞き直したりせずにおのれを受け入れること、いってみればおのれに満足することなのである。『韻文エッダ』の「高き者の言葉」の第九五節には、まさにこのことが述べられている。

霊魂《フグ》だけが知っている
心に秘められたものを
愛がわかるのは霊魂だけだ
どんな賢人でも
おのれに満足せぬことほど苦しいことはない

それでもやはり観察者にとって印象的なのは、かれらの世界でいかに呪術が大きな比重を占めていたかということである。ところで、ここでわれわれはまさしく、これまでの話を導いてきた理念の領域に足を踏み入れざるをえない。呪術とは、術者の欲望をみたすべく、かの諸力を強いて生存状況の通常の流れに干渉させる行為や「術」のすべてをさすとしよう。呪術師は自分自身の名において、あるいは第三者の求めに応じておこなうこともある。たとえばサガ、あるいは法典においてさえ、いかに呪術が深く浸透しているかということにはまったく驚かされる。スカンディナヴィアの異教にとって呪術は、法や主権の行使、ましてや武力の行使よりも、宗教的含意のほうがはるかにつよい。多くのサガが好んで伝えているテーマはおそらく北欧起源のものではないということを、いまいちど考慮に入れておきたい（なんどもいうように、サガの記述を額面どおりに受けとらないほうがよい。サガは古典古代のラテン語作品や聖人伝をまねたものなのである）。それにもかかわらず、まさにこの点についてはつぎのように考えてよいであろう。サガの作者は好むと好まざるとにかかわらず、かれらがいつの時代にも通用すると思った信仰や迷信を無邪気にも再構成し、それを伝えたのだ、と。たしかに呪術は重要な役割を演じた。史料を読んだり、死者とともに墓に入れられた副葬品を調査して、いつも感じるのがこのことである。人を攻撃する呪術、つまり邪視や不吉な言葉。スカールド詩人の技法はもしかすると、この呪詛の言葉を起源とし、そこから権威を得たのかもしれない。愛の呪術ではルーンは秘密の目的に用いられる。保護的な呪術は、とくに不死身の体になるためのものである。そしてとりわけ予知の呪術、とくに忘我の状態でおこなわれるそれ。呪術はいたるところにある。『ガウトレクのサガ』は本来滑稽な物語でありながら、呪術をことさらひとつの制度であるかのように強調しているが、そのことは呪術の重要性によってしか説明がつかないように思われる。それほどこの種の問題は、古スカンディナヴィア人の世界に文字どおり「憑きまとって」いたのであろう。

『ヴァッツデーラ・サガ』を例にとろう（『エイルビュッギャ・サガ』でも同じ結果が得られるが）。そこにはニーズ（相手の名誉を傷つける呪法）、ハムファル（シャーマン的な霊魂飛行）、セイズ（手のこんだ呪術的な予知の儀式）、呪詛、天災除けのまじない、予言的な夢の解釈、降霊の儀式、神聖な護符にまつわる話、害をなす幽霊の出現、神聖なる兄弟関係の儀式（フォーストブレーズララグ）のことなどが、およそ百頁にわたって述べられている。これらのことがヴァイキングの日常生活の一部であったと私はいっているのではない。けれども、かれらが幽霊の出る二重の世界のなかで生きていたことは認めざるをえない。すでに触れた「親愛なる友」と、かれらは親密といってよい関係にあった。場合によっては、両者の交流は「全幅の信頼をおいている者（フルトルーイ）」（われわれなら、お守り、厳密にいえば「守護神」というであろう）とかれらがよんでいた特別のものをとおしておこなわれた。グルームは、かれの槍と外套をまさにそうよんでいる。

おそらくこのような想像力を育んだ偉大な神話、なかでも創世神話や世界の終末の神話は、それを信じる者に自分の状況についてどちらかといえば楽観的でバランスのとれた見方を与えるものである。話は二通りに伝えられてはいるものの、それらは一貫しており、一つの創世論となることを私はつねづね評価してきた。[五二] 話のひとつは、世界は三つの同心円からなるとするものである。中心には神々の住まいアースガルズがあり、それを人間の世界ミズガルズ、つまり「まんなかの囲い地」がとりかこんでいる。ミズガルズもまた「外の世界」、ウートガルズにとりかこまれている。そこには原初の大海があり、その「東方」のどこかに巨人の世界ヨーツンヘイムが位置する。もうひとつの話は、大樹ユグドラシルの壮大なイメージを伝えている。この世界柱は九つの世界、つまり三つの天空の世界、さきほどあげた三つの地上の世界、そして三つの地下界を支えている。あらゆるものがひとつの巨大な球体の中におさまっており、まんなかの大円をなしているのがアースガルズ、ミズガルズ、ウートガルズである。それは閉じられた秩序ある世界であり、あらゆるもの、生あるあらゆる存在がそれぞれ自分にふさわしい場所にいる。『韻文エッダ』の「巫女の予言」で巫女によって語られている神話も同じような考えに結びついているのであろう。原初の時代がすぎ、両性具有者である原初の巨人ユミルが分割され、その死体の各部分からこの世の各部分が創られる。巨人族から神々が生まれる。巨人族の時代のあと、原初の戦いにたいし協定が結ばれ、神々によって最初の人間の男女が創られる。ここに人間の歴史ははじまるのである。たしかに、ラグナレクとよばれる黙示録的な動乱はやってくる（ラグナレクは「神々の黄昏」より、むしろ「神的なかの諸力の運命の成就」を意味するが、前者の解釈も排除されるべきではない）。けれども、これですべてが終わるわけではないことは強調しておかねばならない。ここでは、『韻文エッダ』の珠玉の作品「巫女の予言」の第五九、六一、六二節を引用しよう。

永遠に緑なす大地が
波間から蘇るのが彼女（巫女）には見えた
滝は流れ落ち、その上を鷲が舞い
山にあって魚をねらう

……

そこでは、いにしえに神々がもっていた
みごとな黄金のゲーム盤が見つかるだろう
種をまかれていない畑に
穀物が生育するだろう
災いはすべて改められ
バルドルが帰ってくるだろう

この詩にキリスト教からの着想がありありと認められる点（永遠や幸福）は考慮に入れなければならな

い。けれども、ここで描かれている光景に不吉なところや絶望的なところはまったくない。北欧の文化は疑いなく、すべては時間的に有限であるという強迫観念にとり憑かれてはいなかった。このような文化にとって、「時の終わり」が意味をもっていたとすれば、それは世界の再生がある場合である。生、人生、現世にたいする愛が、結局はヴァイキングの主要な情熱の対象であったと思われ、また本書が描こうとしたことでもあった。

私が宗教の諸問題に時間をかけたのは、ひとつには、それらの問題があまりにも、空想的な、それどころか有害な作り話や解釈を生む原因になってきたからである。もうひとつには、われわれの現在の思いこみをすて、この問題の本質がどこにあるのかを探求すべきだからである。私は、ヴァイキングが非宗教的であったとは思わないし、あまりにもしばしば描かれているように濱神的であったとはなおさら思わない。かれらが秘儀的な力や知識をもった、わけのわからない神々を崇拝していたとも考えられない。ヴァイキングを宗教的な側面から研究していて、そこから得られる最終的な印象はつぎのとおりである。かれらの行動を決定していたのは、実用主義、現実主義、確たる良識——これらはすべて当時の状況に見合ったレベルのものであり、西欧各地と同様、北欧においても人びとはこんにちよりはるかに密接に超自然的なものとかかわりあいながら生きていた——、人生のささいな幸・不幸にたいするかれらの極端な関心だった。つまり、きわめて人間的だったのである。

さきほど「高き者の言葉」の一節を引用したが、そこにはたしかにヴァイキングが抱いていた人間や生や世界にたいする概念が要約されている。このことはいくら強調してもしすぎることはないであろう。いまいちどこの詩の、少なくとももっとも代表的な部分であるといってよい一、二、三部には目を通しておこう。そこには当時の民衆の知恵が非常にうまく表現されている。たとえば、「見知らぬ場所に足を踏み入れる場合は用心するにこしたことはない（第一節）。賢人たちの前では黙っているほうがよい（第五節）。聡明さにまさるものはなし（第一〇節）。酩酊は最大の敵だ（第一九節）。わが家ほどよいものはない（第三六節）。友人を作り、かれらにたいして誠実であるすべを心得るべし（第四二節）。人は人の喜びである（第四七節）。中庸は最高の徳である（第六四節）。絶対的な不幸はありえない（第六九節）」など。なかでもすばらしい言葉をつぎにあげておこう。

守ってくれるもののないところに生えた
若い松の木がしおれている
樹皮も針葉もその守りとはならない
だれにも愛されない者だって同じことだ
何のために長生きするというのか

第七章　知的生活

手短ながらヴァイキングの余暇のすごし方を検討することにより、かれらの主たる関心がどのようなものであったかを理解し、あわせて、その日常生活の絵巻を仕上げることにしよう。もちろん、本章の標題にはかならずしもそぐわない事柄にも触れねばならない。けれども、これまで本書のいたるところで確認した事柄すべてと首尾よくかさなることはすぐに理解されよう。議論の深浅はともかく、ここではヴァイキングのあらゆる活動を検討する。原始的なもの、未開のもの、野蛮なものはどこにもみあたらない。われわれがまのあたりにするのは、まぎれもなくひとつの文化であり、ひとつの文明なのである。

以下、便宜上、ヴァイキングの活動を屋外と屋内に分けて説明することにしよう。

屋外の運動

ヴァイキングは今でいえばすぐれたスポーツマンであった。この北方の地では生活は苛酷で、精力的に活動することが必要だった。モンテスキューも、寒さは身体運動を促進すると述べている。スカンディナヴィア人は、行動することの価値を――道徳や宗教に関してさえ――ことのほか好む行動の人だったのであり、いくつかの「屋外」運動を格別好んだのはいうまでもない。サガが書かれた時代になってもなお、おのずと作者の称賛はすぐれたスポーツマンでもあった王、英雄、ボーンディにむけられている。たとえばオーラヴ・トリュッグヴァソン、ハーラル苛烈王、あるいはほかの点では知られていないが、たぐいまれなるスキーの達人であったヘミングである。このヘミングは速く滑れるというそれだけの理由で、サウトル*（短編の物語）の題材となった(二)。「アイスランド人のサガ」のカテゴリーに属する二つのサガが、それぞれある有名な被追放者のことを描いている。この二人は追放されながらも、驚くべき長い年月を生きた。かれらの名声はなにより、かくも長いあいだ法律の定めに抗して生きたということにあるのではない。そうではなくて、この事実に示されるとてつもない肉体的な偉業にあるのだ（これらのことは『ギースリ・スールスソンのサガ』と『グレッティルのサガ』で語られている）。「同時代のサガ」のひとつに、アイスランド西部地域を端から端へ騎行した真冬の旅を描いた『ソールズ・カカリのサガ』があるが、十三世紀になってもいぜんとして同じように、こうした途方もない偉業に心をうばわれている。

　天気がよく、また余暇の時間が多い季節には、スキー、スケート、レスリング、水泳、そして射弓などのスポーツがおこなわれた。

　スキーはおそらくサーミ人（ラップ人）の発明で、いずれにしても青銅器時代の岩石刻画にすでにみられる。冬の数ヶ月、橇――これについては十分立証されている――をのぞけばスキー以外に交通手段がない北欧諸地方のことだから、スキーについてはとくに説明するまでもない。同じ指摘は、凍結した湖上でのスケートにもあてはまる。いみじくも、偉大な女神スカジは「樏《かんじき》を履いた女神」とみられているし、得体の知れない神ヘーニルの「足長の神」というあだ名も、かれがスキーの神様であるという特質にちなんでいると考えられる。発掘調査により、骨製や金属製のスケートの刃が数多く出土しており、スケートがかなり広範に普及していたことを示している。

この機会に、ヴァイキングがおこなっていた一風変わったタイプのレスリング、「グリーマ」*についても少し触れておこう。これは腿《もも》の上と腰と両肩に革帯を巻きつけ、それらを二人の対戦者がたがいにつかみあって、相手を地面に投げ倒そうとするものだった。この競技にはかなりの暴力がついてまわったが、大いに人気を博していたらしい。決闘（ホールムガンガ）に少々似てはいるが、もちろん決闘は「スポーツ」でもなければ娯楽でもない。この「ホールムガンガ」という名は、もとはといえば小さな島（ホールム）でおこなわれなければならなかったことにおそらく由来している。ヴァイキング時代には、もはやかならずしも小さな島でする必要はなかったようだ。決闘についても型どおりのイメージを払拭し、わが三銃士を忘れるべきであろう。二人の敵対者は地面に広げられた一枚の牛革の上にとどまり、そこからはみ出してはならなかった。このような状態で武器を用いることはむつかしかったので、険悪なつかみあいの応酬にならざるをえないことは想像にかたくない。エギル・スカッラグリームスソンは、このような状況下にあって武器を用いることができなくなり、敵対者の胴体をつかむと、なんと相手の喉笛を食いちぎっている。前章で述べたように、決闘が神明裁判の一形態とみなされていたことは大いにありうることで、さまざまな作品にもその法的効力が書き記されている。しかしだからといって、スポーツとしての側面が否定されるわけではない。

水泳についてはもっとよくわかっている。ヴァイキングは水泳の名人で、それを自慢にしていた。さきほど名前をあげた強者グレッティルは、海でかなりの距離を泳ぎきったことで誉れ高い。さらに一種の水中の対決があり、非常に曖昧模糊としたある神話を信じるなら、二神ヘイムダルとロキが水中で力だめしをしたのである。グレッティルもこの対決で評価を高めた。かれは敵を水面下に引きずりこみ、できるだけ長くそこで抑えこんだ。王たちが臆面もなく、この訓練にいそしんでいるのがみられることだろう。

弓を射ることも高く評価されていた。そのことを示す典型的な人物が『ニャールのサガ』に登場するフリーザレンディのグンナルである。デーン人、スウェーデン人、ノルウェー人にとって、狩猟が主たる生活の資のひとつであったことを忘れてはならない。矛《ほこ》は使われていなくても、弓はよく用いられた。狩猟の達人、弓矢の達人、スキーの達人——これら三つの資質を一身にそなえた人物は民衆の称賛の的であり、そのことは、『アースラクの息子ヘミングの物語』に如実に示されている。のちに『ウィリアム・テル』にとりこまれることになる伝説については、いくつかのヴァージョンのあることが知られているが、この『アースラクの息子ヘミングの物語』はその最古のものに加えられるべきひとつである。

少なくとも、史料で十分裏づけられるものに限れば、屋外での娯楽は以上のとおりであった。ほかの身体の運動も同じように好まれていなかったはずがない。たとえばスノッリ・ストゥルルソンが『散文エッダ』で、ソールのウートガルザ・ロキの館への旅について語っているくだりでは、ソール神の仲間のひとりが競走をしてみようと提案している。フリーザレンディのグンナルは弓矢の達人ということですでに触れたが、かれは自分の身の丈と同じ高さに、前方へはもちろんのこと、なんと後方へも跳ぶことができたという。

航海をなしたという事実そのものにも、偉業とみなされるものがあったにちがいない。ヴィーンランドにまつわる伝説は三つの作品のなかで語られているが、(二)それらの伝説が存在するのはなにより、こうした航海が偉業とみなされていたからであろう。ほかの史料ではあまり知られていないある人物が、「フリュムレクスファリ」とあだ名されている理由は定かではないが、「ヨールサラファリ」というあだ名で有名だったノルウェー王についてはわかっている（「ファリ」は「どこそこへ旅した者」の意味）。それは、かれがエルサレム（Jórsalir その属格が Jórsala つまり「ヨールサリルの城塞［Jórsalaborg］」）へ行ったことがあるからだ。それでは、前者の「フリュムレクスファリ」の場合はどうなのか。「フリュムレク（Hlymrek）」は、ノルウェー系ヴァイキングの築いたアイルランドの町リムリック（Limerick）のことである。このあだ名は、その船乗りがなしとげたわれわれの知らない偉業によって得たのかもしれない。このあとでとりあげる詩にみられるように、ある身分の高い人物が船を漕げることを自慢している。航海にはさまざまな知識、とりわけ非凡な技量が必要とされたことはいうまでもない。本書は、およそ一千年にわたって連綿と受け継がれてきたヴァイキング神話のベールを剝いでいるわけだが、だからといって、かれらが非凡な航海者であったことにかわりはないし、おそらくはこのことこそがかれらにたいする最大の、まごうかたなき賛辞であろう。忠実に復元されたヴァイキング船、たとえばクノール船での遠洋航海が、百年以上も前から研究者たちによってくりかえし試みられてきたが、そのだれもが感心するのは、船の品質の高さのみならず、航海についてのヴァイキングの非凡なセンスなのである。

けれどもヴァイキングがことのほか好んだ娯楽で、格別の情熱を注いだ「スポーツ」は馬術、とりわけ闘馬である。とはいえ、負けず嫌いなかれらが乱暴をはたらくのは日常茶飯事で、本来、馬をけしかけるべき棒で、相手の馬を操っている人間のわき腹に一発お見舞いするのはよくあることだった。それはともかく、ヘッゲビーの絵画石（スウェーデン、おそらく六世紀）から『ストゥルルンガ・サガ』収録の物語まで、闘馬をめぐって長々と語られるいさかいほどよくとりあげられるテーマはない。闘馬用の馬は、おそらく特別に訓練されていたのだろう。馬たちは相手を打ちのめすまで嚙みあわなければならなかった。馬にはそれぞれ棒を手にした男がつきそい、馬をけしかけた。賭けは禁じられておらず、現代のカーレース・ファンの文句としてもおかしくないような言葉で、賭けた人びとがそれぞれの馬のことを語っているのがみられる。インド＝ヨーロッパ系の諸文化に闘馬の果たした卓越した役割を考えると、もとはといえば闘馬は神聖な、あるいは儀式的な性格を帯びており、ヴァイキング時代になっても集団的無意識のなかにその名残りをとどめていた可能性は大いにある。闘馬であろうとなかろうと立派な馬なら、機会があればしばしば主題を離れ、愛情をこめて語ることをしない古ノルド語作品を私はみたことがない。

「団体競技」についてはごく手短にみておこう。ボールとバットを用いる競技に「クナットレイク」というのがあった。これは野球やクリケットの原型ともいうべきスポーツで、味方にボール（馬の毛を革に縫いこんだ球）を投げ、それを相手が奪おうとするものだった。ここでもはなはだ乱暴なプレーがおこなわれ、結末はかならずしも正々堂々とはいかなかった。私の知るかぎり、史料上裏づけられる唯一の大勢で競う競技は、スキーやスケートの距離競走やスピード競走である。一種の陣地取り遊びもあったが、広く普及していたかどうかは定かではない。じつは現代の北欧人と同様、当時のヴァイキングも歩くことが大好きだった。それにははっきりした目的のある場合もあったが、純然たる娯楽として楽しむ場合もあったようだ。ともあれ、サガにはかなりの距離を徒歩で踏破する人物はめずらしくない。

知的な楽しみ

純粋に知的な娯楽については、読者の期待に応えてもっとくわしくみていこう。ここでも印象的なのは、ヴァイキングの技《わざ》の多様性と豊富さである。知的な娯楽について語る場合、オークニー諸島のヤール、ログンヴァルド・カリ（一一三五年～一一五八年）が十二世紀に吟じた詩からはじめるのが常である（少なくとも全体としては、この詩の内容はそれより数世紀前にもあてはまると考えてよい)。かれは自分のできるあらゆる知的・肉体的修練を自慢している。それはつぎのとおりである。

私は九つのわざに通じている
盤技は玄人はだし
ルーン文字をまちがえることはめったにない
書を読み、鍛冶や木工にもたけている
スキーで地上を軽やかに滑走し
弓矢を操り、思いのままに船を漕ぐ
詩人の短詩であれ、竪琴の演奏であれ
そのすべを心得ている

この詩に列挙された順番から、なにか特別な結論を導き出す必要はないであろう。ただちに理解できる唯一のことは、ヤールの娯楽が非常にバランスのとれたものであるということだ。

まず、「盤戯(タヴル tafl) これはあきらかにラテン語の『タブラ tabula』からの借用語である)」からみていこう。この「タヴル」という語はあいまいで、いろいろちがったものを指していることがある。けれども「フネヴァタヴル」だと、もっとはっきりする。これは縦横碁盤の目状に穴のあいた盤で、穴は駒を立てるためだった。『ヘルヴォルとヘイズレク王のサガ』のゲストゥムブリンディ(オージンの変装)

の謎々問答には、この盤技のことがさりげなく触れられている。それによれば、数個の駒が一つの王様を守る、現代の「狐と小羊たち」というゲームに似ていたようだ。アイルランドのリムリック近郊でこの盤が一つ発見されたが、その枠を縁どる装飾模様は、盤がマン島産であることを示していると思われる。スウェーデンのオッケルボのルーン石碑にも、さまざまなモチーフにまじって、盤戯に興じる二人の男性が描かれている。チェスについては、ヨーロッパに伝わったのは十一世紀以降とされている。いかにヴァイキングがすぐれた航海者であり、アラブ世界とは、とりわけ東方ルート上で接触していたからといって、かれらがチェスを知っていたかどうかを判定するのはほとんど不可能である。とはいえ、わけてもイギリスで発見された象牙製や骨製の駒は、スカンディナヴィア人がこの遊びを知らなかったわけではないと思いたくなる。いずれにせよ、ヴァイキングが賽遊《さい》びを好んでいたことはたしかである。籤引《くじ》きはかれらの法的慣行のなかに含まれていたし、われわれもよく知っている、運命にたいするかれらの観念にもかなっている。賽については史料でしばしば言及されている。賽の使用は、法的慣行としての籤引きがあったこと、細い籤棒を何本か地面に投げ、その配置を解釈することで神意が諮られていたことをはっきりと裏づけており、これについては、すでにタキトゥスが『ゲルマーニア』で語っている。要するに、この種の占いは古スカンディナヴィア人に好まれていたのだ。どのような運占いであれ、おおむねそれはすべての男女を夢中にさせるものであった。「盤戯」に話をもどすと、これまでに驚くべき数の「駒」が発掘されている。それらは盤戯が愛好されていたことを十分に物語っているが、結局のところ、このゲームについてはほとんどわかっていない。

つづいて、ログンヴァルドはルーンについて述べている。ルーン文字は大きなテーマであり、説明が非常に長くなりかねないので、本書ではそのあらましだけを述べておこう。(三) さまざまな理由から――なかには邪《よこし》まなものもあったが――、ほぼその発見以来、ルーン文字は長期にわたって研究されてきた。もっとも、研究が空想的な色彩を帯びることはほとんどやむをえなかった。ここでは、その研究成果をあきらかにし、最小限の情報を提供するにとどめておく。ルーン文字は西暦二〇〇年ごろに現れる。かつて研究者のあいだで、この文字の起源をめぐって激しい論争がくりひろげられたが、いまでは収まっている。ルーン文字はイタリア北部で用いられていた文字から派生したもの、つまり古典ラテン文字の変種である。ルーン文字が使用されたのは、多くのゲルマン系部族にとって、とりわけスカンディナヴィア人にとってなじみの深い地域だった。これらのゲルマン系部族によってルーン文字は普及した。ルーン文字は、ゲルマン人の拡大した全域にわたって驚くほど画一的に、突如として出現するが、もとはといえばスカンディナヴィアの独自性はまったくない。当初、ルーン文字は二四文字からなるアルファベットの一種で、最初の六文字をとって「フサルク（fuþark）」とよばれた。通常、八（エッティル ættir）(四) 文字ずつ三つのグループに分けられる。これらの文字は細身の短剣、ナイフ、小さな斧など先の尖った鋭利な刃物を用いて、木、石、革、金属、骨といったいずれも堅い素材に刻まれた。つまりルーン文字はもっぱら碑銘文として現れる。ルーン文字による長文は存在しない。ルーン文字の本質については、あれほど多くの研究者が秘めやかな情熱をこめてずいぶん長いあいだ議論してきたが、じつは、この問題は論じつくされてはいない。くりかえしになるかもしれないが、ここでルーン文字が呪術的な記号ではないことを思いおこすのも無益ではない。この点で私はL・ミュッセにしたがい、L・ミュッセはA・ベクステズにしたがっている。(五) つまり、ルーン文字はほかの文字と同様、呪術的な目的にも実用的な目的にも使うことができるのだ。その決め手となるのが、言語学的な論拠である。ルーン・アルファベットの二四文字は、スカンディナヴィア祖語の必要を完全に網羅し、無駄なものは何ひとつなかったのであり、そのことは音素論によって立証されている。

いま、「スカンディナヴィア祖語」という言葉が出てきたので、少し脱線して、ヴァイキングの言語について簡単に紹介しておこう。察しのとおりかれらの言語はインド＝ヨーロッパ語族のひとつ、ゲルマン語派に属し、インド＝ヨーロッパ語族のほかの言語とよく似ている。フランス語もこうした言語のひとつであり、それゆえフランスは、ヴァイキングの言語で表現される文化を自国の文化遺産の一部とみなすのに必要な資格を、すでにひとつ満たしていることになる。西暦がはじまる少し前、ゲルマン語はまだ東ゲルマン語（ゴート語）・西ゲルマン語（ここからやがて英語、ドイツ語、オランダ語が生まれていく）・北ゲルマン語（ここから現在のデンマーク語、スウェーデン語、ノルウェー語、アイスランド語が生まれていく）に分かれていなかった。それから、徐々にではあるが、スカンディナヴィア祖語（古ノルド語）とよばれる初期の北ゲルマン語が現れる。つぎに、このスカンディナヴィア祖語は二つに分かれる。ひとつは東部方言で、のちにデンマーク語とスウェーデン語を生み、もうひとつの西部方言からは、ノルウェー語、フェロー語（これは独立したひとつの言語である）、アイスランド語が生まれてくる。

これらの北欧諸語は、すべてゲルマン系言語に特有の性質をもっている。まず第一に、第一音節に強めアクセントがくる。第二に、専門家が第一子音推移とよぶ変化を受けている（つまり破裂音p、t、k、b、d、gは、語のなかでの強めアクセントにたいする位置いかんによって、通時的な変化を受ける）[六]。第三に、形容詞は「弱変化」とよばれる語尾変化をする（これは付加形容詞の前の冠詞の有無に起因する。たとえば、「お人好し」を意味する góðr maðr に冠詞 hinn がつくと、hinn góði maðrinn というふうに語尾変化する）[七]。第四に、動詞が同じく弱変化とよばれる活用をする。これらの動詞は、歯音を含んだ接尾辞をつけて過去形や過去分詞形をつくる（これは英語の call-called-called 型の変化であり、この「呼ぶ」という動詞 kalla の過去形は kallaða、過去分詞形は kallaðr となる）。一部の動詞、つまり「強変化」動詞は、インド＝ヨーロッパ語によくみられるように語幹母音を変化させて、過去形や過去分詞形をつくる（これは英語の see-saw-seen 型の変化であり、たとえば「（弓矢を）射る」という動詞 skjota では、現在形が skyt、過去形単数が skaut、過去形複数が skutum、過去分詞形が skotinn となる）。これらの北欧諸語は中世末期まで変化しつづける。そしてその時期になってようやく少しずつ、現在のような特徴に落ち着いていく。ところがまさに驚くべきことなのだが、まったく例外的な言語が一つある。それはアイスランド語である。古いアイスランド語が地理的・歴史的な理由により十三世紀以降、その地に固定化し、定着した。発音は変わったかもしれないが、いわばまるまる一千年来変化していないのである。

つまり発音を別にすれば、こんにちのアイスランド人は、まぎれもないヴァイキングの言語を用いている。母音の発音はつぎのとおりであった（母音には短母音と長母音があり、長母音にはフランス語のアクサン・テギュと同じ記号（´）がつく）。

a	:	[a]	á	:	[aː]
e	:	[ɛ]	é	:	[eː]
i	:	[i]	í	:	[iː]
o	:	[ɔ]	ó	:	[oː]
u	:	[u]	ú	:	[uː]
y	:	[y]	ý	:	[yː]
æ	:	[ɛ]	œ	:	[œː]
ö	:	[œ]	ø	:	[øː]

子音についても触れておこう。þは英語の thick の th（ス［θ］）に、ðは英語の冠詞 the の th（ズ［ð］）に相当する。fは語頭にある場合や無声子音（たとえばt）と隣りあう場合にはフ［f］と発音されるが、それ以外はヴ［ʋ］になる。gはiまたはjの前にある場合はイュ［j］と発音されるが、それ以外はつねにグ［g］である。hはけっして無声音になることはなく、jはつねにユ［y］になる。また、sはけっしてズ

［z］とは発音されず、つねにス［s］である。こんにちでは、とりわけ長母音の発音に変化がみられる。たとえばåはアオ［ao］、éはイエ［ie］といった具合に。

　さらにいえば、名詞、形容詞、副詞の語尾変化や、強変化動詞と弱変化動詞の活用分類の多さからわかるように、文法的にみて、この言語は高度に構造化されている。また、その統辞法があまりにも複雑きわまりないため、こんにちにいたるまで徹底的に研究しようとする者を意気沮喪させてきた。この言語は、語尾変化によって文法的な関係をあらわす総合的言語のひとつである。あいまいないいまわしや、さまざまな言外の意味を大いに好み、語彙の意味内容は、抽象的なことについては非常に不明瞭であるが、具体的なことになると驚くほど明快になる。統辞法は流動的で、語順に極端な自由を認めている。このことが文学上の偉業を達成させることになるのだが、その真価のほどはあとでスカールド詩によってみることにしよう。言語の名に値するものすべてがそうであるように、この言語もそれを使用する人びとと心性のレベルで整合性がある。それゆえこの言語は、インド＝ヨーロッパ語に起源をもつその他の重要な言語に比肩しうる文化的手段である。その主たる特異性は、少なくとも一千年にわたって、ほとんど変化せずに受け継がれてきたところにある。

　話をルーン文字にもどそう。この文字の知識はなによりエリート層のものであり、表現方法も程度の差はあれ、しばしば秘儀的な性格を帯びていたことはあきらかである。[八] けれども全体的にみて、碑文の内容にはいつも失望させられる。所有のしるし、故人を追悼する定型表現などだからである。『韻文エッダ』の「高き者の言葉」で「高き者」（オージン）が語っていることを、文字どおりに受けとるべきではない。この作品自体が雑多な寄せ集めで、さまざまな影響を受けており、多少なりとも難解な部分についてはとくに信憑性に乏しい。かれはみずからを神である自分に捧げてつるされることにより、最高の知識を獲得するにいたったさまを説き、ついで、ルーンの彫り師であるためには、何ができなければならないのかを述べている。本書のほかのところですでにとりあげた、同じ『韻文エッダ』に収録されているもうひとつの作品「リーグの歌」のほうがたしかであろう。そこでは、ルーン文字の知識ははっきりと高貴な者たちの専有物とされている。

ルーン文字について大いに興味をそそられるのは、ヴァイキング時代のはじめごろ、スカンディナヴィア全土にわたって（ゲルマーニアのほかの地域は北欧よりずっと以前にキリスト教に改宗しており、ラテン世界とは直接の交流があった。そのため、ずっと前からラテン文字がとり入れられていた）、徹底的に、しかも一挙に二四文字のアルファベットが一六文字に減少するにもかかわらず、母音変異をはじめとするさまざまな現象によって新しい音素が増え、古ノルド語が音声学的にいっそう充実することである。これら二つの現象の時期が一致していることは断じて無視すべきではない。別のいい方をすれば、言語の新たなニーズに応えるためにアルファベットを増やしたほうがよいと思われる時期に、逆にその三分の一を減らし、徹底的に単純化してしまう。

この現象については、まだ論議がしつくされていない。私は別の著書で、ヴァイキングはなによりもまず商人であり、略奪者となったのは好機がおとずれたときに限ることをくわしく述べた[九]。この説に即していうなら、アルファベットが減少したのはおそらく速記のためなのだろう。商人としてのヴァイキングにとって、「顧客」や「商品供給者」と容易に意志が通じあえることが必要だった。そのためにかれらはこの速記用字体を作り上げたのである。この説にとってもっとも有力な根拠となるのは、対応関係にある二文字をあらわすのに同じひとつの文字が用いられていることである（たとえばkとg、pとb、tとdは、それぞれただひとつの文字であらわされる。それは、だれもが取り違えて、eとi、oとouなど似通った

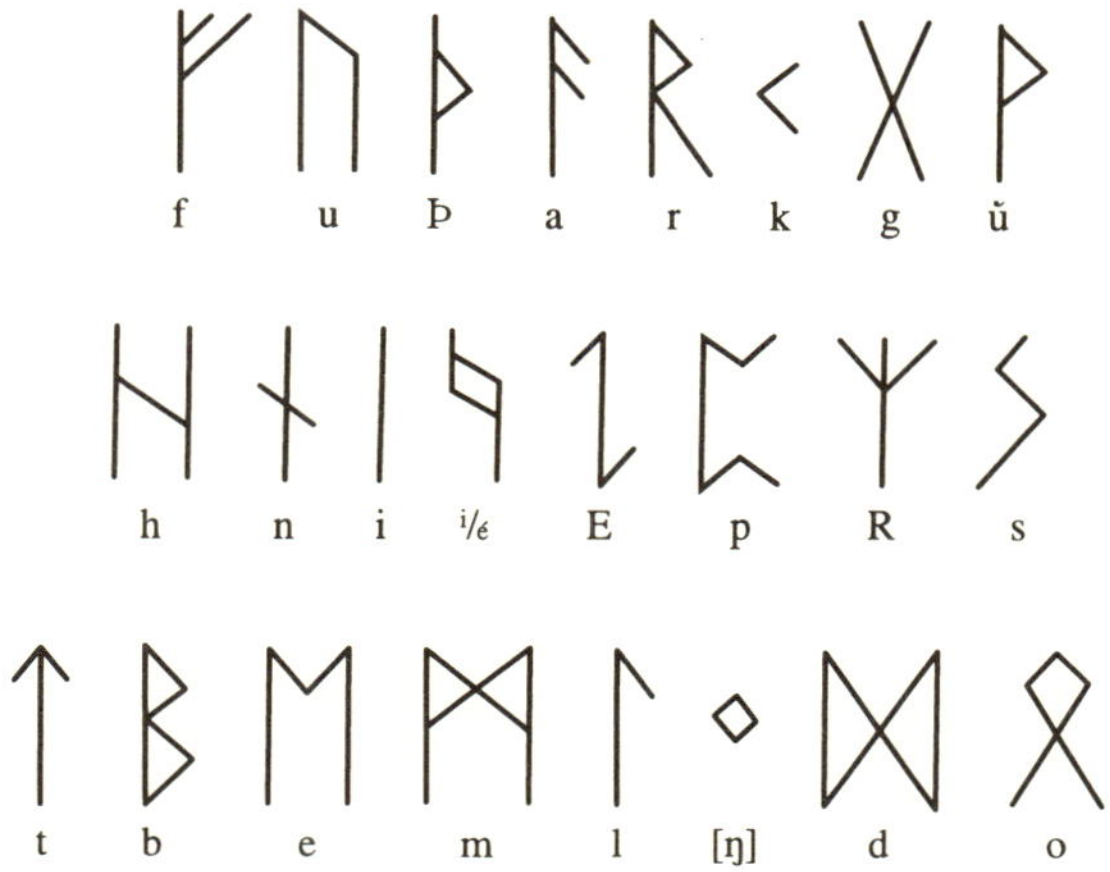

古いフサルク

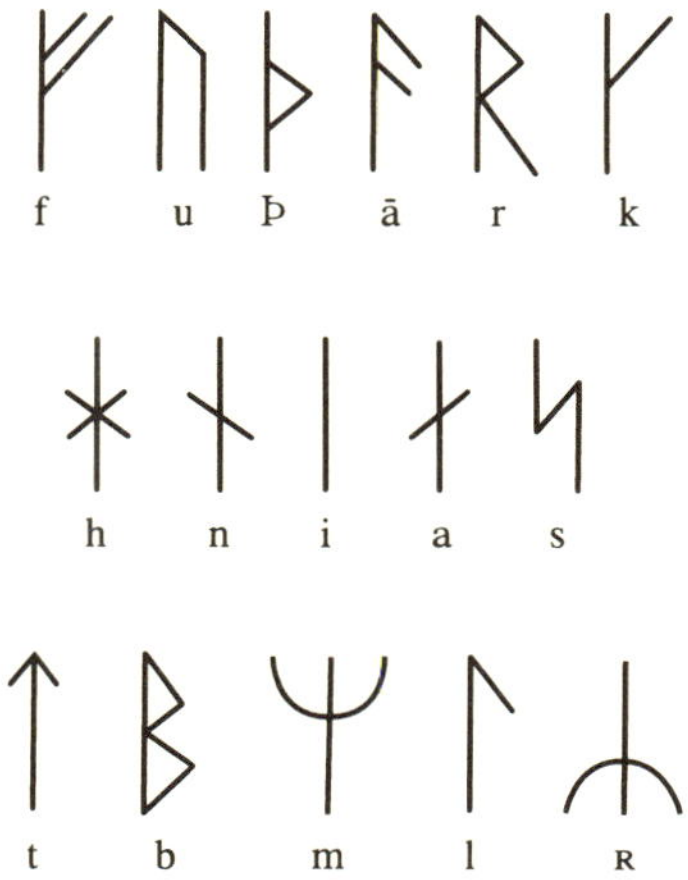

新しいフサルク（もっとも普及していたいわゆるデンマーク型）

母音が同化してひとつになるのと似ている)。もっとも、この説を裏づけてくれるような、商業にかかわる文言がまったく発見されていないことも事実なのだが。

そのままでルーン碑銘文は、往々にして北欧の人びとの異教慣行に光を投げかけてくれる。ソールや、ファーヴニル殺しのシグルズに触れているものもあれば、まざまざと呪術的な儀式を伝えているものもある。たとえばノルウェーのウルネスでは、なんとキリスト教司祭がつぎのような文章を刻んだ小さな板を教会の床の下に隠した。「司祭アールニはインガをものにしたいと望んでいる」。オージンスカルという人物を追悼する碑文(デンマークのゲルレウ)の場合だと、「汝の墓を大いに楽しみたまえ」と祈願する言葉で締めくくられている。これは、死という新しい状態において汝が幸福であり、生者の世界に幽霊となって戻ってくることがないように、と解される。つまり呪文である。家族が死者を讃える例もある。「かれほど名家に生まれた者はまれである」(デンマークのトリュグヴェレ)。あるいはほんとうにきわめてまれな、それだけに感動的な例もある。「ギュリズは夫をとても愛していた。どうか嘆きの歌が夫の想い出を守ってくれますように」(スウェーデンのベルスタ)。これに呼応する例がスウェーデンのフレッケボにある。ボーンディ、ホルムガウトは妻オージンディースのために石を建立し、つぎのように刻ませた。「彼女ほど立派に農場の世話ができる主婦は、ハッスミュラに今後現れないであろう」。碑文は、われわれにとって貴重な法律や行政に関する細かな事柄、たとえば所有する農地の境界を画定する標識でもあろう。すでに引用したスウェーデンのヒレルスイェの碑文は、いくどか結婚した女性の相続をたしかなものにする法律文書である。スウェーデンのサンドショーの碑文をみてみよう。それは「アルンヴァルズは父ヘッギ、ヘッギの父ヘリ、ヘリの父カルル、カルルの父ヘリ、ヘリの父セグンのために、つまりこれら五人の父祖のためにこの石を建てさせた」と記している。いうまでもないが、ボーンディの多彩な活動とその資質については、碑文を用いて系統的に調査することができる。たとえば、ゴトランド島のステンクムラにある何某（損傷のため名前不詳）のための碑文には、「かれは南方で皮革売りに従事した」とある。とはいえ、そのきわめつけはヤルラバンキである。じつをいうと、かれはウップサラからそう遠くないスウェーデンのテービュの人で、ヴァイキング時代よりあとに生きた。かれを偲ぶ石碑は十六基あり、そのうちいくつかは惜しみない賛辞を贈っている。かれは地域全体を所有し、慈善活動に身を捧げ（当時はキリスト教時代である）、シングの場所を定めた。それらの碑文の内容があまり謙遜したものでないことはたしかだ。「（かれは）存命中、自分自身とシングの場所を記念して、この石を建てさせた。かれはひとりでこの地域全体を所有していた」。

それはさておき、たくさんのルーン碑銘文が残されており、その多くは石碑である。それらは一般に、故人の追悼を目的としており、ほとんどありとあらゆるテーマを、簡潔な文体でとりあげている。ルーンの碑銘文については、これまで周到な研究がおこなわれてきたが（一〇）、ここでは以上に示したことに加えて、研究の概略について簡単にみておこう。周知のように、ルーン碑銘文はヴァイキングの手になる唯一の「書かれた記録」だからである。

ルーン文字はたいていの場合、自分の尾に噛みついている図柄の蛇の身体に書かれたり、装飾文様や神話・伝説の一場面が描かれた周囲に刻まれている。まず着目すべきは、このようにみごとに仕上げられた碑文はそれ自体、まちがいなく芸術的価値を帯びていることである。ルーン石碑には傑作がある。たとえばラムスンド岩には、シグルズ英雄叙事詩群の中心的エピソードである龍ファーヴニルの殺害場面が描かれているし、スウェーデンのウップランドのアルトゥーナの石碑には、その他の文様にまじって、大蛇ミズガルズを釣りあげようとするソールが描かれている。当初、刻印された字は赤い顔料や黒い煤《すす》を塗られ、美しい外観を呈していたにちがいない。ヴァイキングが知っていて、使用していたのは、まぎれもなく新しいフサルクによるルーン文字である。この文字を刻み、読み、解読することは、たしかにだれにでもできることではなかった。ヤール・ログンヴァルドが自慢するのももっともなのである。彫り師の「流派」とでもよぶべきものがあったこともたしかであり、各流派は容易に識別することができる。また、碑文の終わりに、彫り師が誇らしげに自分の名を刻んでいることも非常に多い。たとえば、オークニー諸島のマイスホーヴェの石碑にはこう記されている。「これらのルーン文字を刻んだのは、ブリテン諸島きってのルーンの知識に精通した者である」と。なんどもいうように、これらの史料を無視すべきではない。ルーン碑銘文はヴァイキング自身の手になる数少ない史料のひとつなのだから。今後は、S・B・F・ヤンソンがおこなっているような包括的な研究がなされるべきであろう——もっともかれにしても、これまでスウェーデンのルーン碑銘文にしか関心を払ってこなかったのだが——。そうすれば、ルーン碑銘文が戦闘や戦場での武勲、それも一般に、外国人相手よりも、むしろスカンディナヴィア人どうしのものを物語っていることがあきらかとなろう。スウェーデンのトゥーナでは興味深い専門用語が使われている事例もみられる。これは「ハーラル王のスキパリだった」オーズルという人物を偲んでいる。このハーラルなる人物は、おそらく本書でしばしばとりあげた苛烈王のことであろうが、ここで重要なのは「スキパリ(skipari)」という語で、これは「船長」を意味しているのだろうか。ヴァイキングがたどった道筋や遠征、とくに西方ルートと東方ルートについて、しばしば貴重な情報が得られる。たとえば、ホールム石（スウェーデンのチュストベルイャ石）にはこう刻まれている。

「かれは長いあいだ西方にいた。（かれらは）イングヴァルとともに東方で死んだ」。

ゴトランド島のショーンヘムの石碑にはラトビアのことが記されており、「追放されて死んだ」との刻文が捧げられている不詳の人物は、ラトビア沿岸のヴェンツピルス（ドイツ語名はヴィンダウ）に出かけたことがある。これにたいし、スウェーデンのネーベルシェーではグンケルという人物が、兄弟ヘルギが「イングランドのバースで石棺の中に葬った」父グンナルを偲んでいる。またスウェーデンのウップランドのシュスタには、スピャルブジを悼む言葉として「かれはホールムガルズのオーラヴ教会で殺された」と刻まれている。つまり、ノヴゴロドの聖オーラヴ教会のことであり、それが非常に名高かったことが知られる。

スカンディナヴィアの異教についても有益な詳細がわかる。ノルウェーのボルグンの教会でつぎのような内容の碑文が発見されている。「ソーリルはオーラヴのミサの日（したがって七月二十九日である。また、この刻文はキリスト教時代のものということになるが、おそらく西暦一〇〇〇年からあまりたっていない時期に属する）、この地を通過する際に、これらのルーン文字を刻んだ」。「ノルンたちは善も悪ももたらす。彼女らは私にひどい被害をもたらした」。興味津々たるものに出会うこともある。たとえば『韻文エッダ』の「シグルドリーヴァの歌」では、さまざまなルーン字母が列挙され、それぞれ、たとえば勝利を与え、病を癒し、ビールの発酵をうながす等々と信じられている。ベルゲンでは最近一本の杖が発見されたが、それにはこう記されていた。「私は病を癒すルーンを刻む。私は（危険から）身を守ってくれるルーンを刻む。最初はアールヴたちのために。つぎはトロールたちのために。三度目はスルスたちのために」。「トロール」は原初の巨人ないし鬼のことであり、「スルス」とは別の範疇に属する魔物であることが思いだされよう。なかには文明とよぶべき、きわめて興味深い細かな事柄を伝えているものもある。デンマークのオールムの碑文にはこうある。「ヴィゴットは息子エースギのためにこの石を建てた。神よかれの魂をお救いください。ヴィゴットの妻ソルヴィは、いとこシッビの息子ソルビョルンのためにこの石を建てた。彼女はかれを自分の息子以上に愛していた」。命名の仕方についてはすでに述べたとおりである。スウェーデンのイェーローセーの碑文をみてみよう。「ウンヌールヴとヒョルヴァルは、フレイズールヴの息子であるかれらの父デュリと、ヴィクスタのヒョルヴァルの娘であるかれらの母ホルンラウグのために石を建てた」。つまりウンヌールヴ（Unnúlfr）はフレイズールヴ（Hreiðúlfr）の孫であり、ヒョルヴァルには母方の祖父の名がつけられている。ノルウェーのリンゲリーケ地方のアルスタの碑文には、長い婚礼の儀式のうちもっとも重要な「嫁入り（brúðferð, brúðför, brúðlaup）」に直接言及している。すでに序章で触れたように、これは花婿が花嫁を自分の家に連れていくことである。「ヨールンはエル（ビール）のアールニのためにこの石を建てた。かれ（アールニ）は結婚のために彼女（ヨールン）の手をとって、リンゲリーケ地方からヴェーのエルヴェスタへと連れていった」。「オーダル」という語の意味についてはすでに知っている。これは「家族（エット）のもとにとどまるべき財産（フェー）」を意味する「エッタルフェー」と同義語である。以下はスウェーデンのウップランドのノーラの碑文で語られている事柄である。ビョルンという人物が兄弟オーレイヴのために石を建てた。オーレイヴは「フィンヘデンで裏切られた」（この文言が何を意味しているのか、あまりよくわからない）。「この地所（もしくは農場）はかれら（ビョルンとオーレイヴ）の不分割の相続財産（オーダル）であり、家族の財産（エッタルフェー）である」。

　サガをいたずらに鈍重にする冗長な系譜を目にするとき、読者も不平をいいたくなるかもしれない。それでもスウェーデンのヘルシングランド地方にある、マルスタの石碑に刻まれたこの法律文書を読んでいただこう。「フレームンドは、ブレシの息子である有力者ギュルフィを偲んでこの石を建てた。ブレシはリーニの息子で、リーニはアウンの息子、アウンはオーフェイグの息子で、オーフェイグはソーリルの息子である。グローアは富裕なギュルフィの母であり、第二子にラズヴェーを、第三子にグズルーンを産んだ……」。つまり、なんと六世代にわたる系譜をならべたてている。つぎの碑文は一〇五〇年ごろのもので、土地の分割、つまりシングのところで触れたような土地取引があったことを示している。「ヴァーリの息子たち、フィンとスカプティは土地を分割した際に、この石を建てた」。ボーンディについて、これまで縷々《るる》述べてきたのは、かれらこそ真のヴァイキングであり、いってみればこの社会の理想であったからである。スウェーデンのスモーランド地方のレールブローの碑文には、いわばその全体像が述べられている。

「かれほど不名誉なことができない人間はいなかった。かれは喜んで食べ物を与えたが、憎しみは好まなかった。かれは誠実なよき仲間で、神にたいする信仰心も厚かった」。

これはキリスト教時代の碑文であり、最後の行がこの時代を示している。けれども、エイヴィンド――これはこの碑文が捧げられた人物の名である――の長所としてここに列挙されている事柄が、ボーンディの理想と一致していることはたしかだ。つぎに引用するのはデンマークのオーフスの碑文である。これは本書でなんどもくわしく説明した諸観念、たとえばフェーラグの観念をあかしてくれる。「トスティとホヴィとフレイビョルンは、かれらのフェーラギ、オーズル・サクシを偲んでこの石を建てた。勇猛果敢なかれは、いささかの不名誉（ここには、すでにおなじみのニージングという言葉が使われている）もまとうことなく死んだ。かれはアルニと船を共有していた」。つまり、フェーラグ（財産を共有にすること）

とフェーラギ（フェーラグの参加者もしくは仲間）の観念も、船がフェーラグの目的となっていることも示されているのである。

つぎに、スウェーデンのエーランド島のカルレヴィにある名高い碑文をあげておこう。これはフォルダルの息子である「ゴジ」のシッビという人物を讃えて作られた、ドロットクヴェット*（この語については後述する）の型による完璧な詩文の技巧と精妙な表現をあますところなく伝えているからである。

「この塚に寂然《じゃくねん》と横たわるは、知らざる人なき武勲《いさおし》高き戦士なり。戦車の神ヴィズルといえども、エンディルの広き大地の恵み深き朋輩（デンマーク）を、かくも盤石《ばんじゃく》の力もて統べるあたわず」。

これはまぎれもないスカールド詩であり、その技法はすべて守られている。なかでもケンニング（隠喩による婉曲法）が駆使されており、戦士は「ソールの娘の剣の脅威」、オージンは「戦車の神ヴィズル」、海は「エンディル（海の神）の広き大地」と表現されている。

この事例は多くのことを物語っている。ここに用いられている表現形式は、声高らかに詠いあげるなら、ただちに音楽的な価値を帯びる。ちなみに、まだわれわれの記憶に新しいかのヤール・ログンヴァルドは、スミズ（鍛冶師）としての活動――これについてはあとで検討する――、「読む」知識、そして運動能力について述べたあと、「詩人」としての活動に触れている。だから、つぎにこの点をとりあげるべきであろう。ただちに思いおこされるのは、ヴァイキングの詩について述べることといえば、ルーン碑文にみえるいくつかの詩的いいまわし、偉大なエッダ詩――とりわけ最古のもの――、そしてスカールド詩の宝庫に限られることである。ログンヴァルドは、たしかにこのことをほのめかそうとしたのだ。あえていえば、それで十分である。なぜなら古スカンディナヴィアの詩は、その出現の瞬間に、ほとんど完成の域に達し

ていたように思えるからである。（一一）

ゲルマン人はあきらかに当初から、頭韻法、強勢化（周知のとおり、北欧諸語は非常に強いアクセントの付け方をする）、長音節と短音節が交互にくることを基調とする特殊な形式の詩を知っていた。これらの技法は、すでにゲルマン「長詩」とよばれる詩のなかにあらわれているが、伝わっている実例はきわめて少ない。スカンディナヴィア人、あるいはもっと正確にいうとアイスランド人が、ゲルマーニアの古い詩の伝統という貴重な宝を羊皮紙に書き記したのだろうか。これはある種の謎であり、「アイスランドの奇跡」を語らずして解かれることはない。もっとも、注意しなければならないが、羊皮紙に記されるようになるのは、どんなに早くても十二世紀中ごろ以前にさかのぼることはありえないのだから、もはやヴァイキングとは関係がない。そのことは本書の序章で述べたとおりである。ログンヴァルドが短詩を作れることを自慢したとき、もはやヴァイキングとして語っているのではない。まさに十二世紀初頭の、つまりラグナル・ロズブローク（一二）やその最後の同類たちが死んでから二、三世代あとの、オークニー諸島のヤールとして語っているのだ。

あらゆる点から考えて、おそらくいくつかの詩としての本性からくる原則——語頭音の反復、ある一定のリズムの追求、アクセントの考慮——が、当初からルーンの文体構成を支配していたのであろう。デンマークのヘルネスにみられる形式はヴァイキング時代初頭のものであるが、驚くべきことにすでに「音楽的」な特徴をもつ。つまり、有声母音と子音が結びつき、そこにアクセントがおかれることが非常に多い。この文章は、甥グズムンドを偲んで石をひとつ建てたゴジ・フロールヴにかかわる。グズムンドは乗組員とともに溺死したと思われる。「岬（ネス）のゴジであるフロールヴは、甥グズムンドを偲んでこの石を建てた。（かれらは）溺死した……（一三）」。

もう少し洗練されたものもある。デューレフォシュの石碑（スウェーデン、十一世紀）にはこう刻まれている。

Hann austarla
arði barði ok i
langabarðilandi
andaðis.

「東方にて、かれはへさきで（海を）耕した。そしてランゴバルド人の国で死んだ」。

「arði（アルジ）」、「andi（アンディ）」という音の響きに気づかされるであろう。これよりさらに驚かされるのは、ヴァレントゥーナの碑文（スウェーデン、十一世紀）である。ある学者によれば、碑文の各行末の語の音数がしだいに減少していく（行末の語を大文字で示した）。そこには、こう刻まれている。

Hann drunknaði á hólms hAFI
skreið knörr hans i kAF
þrir einir kvómu AF

「かれはホールムの海で溺死した。／かれのクノール船はまっさかさまに海底に滑り落ちた。／助かったのは三人だけだった」。

つぎにあげるスウェーデンのシグトゥーナの銅製の丸い小箱は、十一世紀初頭の、つまりヴァイキング時代さなかのものであるが、そこに刻まれた銘文がスカールド詩の原則にかなっているとしても、驚くにはあたらない。

fugl vœlva slœit falvan
fann'k gauk a nas auka

「鳥が（恐怖で）蒼ざめた盗人をひき裂くように。死体の上の郭公《かっこう》が丸々と肥え太っているのを私は見た」。

これは、ありうべき盗人にたいする呪いの常套句である。ここには「f」による頭韻法（fann'k, falvan, fugl）と、私が「綴りの反復」とよぶもの（œl-al, auk-auk）が用いられているのがわかる。

さらにもうひとつ、事例をあげておこう。それは『韻文エッダ』の至宝、「巫女の予言」の第三節である。

Ar vas alda
þat er ekki var,
vara sandr né sœr
né svalar unnir;
iörð fanns œva

né upphiminn,
gap var ginnunga,
en gras hvergi.

「その昔、／何もなかった。／砂も、海も、／冷たい波も。／大地も、／天空もなかった。／虚空が大きく口をあけ、／草はどこにもなかった」。

ここには三拍子の頭韻法（たとえば、三行目と四行目の svalar-sandr-sœr、最後の二行の gras-gap-ginnunga）が用いられ、音節とアクセントが考慮されているのがよくわかる。けれども全体としては、これから述べるスカールド詩よりずっと簡単で、直接語りかける文章スタイルにむいている。

それでは、スカールド詩を手短に検討していくことにしよう。スカールド詩は八世紀ごろ、バルト海沿岸で生まれたと思われるが、またたく間にスカンディナヴィア人の得意分野のひとつになった。やがてアイスランド人が、おそらくはノルウェーを模範として、詩界における独占的地位を占める。問題はこの詩が複雑なことであり、簡潔な紹介にはなじまない。ここでは重要な点をいくつか述べるにとどめる。[一四] スカールド詩の起源の問題は、頭韻法を基調とする大陸ゲルマンの「長詩」に源を発しているということで、今のところ決着がついている。呪術が起源だとする考えについて、私はすでに否定的見解を示した。ただし確認したように、必要とあらば秘儀的な目的にもしばしば用いられた。スカールド詩のいいまわしや語彙に難解さが必要とされたのは、そのためなのだろう。『スノッリのエッダ』は、詩作に関する一種の手引書で、われわれが必要とする手がかりをすべて提供してくれる。スカールド詩にはいくら関心をもっても、もちすぎることはないであろう。エッダ詩とともに、スカールド詩もまちがいなくヴァイキングの作品だからである。スカールド詩が何にもまして語っているのはヴァイキングのことであり、かれらの航海、偉業、心情である。これは「宮廷」詩であったが、この「宮廷」という表現は控えめに受けとるべきである。「宮廷」という概念は、当時の北欧社会には存在しなかったからである。むしろスカールド、つまりおかかえの詩人がヤールや王といった首長をとりまいていたというべきであろう。スカールド詩人がしかとその身に担っていた役割は、かれらの偉業を、定式化されたつぎのようなやり方で賛美することにあった。「われはだれそれを讃える。かれはこれこれのことをなしとげ、鴉《からす》に餌を与え、黄金の輪を分け与えた」。したがって、注目すべき例外はあるにせよ（たとえば、エギル・スカッラグリームスソンの「息子を悼む」などがそれで、これは『エギル・スカッラグリームスソンのサガ』に収録されている）(一五)、スカールド詩も、中世のほとんどの詩と同じく注文により作られている。また総じて、関心は作品の中味ではなく、技巧にむけられている。いま、「総じて」としかいわなかったのは、エッダ詩やずっとあとの時代のサガとは異なり、かならずしも作者不詳ではないところがスカールド詩の特性のひとつであり、しかもわれわれにとってありがたいことに、歴史的事件や作者の個人的感情をほのめかしていることもあるからだ。

　スカールド詩人の技法は、えもいわれぬ妙技であって、実際、西欧の詩でこれほど知的に作り上げられたものはなかったと断言しても、あながち根拠のないことではない。こういえば驚かれるかもしれないが、明白な事実であり、平静に受け入れるべきである。スカールド詩の要点をいえば、厳密な意味での作詩法、語彙、統辞法の極端に制約的な規則にもとづくものなのである。スノッリ・ストゥルルソンは、『散文エッダ』で百例もの韻律をかぞえあげている。そのうちもっとも名高い「ドロットクヴェット」つまりドロット韻律を例にとろう（「ドロット」*は首長の親衛隊、従士団を意味する。のちにこの語にかえて、アングロ・サクソン語からの借用語「ヒルズ」が用いられるようになる)。この韻律については、さきほどシッビという人物に関する碑文で例示した。つぎの詩節をご覧いただきたい。というのは、この詩は当時の独創性のひとつとされる詩節によって構成されているからである。詩節は八行、つまり四×二という形式をとる。詩節の半分(ヘルミング)は、それぞれ意味と統辞法においてひとつのまとまりを構成し、内容的には後半部分は前半部分をくりかえす。この詩は比較的簡単で、すでに触れたエギル・スカッラグリームスソンの作とされている。かれがこれを吟じたのは、なんと六歳のときであったという。

þat mælti min móðir,
at mér skyldi kaupa
fley ok fagrar árar,
fara á brott með víkingum,
standa upp i stafny,
stýra dyrum knerri,
halda svá til hafnar,
höggva mann ok annan.

「母は私にこういった。/船ときれいな櫂を/お前に買ってあげよう。/ヴァイキングとともに船出して、/へさきに立ち、/高価なクノール船の舵をとれるように。/港に着いたら、/つぎつぎと相手をうち倒せるように」。

各行には、おおむね六つの音節が含まれており、そのうち三つにアクセントがある。ここで重要なのは、二行ずつが対になっており、行頭にある語の子音ないし母音どうしが頭韻を踏んでいることである（母音はすべてたがいに頭韻を踏んでいる）。「鍵」は、各偶数行の最初のアクセントにある。これと同じアクセントが、その前の奇数行にも二つあり、それら三つはたがいに共鳴している（**mér-mœlti-móðir** の「m」、**fara-fley-fagrar** の「f」、**stýra-standa-stafni** の「st」、**höggva-halda-hafnar** の「h」がある音節にアクセントがおかれている）。すべての行には「綴りの反復」がみられる。たとえば六行目の **dyrum** と **knerri** の **yr-err**、八行目の **mann** と **annan** の **an-an** というように、母音が何であれ、母音のあとに同じ子音がくりかえされている。作者が子供であることを忘れてはならない。詩の規則にたいして、ここにいくつかの破格がみられるのはそのためである。さらに、長音節と短音節が交互にきており、望ましい「脚韻」、というより半諧音（母音反復。ここでは a、i）もあるが、これ以上立ち入らない。すでに述べたように、最小限のことにとどめておく。なぜなら、このサガの後続部分で、おそらくはアイスランドが生んだ最大のスカールド詩人エギルが、まことにすばらしい妙技を披露しているからである。

それでも、好奇心旺盛な読者には、しばしつぎの半節詩に含まれている技巧のいくつかを味わっていただこう。これは、アイスランドのスカーラホルトの司教クレングの作とされ、船旅のさまを詠ったものらしい。各行に「綴りの反復」が二つずつ含まれている（ここでは太字で示す）。

b**AÐ**k sveit á gl**AÐ** geitis
gör's **IÐ** at för t**IÐ**um
drögum h**EST** a lög l**EST**a

lid flÝTr, en skrið nÝTum.

「しばしば私は荒波の駿馬（＝船）に乗るよう、人びとをよび集めた。旅の準備が進められる。荷を積んだ馬（＝船）が海の方へと引かれていく。船が浮かべられる。いざ楽しまん、高速の航海を」。

語順についても触れておこう。語尾変化や動詞の活用により屈折の激しい言語では、語順はきわめて自由である。聖オーラヴの親しい友であったシグヴァット・ソールザルソンは王の死を悼んで、こう語る。

Hȧ þȯtti mér hlueja
höll um Nȯreg allan —
fyrr var ek kenndr ȧ knörrum —
klif meðan Ȯlȧfr lifði;
nú þykki mér miklu
— mitt strið er svȧ-hliðir,
jöfurs hylli varð ek alla,
ȯbliðari siðan.

「海からは、そそり立つ断崖が、ノルウェーすべてが微笑みかけているように見えたものだ――かつては私はクノール船を巧みに操ることができた――オーラヴが生きていたあいだは――。あれから、断崖が私の目を楽しませてくれることはめったにない。それほどまでに私の悲しみは深い。王の寵愛を一身に受けていたわが身なれば」。

頭韻法、アクセントの付け方、綴りの反復、長音節と短音節が交互にくることについては、ここではもうくりかえさない。この詩をありうべき正しい語順で示せばつぎのようになろう。**Há höll klifþótti mér hlœja um Nóreg allan — ek var kenndr fyrr á knörrum — meðan Óláfr lifði; síðan hlíðir þykki mér nú miklu óblíðari — mitt stríð er svá — ek varð alla hylli jöfurs.**

スカールド詩人はどのようにしてあのような詩を作ったのか、なにより、詩人は聴衆にどのように受け入れられたのか、あれこれ憶測を述べたてればきりがない。やすやすと、とはいわないまでも、かれらの詩は比較的容易に理解されたようである。聴衆が詩の朗唱を聴き、復唱し、そこに秘められた謎を解くにいたったことがいくつもの作品に示されている。音楽的な性質をもった朗法（朗唱の際、新しい節になるたびに声の調子が変化する）が、おそらく手がかりになっていたのであろう。ともあれ、数々の傑作を世に送りだし、それらの作品に耳をかたむけていた北欧の男女の文化水準は、くりかえしになるが高度であったのだ。皮肉でいうのではなく、司教クレングの半節詩を別にすれば、ここではきわめて単純な例しかとりあげていない。

それから、さきほどの例でみたように、韻律の技巧に語彙の凝りすぎがかさなっている。凝りすぎといったが、そもそも事物をそのままの名称でよんではならないというのが原則なのである。もとの名前は、さまざまな類義語（「ヘイティ」。この語は「命名すること」をあらわす）や、二つ以上の語を属格を用いてつなぎあわせる婉曲表現（「ケンニング」。これは「知識」をあらわす）によって置き換えねばならなかった。たとえば、「楯」はシナノキで作られることが多かったため「シナノキ」と、「船乗り」は海神エーギルがラーンの夫であったため「ラーンの夫の馬の騎手」と表現される。表現候補には無限のバラエティがあることがわかる。もとはといえば、それらはおそらく口にしてはならなかった言葉のかわりであって、芸術的な探求という側面しかみないのはいささか単純すぎよう。いくつもの音調が組み合わさることによって、どのような効果が得られるか、「戦士」をあらわすケンニング「**sára dynbáru svangreddir**」で味わっていただこう。**sár** は「傷」、**bára** は「波」、**dynr** は「騒がしい音」を意味している。したがって、**dynbára** ＝「騒がしい波音、轟音をとどろかす波音」、**sára dynbára** ＝「傷のとどろきわたる波音＝血」となる。**greddir** は「養う者」、**svanr** は「白鳥」。「傷の白鳥」＝鴉《からす》、「鴉を養う者」＝戦士になるというわけなのだ。

　芸術や手工業のところでもくりかえすことだが、つぎの点はいくら強調してもしすぎることはないであろう。それは、傑作とは、詩人が推敲に推敲をかさね、磨きをかけ、素材——詩の場合は言葉であるが、ほかの場合は金属であったり、木であったりする——のもつ技巧上の可能性を最大限に引き出すことによって生みだされるということである。いってみれば、詩人が関心を抱いているのは素材そのものではない。そうではなくて、その容れ物、つまりその素材がもつ潜在的な能力をほとんど極限まで引き出すことのできる方法なのである。

　ログンヴァルドが、詩に熟達していると自慢する際、思い浮かべているのは、そのようにして作られる短詩なのだろうか。それは大いにありうることである。現存しているかれの作品が、伝えられている形で十二世紀以前に成立することはまずありえないが、少なくとも内容的には、もっと古いことはたしかだ。そこから、少なくとも原理上は、かなり古くから口承が存在していたのではないかという問題が生じてくる。いかに最近の研究が、現存する形態の作品にラテン文学、ケルト文学、その他の範型を見つけようと躍起になったところで解決不可能な問題ではあるが。しばしば表現が難解なあれほど多くの詩を、かなり古い時代にまでさかのぼらせる必要があるのかどうか、わからない。難解な表現は、古いことのあかしであるかもしれないし、あるいは秘儀的なものを求めたためかもしれない。それでも私は、「聖オーラヴのサガ」で、ついでに触れられているつぎのような細かな事柄が気になる。王に死をもたらすことになるスティクレスタの会戦（一〇三〇年）のはじめに、当然のことのようにスカールド詩人ソルモーズは、仲間の戦意を高揚させるために「ビャルキの歌」を歌いだす。これは最高の技法が駆使された、すばらしいスカールド詩である。そこには、このサガの作者スノッリ・ストゥルルソンの即興とは思えない用法がみられる。それから、ほとんどすべてのサガに数多く盛り込まれている「独立小詩」――というより、むしろ即興詩というべきだが――についてであるが、物語の構成上、サガ作者によって作られた可能性はもちろんある。けれどもたいていの場合、物語に描かれている時代、つまりおおむね九、十世紀にさかのぼる可能性もあるのだ。なぜなら、スカールド詩人の技法のように複雑で入念に練り上げられたものがしぜんに生まれたとは、私にはとうてい考えられないからである。

ヤール・ログンヴァルドのうぬぼれを満足させるために、あまりに話が極端に走りすぎたようだ。基本は同じであるが、もっと簡単な形式の詩がある。それは『韻文エッダ』の偉大な諸作品としてあらわされるので、エッダ詩とよばれている。『韻文エッダ』の韻律は古歌謡のそれで、ほかに詩の韻律、話の韻律のヴァリエーションがあり、さらにはまた呪歌の韻律（ガルドル律）がある。つまり『エッダ』に収録されている詩には、主要な三通りの型がある。ここでつぎのことを思いおこそう。それは、『エッダ』（この語の意味は確実には定まっていない。「詩法」であるにちがいないが、それ以外の可能性を除外すべきではない）は十三世紀に編纂された詩集であるが、かなり古い時代のモデルにもとづいており――八世紀にさかのぼる作品もある――、古スカンディナヴィアとゲルマン世界全体のありとあらゆる偉大な神話詩、格言詩、呪文の詩、倫理的な詩、英雄詩が含まれていることである。

実際、『韻文エッダ』には神々にまつわる出来事や、かれらの所業が語られている。オージンについては、北欧の倫理を説明する際に触れた「高き者の言葉」、秘儀を伝えるすばらしい詩「グリームニルの歌」、かれとソールが古典的な罵詈雑言のいい争いをしている様子を描いた「ハールバルズの歌」がある。ソールについては、かれが神々のビールを醸造するための釜を探しに出かける「ヒュミルの歌」、女装して、やっとのことで自分のハンマーを奪いかえすのに成功する「スリュムの歌」があり、フレイについては、春の太陽神と芽吹く大地との恋愛の北欧版である「スキールニルの旅」がある。「悪」の神、というよりむしろ混乱をもたらす神ロキは、「ロキの口論」で神々や女神たちにさんざん侮辱と中傷の言葉を浴びせかけている。「ヴァフスルーズニルの歌」や「アルヴィースの歌」は、聖性についての知識を伝えているすぐれた作品である。すべては、ダンテの神曲を思わせるような一大絵巻、「巫女の予言」において最高潮に達する。そこには神々と人間の世界の起源からラグナレク（世界の終末）、それにつづく世界の再生にいたるまでの神話が、忘れがたいイメージでたどられている。一方、英雄詩は、英雄の典型である龍ファーヴニル殺しのシグルズ、かれとブリュンヒルドおよびグズルーンとの死にいたる運命的な愛、かれの原型であるヴォルンド（この神話では、ヴォルンドはすぐれた鍛冶師でもある）と二人のヘルギ（フンディング殺しのヘルギとヒョルヴァルズの息子ヘルギ）を中心にしたものであるが、ここでは除外しよう。すでに述べたように、北欧では英雄的行為とは、偉業をなしたり、普通の死すべき者には想像もつかないようなことを達成することではなかった。そうではなくて、この世界の重要な倫理的価値にたいして忠実であることが、英雄的であるとみなされた。比類のないこれらの傑作が、重苦しく、しばしば陰鬱な雰囲気を漂わせているのはそのためである。つまり、あれこれ理由を述べなくとも、これこそまさに英雄だと断言できる英雄、たとえばすばらしい偉業をなしとげた英雄が期待されていたのではない。人びとが期待していたのは、じつは、文書に書かれた外的な誓約より、むしろ自分自身で立てた誓いに誠実な英雄だったのである。

詩というひとつのジャンルについて、簡単にしか触れなかったが、お気づきのように、もっと深く検討することも可能であろう。しかし、ふたたびヤール・ログンヴァルドに話をもどそう。詩につづいて、かれは鍛冶師（スミズ）としての能力を自慢している。この「スミズ」という語と、それが実際にどのようなものであったのかはすでにくわしく検討したので、つぎの点だけを強調しておこう。それは、鍛冶工芸が高貴な人にふさわしからざる職業とみなされることはまったくなかったということである。夜、食後の団欒の際、手先の器用な男たちが木工、金属細工、皮革装飾、骨や牙の彫刻などに精を出している様子が目に浮かぶ。それに、この習慣の名残りはこんにちでもみられる。スカンディナヴィア人は日用用具を家庭で、楽しみとして作っている。この種の日用用具を現代のスウェーデン人はスレイド（ヘムスレイド）とよんでいる。そしてこのような習慣は「スカンディナヴィア・デザイン」のすばらしい実用品の数々を生みだし、他のヨーロッパ諸国の日常生活にまで入りこんでいる。当時の北欧の日用品はみごとなできばえで、かつ、くりかえしになるが、非常に機能的であった。それらの傑作を心ゆくまで味わうには、北欧諸国の歴史博物館のひとつを訪れれば十分である。ただし、木、金属、皮革、牙の加工技術は、それぞれかなり異なっており、この点については専門家によりすぐれた研究がなされている。驚くべきことは、多くの場合、ひとりの人間がどんな手仕事でも同じようにこなせたことだ。すでに述べたように、北欧は当時も夏は日が長く、冬は延々とつづいたからである。そのため、たしかに自由な時間にはこと欠かなかった。とはいえ、すでにみたように、その間もさまざまな家庭内の雑事に追われていたのであり、男女を問わずその最たるものが機織りだった。また、船の建造も一日で片がつくような仕事ではなかった。交通や日常の仕事に欠かせない、さまざまな手段・道具の製作についても事情は同じである。食糧や衣服のような分野については、専門的な職業が存在しなかったことも忘れてはならない。各農場ないし農場集団は、自給自足で生活することをよぎなくされていたのであり、そこでは家長が肉屋、パン屋、仕立て屋、皮革職人、森林管理人などになったのである。しかし、だからといって自由な時間がなかったわけではない。余暇をかれらがどのようにすごしていたのかは、考古学や史料を用いて想像することができる。そのため、ログンヴァルドが列挙した順序を少し入れかえて、つぎに芸術と手工業について述べ、最後に音楽で話を締めくくることにしよう。

　他のあらゆる活動の場合と同様、これから検討する芸術と手工業の分野においても、ヴァイキングの芸術作品を羅列するのではなく、この種の活動がどのようにかれらの日常生活のなかに組み込まれていたかをあきらかにするのが本書の目的である。厳密な意味でのヴァイキング芸術と、その変遷に関する知識については、専門的な著述にゆだねよう[一六]。

　それでもやはり、全般的な留意点をいくつかあげておこう。これまでもそれとなく触れてきたことであるが、まず第一に、ヴァイキング芸術の本性は装飾と機能である。ここには芸術のための芸術はない。もっぱら芸術の領域と、美とは無縁のたんなる実用性の領域とがあるわけでもない。この上なく美しいブローチは、たとえ技巧のかぎりを尽くした作品であっても、所詮衣服の二枚の布をとめることを目的としている。逆に、携帯用の小さな鍛冶用の金敷であっても、その「先端部」にはあきらかに工夫の跡がみられる。こうしたことはすでに青銅器時代、あるいはもっと前の、かなり古い時代のものに顕著である。こんにち、好んで「スカンディナヴィア・デザイン」について語られるが、北欧文化がつねに美と実用性の両立を追求していたという点が忘れられている。それはおそらく、自由な時間が豊富にあったことにも関係しよう。けれども、とりわけ、どの活動分野においても感じられる秩序と精緻さにたいする嗜好のなせるわざであったと私は考えている。

第二に、ヴァイキングの芸術の基本原則は、動きとダイナミズムにある。J・グラハム・キャンベルはその力強さ、生命力について述べている。まさしく然りである。研究者は七五〇年から一一〇〇年にかけて継起する諸「様式」（ただし、これらの様式の年代はたがいに一部重複している）をつぎのように区分する。

七五〇〜八五〇　ブロア様式またはオーセベル様式
八三〇〜九七〇　ボッレ様式
八八〇〜九九〇　イェリング様式
九五〇〜一〇一〇　マメン様式
九八〇〜一〇八〇　リンゲリーケ様式
一〇四〇〜一一五〇　ウルネス様式（一七）

これらの様式に静的なモチーフがまったくないことに、観察者は驚かされる。それらのあいだには、ひとつのみごとな連続性がみてとれる。つまり、どの様式にも動いている動物、たとえば昔の分類法でいえば有名な「つかみ獣」などが描かれているのである。それらの動物は想像を絶するほど絡みあい曲がりくねり、ときには体の輪郭をたどるのがほとんど不可能なほどである。この傾向は一貫してみられる特徴であり、少なくとも五世紀から登場する。

細かな点にも簡単に触れておこう。最初のブロア様式（ブロアはゴトランド島の遺跡）とよばれるものからして、しばしば見分けるのが困難なほど高度に様式化された動物文様である。これは、じつは「つかみ獣」の最初のヴァリエーションで、ここからやがて無数のヴァリエーションが生みだされていく。また、この文様が木材や金属に刻まれている点にも注意しよう。さきほど表に示した諸様式（じつをいうと、すべての研究者がこの表に賛同しているわけではない。ノルウェーのベルダルでなされた発見により、ヴァイキング時代の最初期の様式として、ベルダル様式をつけ加える研究者もある）は、ひとつの様式が継続的に洗練の度を加えていったにすぎないといってもよい。その間、まったくの新機軸が生みだされることはほとんどなく、たとえば植物装飾文様が登場するのは、もっとあとになってからである。もっとも、カロリング期に起源するアカンサスの葉の文様が九世紀に北欧に伝わっていたことは、マメン様式の出土品によって証明されるのだが。[一八] 金属や木材その他の素材に文様をほどこすというこうした特徴が、ヴァイキング時代以後も長く受け継がれていくことも着目すべきである。このことは、ウルネスのスターヴ式木造教会（十二世紀。板をすきまなく垂直に立てるという樽板式構造の教会）のみごとな装飾にたいしてなされた、綿密な調査によって裏づけられている。

同じく強調しておかなければならないのは、スカンディナヴィアと外部世界が相互に、たえず影響をおよぼしあっていたことであり、この点はヴァイキング時代の特徴となっている。そうした相互影響はたしかにすべての分野におよんでいるが、とくに芸術面に顕著である。たとえばケルト世界やスラヴ世界に北欧の芸術がおよぼした影響、あるいはその逆はたやすくみることができる。アイルランドのコングの十字架はその例である。一九八〇年ロンドンで開催されたような、ヴァイキングをテーマとするすばらしい展覧会の展示品目録をめくれば、スカンディナヴィアで出土したヴァイキング時代の数々の作品、たとえばアングロ・サクソンの装飾本、ブローチに再利用されたケルトの銘板、カロリング期の杯、ライン地方のガラス製品、首飾りや腕輪といったスラヴ製の銀装身具、ビザンティンの刺繍などがならんでいる[一九]。

第三に、北欧の芸術は現実主義と象徴性のあいだのバランスがうまくとれたとき、いつもそのピークをむかえる。このことは青銅器時代の岩石刻画にすでにあてはまり[二〇]、以後、変わることがない。オーセベル船とともに出土した数々の傑作、たとえば獣頭柱ほどそのことが如実に示されているものはないであろう。この獣頭柱は、その卓越した技量により「アカデミー会員」とあだ名された名工の作とされている。しかしそれでもかれは、装飾が作品の機能性や、木という素材が本来もっている特性に、その技量がまさってしまうようなことはしないのである。おそらくもっとも雄弁な例は、有名なセーデラーラの風見である。これは、もとはといえば船のマストの上についていたらしい。三角形の薄い金属板でできたこの風見には、彫金細工がほどこされており、目が慣れればすぐ、そこに龍の姿が描かれていることがわかる。あるいはルーン文字が刻まれた巨大な石も好例である。そこではルーンの彫り師は碑文を、それ自体芸術品となすことに成功している。極論すれば、ラムスンドやグリップスホルムのルーン石碑、あるいはルーン石碑の最高峰たるレーク石碑（ここには装飾文様がまったくなく、ルーンそのものによって際立っている）といった作品の美を鑑賞するのに、そこに刻まれたルーン文字の意味を知る必要はない。

スカンディナヴィアの大きな博物館には、いずれも数多くの傑作がみられる。それらの作品を生みだすには、時間、忍耐、そして抑制された節度のある情熱が必要だった。つまり、木という素材の性質や持ち味を生かしながら、信じがたいほど細かなところまで彫刻する（このことは、ヒュルレスタのスターブ式木造教会の有名な扉によって、こんにちもなおうかがい知ることができる。そこには、ファーヴニル殺しのシグルズの武勲の一部が描かれている）。作者の空想の動きにあわせて金属を切断し、彫刻し、溶接する。ゴトランド島の大きな絵画石にみられるように、でこぼこの石の枠内に装飾としてのモチーフを、あるいはそこに刻まれるルーン碑文に関係するモチーフを彫刻する。琥珀や獣骨の小片を研磨し、彫りこみ、はめ込んで、台に描かれた動物を正確に表現する。美しい斧の刃──私が考えているのはもちろん、マメン様式の戦斧である──を信じがたいほどの緻密さで象眼し、武器としての性質を保持しながらも、装飾により血なまぐさい側面が隠れるようにする。これらの技法をすべて、さらには各「流派」がその弟子にたたきこんだにちがいない教育について逐一話しだしたらきりがないであろう。(二二)

たしかに、ヴァイキングが「退屈する」ことがあったとは想像しにくい。家屋について述べた際、「スミジャ」をいささか強調しておいた。これは「鍛冶場」といってもよいが、実際にはこの建物であらゆる手工業活動が営まれていた。その重要性と実際の役割はもうおわかりであろう。じつをいえば当然のことだが、日常生活用品はさほど作られなかった。しかし、生活にうるおいを与えてくれるものではあったろう。ヴァイキングが接触のあったさまざまな土地から影響を受け、それをやすやすととり入れて、適合させていったことに愛好者はただ驚くしかない。たとえばさきほど触れたように、スラヴやアングロ・サクソンを源流とする、成熟した鑑定眼のみが識別しうる出土品、あるいはアイスランドのフラタトゥンガの彫刻された木のパネルがあげられよう。ビザンティン芸術がとり入れられているにはちがいないが、それをじつに素朴にうまく応用している。この幸運によってもたらされた素朴な味わいこそが作品の価値そのものを生みだしているのである。浅浮き彫り──その大部分はゴトランド島にある──を別にすれば、なぜかスカンディナヴィア人はほとんど石の彫刻をせず、植物文様が登場するのもかなりあとになってからなのだから、ますます驚くしかない。

ログンヴァルドの自慢話はまだ終わっていない。竪琴の演奏ができるとも述べているからである。当時の竪琴についての情報は、音楽一般についてと同じくあまりよくわかっていない。ルーズル（一種のアルペン・ホルン）についてはすでに述べた。太鼓はおおむね呪術との関連で話題になっており、英雄グンナルが蛇穴で奏でている（ただし、この伝説とオルフェウスのモチーフとの関連性については慎重を期するべきであろう）のはまさしく竪琴である。以上が音楽について知られているすべてである。けれども、さきほど示したように、韻律を強調する発声法についても、作詩法そのものについても、スカールド詩を歌い、叫び、唸《うな》るといった、音楽的なことに端を発している可能性は大いにある。また、すでに指摘したように、スカールド詩は呪術的なタイプの行為、たとえばニーズ、セイズ、恋の歌にもよく用いられた。事実、スカールド詩人の神オージンは、「叫ぶ神」とよばれている。こんにちのわれわれが考えるような「歌」ではなかったにしても、ヴァイキングの唸るような朗唱が「音楽的」法則にしたがったものであったと考えてもさしつかえない。ただし竪琴については、ログンヴァルドがまねようとしたのは、他の多くの活動と同じく大陸の宮廷風の慣習だったのではないだろうか。

残念ながら、音楽についていえることは以上がすべてである。たとえばスカールド詩の朗唱の際に用いられたかもしれない音楽を再構成しようと、いかに努力したところで、それはまったくのところ空想的試み以外のなにものでもない。わずかな例外はあるが、楽器や音楽についてはどんな種類の史料にも触れられていない。北欧文化のうち、音楽以外の芸術分野については頻繁に述べられているだけに、それが抜け落ちていることはなんとも理解しがたいところである。したがって、やはりヤール・ログンヴァルドは外国の技法を学んでいたのだと結論せざるをえない。かれは十二世紀のはじめに語っていることを忘れるべきではない。

むしろダンスや身ぶりに、ときとして研究の矛先をむけなければならないであろう。これらについてなら、もう少したしかなことがいえる。青銅器時代の岩石刻画、そしてとくにタキトゥスが、ゲルマン人のもとで宗教儀礼としてダンスの風習があったことを一致して認めている。九五〇年、ビザンティン皇帝コンスタンティン・ポルヒュロゲニトスは、クリスマスの日にヴァレーグ人が「ユール、ユール、ユール」と叫びながら、かれの前でダンスに熱中したと書き記している。中世のバラッド（デンマーク語でいまも「フォルケヴィーサー」*、つまり「民衆詩」とよばれる舞踏歌）は、おそらくフランス起源であるが、[二二]どうやら北欧にもっとも豊かな土壌を見つけたようである。『ストゥルルンガ・サガ』では、大豪族をからかう風刺の身ぶりさえ話題になっている。もちろん、これは悲劇的な結末をもたらすことになる。こうした身ぶりはかなり古い風習にさかのぼるにちがいない。その場面では、敵の親族の者たちが雌馬の体の各部分にたとえられているが、これ以上は不明である。

これまで娯楽と知的生活について述べてきた。もうひとつ観察者を驚かす特徴がある。それは、これら北欧の男女のきわめて旺盛な好奇心である。後世の研究者は、たとえばアイスランドが達成しえたすばらしい文化に目を見張る。そこでは実践されなかった分野や学問がみあたらないほどである。[二三]これはたしかに「アイスランドの奇跡」である。しかし同じ素質が、少なくともノルウェー人やスウェーデン人やデーン人になかったという理由はない。

私は、ヴァイキングをあの時代のある種の知識人であったとみなしていると批判されるかもしれない。だが、私はヴァイキングにたいするお定まりのイメージとまったく相反することを追い求めているのではない。このイメージが根本的にまちがっていることを読者に納得してもらいたかったのである。それはそれとして、幸運にも、盛大な婚礼の宴の模様が経過をおって克明に記録されている。[二四] 時は一一一九年、アイスランドのレイキャホーラルが舞台である。それゆえ、くりかえしになるが、ヴァイキング時代が終焉してからかなり年月が経過した、しかもおそらく中世スカンディナヴィア全体を代表するものではないアイスランドでの出来事である。その年の七月二十九日、二人の裕福で有力な大豪族、つまり大「ボーンディ」がたがいの子供を結婚させた。さきに述べた留保と、この盛大な宴が庶民階級とよばれる人びとには無縁であったことを踏まえても、この史料を読めば、そこで催された祝宴がいかに「知的」なものであったかに驚かされる。これより一世紀ばかり前にも、結婚の祝祭が同じように執りおこなわれたと考えていけない理由は何もない。

史料には、婚礼の宴（「宴」は「ヴェイスラ」とよばれる。この語とその用法についてはすでになんども触れた）の詳細が記されている。日付（夏の聖オーラヴの日）、場所、おもな招待客など。招待客が到着すると、参会者に席についてもらうのだが、これには細心の注意が払われた。北欧社会は上席権にきびしかったからである。だれの感情も害さないためには、かなりの手腕を要した。[二五] テーブルが前に置かれ、「ごちそうがふんだんに盛られた」皿と飲み物（「おいしい飲み物も欠けていなかった」）が並べられる。つぎに、人びとは乾杯する。この乾杯がだれに捧げられたのか、この史料は明示していないが、すでにみたように、こういう場合には偉大な祖先、もしくはキリストと聖人（当時はキリスト教時代になって一世紀以上経過している）にたいして、あるいはその両方にたいしてなされるものである。参会者は大いに飲み、舌が軽くなってくる。やがて、ここかしこで皮肉が頻繁に飛び交い、しかも辛辣になる。そして注目すべきことに、二行詩を用いて相手に皮肉を浴びせかける者もある。この二行詩は、スカールド詩のように手がこんではいないが、みごとなものである。このやりとりが潜在的な対立を悪化させ、激化させることになるのはいうまでもない。

レイキャホーラルの宴会の話をつづける前に、いまいちど脇道に逸れるのを許していただこう。宴会の最初に、参会者がとげのある言葉や多少なりともきわどい冗談をいいあっているのが史料からよくわかる。要するに、かれらはあからさまにたがいを笑い者にして楽しんでいる。これはユーモアであったのだと私は思いたい。ヴァイキングの生活のなかで、ユーモアはまちがいなく大きな比重を占めていたからである。皮肉というより、むしろユーモアなのだ。皮肉は冷淡で、純粋に理性的な帰結であるが、そういうものとしての皮肉は、かれらの心性のなかではほとんど理解されなかった。つまるところ、皮肉は頭だけの知的な遊びでしかない。けれどもユーモアはそうではない。ユーモアは全人格にかかわることを忘れてはならない。ユーモアは、わけのわからない精神的な規範にではなく、むしろ人間に訴える。それは距離をおいた、それが本来もっている危険から守られた反応なのである。どちらかといえば内向的で、寡黙で、自分の発言がおよぼしかねない影響に極端なほど用心深いかれらの気質に、ユーモアはまことにふさわしい。

しかもユーモアはルーン碑文にさえみられる。たとえばスウェーデンのヒュースビュー・リューフンドラの石はスヴェインを偲んで建てられ、神と聖母に「かれが受けるに値する以上に、かれの魂を救いたまえ」と祈願されている。追悼されている人物の名をもじった碑文もある。かれはオースパク（文字どおりの意味は「賢くない」である）という名で、碑文はかれを「あまり賢くない男」とよんでいる。さらにもうひとつ、おそらく新しい時代のキリスト教的背景をもつ聖職者の手になる碑文をみよう。かれはルーン文字を使って、ラテン語でなんと「エゴ・スム・ラピス（私は石である）」と刻んでいる。

けれども、ユーモアに関する最適の事例が見いだされるのは、やはりサガである。ここでは、よく引用されるものとかさならないように——もっとも、ユーモアというテーマを包括的に研究したものは嘆かわしいほど少ないが——「同時代のサガ」、とくにストゥルラ・ソールザルソンに関するサガから導き出せる特徴をいくつか示しておこう。このストゥルラはスノッリ・ストゥルルソンの甥である同名のストゥルラ・ソールザルソンではなく、スノッリら三人の大物兄弟の父である。かれはなにごとにつけても精彩に富んだ人物であったらしい。かれは娘婿のインギャルドに去勢羊を売ってくれと頼んだが、インギャルドはことわった。やがて羊たちは何者かによって盗まれてしまう。インギャルドはそのことを舅に告げ、援助を求めるため舅のもとへ赴く。ストゥルラは遠くにかれの姿をみとめて、こういう。「どうやら今日は、婿のインギャルドがわしに羊を売る気になったようだな」。あるとても寒い日、かれ（ストゥルラ）は配下の者たちに戦いの準備をさせる。その際にかれはこういう。「斧の柄を凍りつかないよう、しっかり握りしめておくといいぞ」。ストゥルラは、ひとりの女性ソルビョルグの執拗な憎しみにずっと悩まされてきた。彼女が死んだことがわかると、すぐかれはベッドに入ってしまい、だれとも話したがらない。心配する人びとにかれはこう答える。「あの女が死んだいま、その息子たちをいじめる理由がなくなってしまった」。『ストゥルルンガ・サガ』のなかのもうひとつの話では、ある札つきの高利貸しが敵対者に追われる。債務者のひとりが逃げるかれに追いつき、背中に一撃を加え、ここの肉をいくらで売る気かと聞く。かれは答える。「これまでの値段で」と。この種のものはいくらでもあげることができるが、偉大な古典的サガからも有名な事例をひとつとりあげよう。ハッルフレズは非常に偉大なスカールド詩人であるが、『ハッルフレズのサガ』では、ボーンディ、アーヴァルディの娘コルフィンナに恋いこがれている。乙女はこの恋にまんざらでもない様子だが、父親は、娘が富裕な隣人グリスと結婚することを望んでいる。グリスは結婚の条件を取り決めるため、アーヴァルディのところにやってくる。そこに突然（第四章で）ハッルフレズが現れ、その足でコルフィンナに会いにいく。かれは即座に、この浮気娘にかれなりのやり方で、つまり衆目の面前で膝に彼女を抱きよせて、かれの思いのたけを告白しはじめる。「かれはすぐそばに彼女を抱きよせた。ときおり口づけが交わされた」。

そのとき、グリスとそのほかの人びと（グリスが結婚の申込みと、その際提示する条件の証人として連れてきた者たち）が戸外に出てきた（つまり、かれらは母屋に招き入れられていた。そこを出て婦人の部屋を通っていくと、ちょうど目につくあたりにハッルフレズとコルフィンナがいたというわけである）。グリスはたずねる。「壁にもたれかかるように座っているあの二人、やけにいちゃついているが、いったいだれなんだい」。グリスは強度の近眼で、はっきりと見えなかったのである。

アーヴァルディは答える。「ハッルフレズと私の娘コルフィンナさ」。

グリスはたずねる。「いつも、二人はああなのかい」。

アーヴァルディはいう。「こんなことはよくあることだわい。まあ、この後始末はお前さんにまかせたよ。なんたって、あの娘はお前の将来の妻なんだから」。

最後にぜひとも『ギースリ・スールスソンのサガ』の一節をあげたい。ギースリはもっとも好感のもてる登場人物のひとりであり、またこんにちでいえばスポーツの花形選手のような存在である。かれは夜、床に伏しているときに、優柔不断な敵に襲われ深傷を負った。致命傷を受けたかれは「的はここだ」と叫び、それから果てるのである。

どうやらレイキャホーラルの婚礼の宴からかなり逸れてしまったようだ。話をもとにもどそう。

「そこには歓喜と大いなる喜びが、すばらしい楽しみとありとあらゆる種類の遊びがあった。ダンス（北欧語のダンスはフランス語の dans の借用語である。これを「ダンス」と訳出したが、かならずしもそういう意味であるとはかぎらない。さきほど触れた民衆詩である可能性も大いにある）も、レスリング（おなじみの「グリーマ」）も、物語の朗唱（sagnaskemtan「［公衆を前にした］サガの語り」、これについては後述）もあった。……スカールマルネスのフロールヴはヴァイキングのフレングヴィズのサガ、戦士王オーラヴのサガ、ベルセルク（野獣戦士）のスラーインが墓丘を破壊したしだい、そしてさらにフロームンド・グリプスソンのサガを語った。これらには多くの詩節も含まれていた。……最後にあげたサガはフロールヴ自身が編纂したものである。司祭インギムンドは多くの詩節を含んだバレイ島のスカールド詩人オルムのサガを語り、自分の作ったすばらしい詩で物語の最後を飾った。多くの賢人たちは、このサガを真実とみなした」。

この一節は、長いあいだ多くの研究者の注意を引きつけてきた。それはある種の総括であり、本章で検討してきた内容に沿った結論を与えてくれる。けれども、北欧社会で重んじられていた娯楽の全体像を与えているにすぎない。またヴァイキング時代のさなかにおける、この宴に匹敵するような宴を詳細に知ることは不可能だと思う。ヴァイキング時代の情報には重大な欠落が、つまりサガがなかったからである。本書の第二章をくりかえすことになるが、サガの成立はどんなに早くとも十二世紀初頭以前にさかのぼることは断じてありえない。その場合でも、「王のサガ」とよばれるものと、それにおそらく、最近の研究を信用するとすれば「伝説のサガ」とよばれるものしかない。このことを雄弁に物語っているのが、さきほどあげたレイキャホーラルの事例である。そこに列挙されているサガは、まさにそのたぐいであると思われる。つまり、サガはヴァイキングの知的活動には含まれない。けれどもこのことは、かれらがなんらかの物語の技法を修得していなかったことを意味しない。おそらく、たとえばサウトル（短編の物語）はその例である。これは、研究者が往々にして偉大なサガの「祖型」とみなしたがるもので、アイスランドの植民に関する書物をはじめ、さまざまな作品に頻繁に登場し、彩りを添えている。[二六] レイキャホーラルの事例に即していえば、そこに描かれている宴の進行において、（「多くの詩節を含んだ」）詩がそれ自体として、あるいは散文の物語を飾るために、重要な位置を与えられていることに驚かされる。素朴な質問をあえてすれば、今でもよいが、高い教養をもつとされる多くの社会で、盛大な結婚の宴で詩節を吟じたり、物語を朗唱する慣習が存在しているであろうか。

さて、これまでの諸章により、ヴァイキングについて文化と文明を語りうることが十分示されたと思う。これらの男女を野蛮人とみなすのはまったく馬鹿げている。こんにち、スカンディナヴィアのどの大きな博物館にも誇らしげに展示されている芸術的傑作を作り上げ、スカールド詩の構造に示されるような信じがたいまでの文学的偉業を達成したのはかれらである。クノール船をはじめとする技術面での傑作や、微細で手のこんだ大法典についてはいうまでもない。非常に有名な句「われらは敵の頭蓋骨で血を飲む」に、かれらの野蛮さのあかしをみようとする人がいる。けれども、そういう人は第一に、この文句のほんとうの表現を読んだことがないのである。ルノー・クランツの訳によれば、[二七] それはこういうことなのだ。「われらはまもなくビールを飲む。頭蓋骨の曲がりくねった枝で（つまり「牛の頭蓋骨の上に枝のごとく生えている角で作った角杯で」）」。第二に、そうした人はこの表現が含んだ巧妙に換喩された詩節を読み解く努力もしない。そして最後に、この句がどんなに早くとも十二世紀、つまり最後のヴァイキングの死よりずっとのちの時代の作品、「ラグナル・ロズブロークの死の歌」の一節であることを忘れているのである。われわれが無知であるがゆえに、あまりにも放恣に増殖させてしまったヴァイキングのイメージ、つまり好色で、淫らで、残虐非道な乱暴者といった「北欧の海賊」のイメージと手を切らなければならない。これらはアメリカ映画や浅薄な漫画によって手前勝手に育まれ、こんにちのヴァイキング神話の一部になっているが、馬鹿げていて話にならない(一八)。理解してもらいたいが、私は反対の極に立って、ヴァイキングを人道主義の鑑とか超人に見立てようとしているのではない(これまで、どちらの側にせよ、極端に走る見解に歯止めがかかったことはない。それでヴァイキング神話には、まったく例外的なことまで一般論として含まれてしまうのだ)。ヴァイキングに帰すべきものをヴァイキングに返してやること、私の意図はただそれだけなのである。

おわりに

序章で花嫁であったヘルガが、いまや五〇歳ほどになっていると想像してみよう。つまりいまは十一世紀への変わり目か、その少し前である。彼女はこれまで幸福で、すばらしい人生を歩んできた。運命の力は彼女につらくあたりはしなかった。彼女のたくさんの子供のうち、四人の息子と三人の娘の計七人が成長し、何人かはすでに「良縁に」恵まれている。彼女の夫ビョルンはなんども航海に出かけたにもかかわらず、いまでも健在である。かれは自分に誇りをもっている。なぜなら、この地で開墾地を広げつつ、西方ルート上の各地へ遠征に赴いたおかげで、多くの財産を築き上げたからである。急襲（ストランドホッグ）の準備が不十分で、ひどい目に会ったこともある。その爪跡は、かれのいうところによれば、「もはや乙女に接吻されることのない」裂けた唇にいまも残っている。けれども全体的にみれば、不平をこぼすにはあたらない。かれは地方的全国的なあらゆる法廷（「全国的」とはいっても、ランド［邦］レベルだが）に加わる重要人物であり、また、その富と血族によって大物となったのだった。

つまり、かれはサガに語られるにふさわしい（ソーグリグル）人物なのである。それは、かれが記念すべき数々の遠征――そのうちのひとつである北方ルートの遠征では、かれは獣皮と毛皮を求めて、こんにちムルマンスクとよばれるところにまで赴いた——をおこなったからだけではない(二)。その二〇年ほど前、故国で、人物が試される重大な試練（スカプラウン）(三)に耐えたからである。かれの兄弟のひとりが卑怯な手口でかれから財産を奪いとったが、人びとは、かれがこれにたいして損害賠償を請求するのを躊躇するだろうと陰口をたたいた。それは慎重かつ巧妙に、しかし目的をとげるには怯《ひる》むことなく進まなければならないむつかしい問題だった。かれは一歩も譲らなかった。補償させるために、そして親族を傷つけることになるかもしれないこの亀裂を修復するために、何年もかけ、努力を惜しまなかった。かれはついにやりとげた。かれが偉大であることはだれもが知っている。これはなにより重要なことである。他人に認められなければ価値はないのだから。

いまではかれもようやく、自分の土地や高価な品物がいっぱい詰まった長持ちを、満足げに眺められるようになった。これらの品物はさまざまな土地から持ち帰ったもので、物々交換や苦労のたえない取引、あるいは略奪によって手に入れたのだ。かれの農場（ブール）の手入れもゆきとどいている。大事な行事のときに自分が座る高座柱には、みずからの手で彫刻をほどこしてあった。農場から数百歩離れた船小屋にしまってある非常に美しいスケイズ船は、少なからずかれの自慢である。美しい季節に自分の地所を散歩しながら、かれは『ニャールのサガ』の主人公、フリーザレンディのグンナルのように、こうつぶやいたかもしれない。「ああ、この斜面の美しさよ。いままでこれほど美しく思えたことはなかった。黄金色にきらめく野良、みごとに刈りとられた牧草地……」(四)。かれはこのほかにもいくつか所有地をもっており、たくさんの商売仲間（フェーラギ）は、交易で利益をあげるにはいつでもかれを頼りにすればよいことを知っている。つまり、かれは大ボーンディなのである。ヘルガといえば、重要な日にヴァズマールの衣服を身につけた彼女は、いまなお見目麗しく、まわりにはたくさんの子供や孫がいて、寂しい思いをすることもない。彼女はなんども冬を越すあいだに「治癒の腕」も磨いた。なかなか治らない傷を治してもらおうと、遠方からやってくる人も少なくない。

けれども将来について、この夫婦は不安にさいなまれることがある。といっても、至福千年の思想とその恐怖にはさほど関係ないし、そのようなことにスカンディナヴィア世界はあまり苦しめられなかったらしい。むしろ社会そのものを揺るがす大きな変化のせいであり、それは事態に深刻な脅威を与えるにちがいないと思われるのだった。たとえばビョルンは、もはやヴァイキング遠征に行こうとは思わないし、そのことを残念がっているわけでもない。この種の冒険で最大の利益をもたらしてくれたのは奴隷であったが、キリスト教会が発展したことにより、各地で奴隷が消滅してしまった。ヴァイキングにとって、奴隷はヘゼビューへと運んだ何にもまして重要な「商品」だった。けれども奴隷が消滅したことにより、かれらにとって遠隔地交易はもはや成り立たない。おまけに、通過しなければならない諸国は襲撃にそなえて防備をほどこされ、組織化されてしまっていた。いまや河川の航行は鎖によって遮断され、地方君主は一連の高台に小さな城塞を築き、そこから海を監視して、あらゆる不測の事態にそなえることができる。たとえば、その領域全体がすみやかに武装を整えるには、狼煙《のろし》に点火すれば十分なのである。奴隷以外の収入源を見つけることもできたかもしれない。けれども、フリースラントが平底で大型のコッゲ船をつくり出したことにより、重い原材料が大量に輸送できるようになった。そのため、クノール船やその種の船はたちうちできなくなる。それに、いまはもう奢侈品交易の時代ではない。あるいはもっと正確にいうと、奢侈品交易そのものはずっとつづいているが、サラセン人がしだいにその独占権を回復しつつあり、二世紀前から商業の没落していた地中海が息を吹き返し、ふたたび活況を呈している。

新天地で一旗あげる期待がまだもてた五〇年前ならまだしも、いま各地の海岸にむけて船出したところでいったい何になるだろう。これらの海岸、たとえばイングランドのデーンロー地方、アイルランド南部、すばらしい土地であると喧伝されていたアイスランド、ホールムガルズ（ノヴゴロド）やケヌガルズ（キエフ）付近、そして少しだけ遅れてノルマンディー地方は、そこに永住した親族、友人、知人によってすでに占められていた。実際ビョルンは、故郷に財産をもっているため、多くの仲間のように動産を船に積みこんで、妻子を連れ二度と帰らぬ覚悟で船出しようと考えたことはこれまで一度もなかった。もっとも、いまごろになって、この種の解決策を考えても手遅れではあるが。また、勇猛果敢な若者を有無をいわさず集めるには、小さくとも、ある種の小地方権力を掌握していなければならなかった。ヴァイキング遠征に加わる若者は、どちらかといえばみずから志願する者のほうが多かったが、地方的小王が遠征に出かけたいと考え、その乗組員として毅然たる者を求めた場合、これにしたがうある種の義務を負っていた者もいたのである。十世紀はまもなく終わろうとしているが、そのなかば以降、スカンディナヴィア諸地方では各地に強大な政治権力が成立するようになっていた。デンマークのハーラル・ゴームソン（青歯王）、ノルウェーのハーラル美髪王以来、そしていままた、おそらくこの二人に倣おうとするスウェーデン王ウーロヴ・シェートコヌング以来、昔の「コヌング（王）」たちの活動の自由はかなり制限されている。人員の召集や物資の徴収すべてに租税がかけられて、払えなくなっている。ビョルンは、その財産のほとんどを築き上げてきた航海や交易を、いっさい断念せざるをえない時代がやってきたことにうすうす感づいているのだ。

事態のこれほど深刻な変化をひき起こした主たる原因が何であるのか、ビョルンとヘルガにはよくわかっている。じつはビョルンにとって、この原因は別に目新しいことではない。それはもちろんキリスト教と教会である。父祖がキリスト教世界と交易をおこなうようになった数世代のうちに、キリスト教とはどういうものであるかをスカンディナヴィア人はかなり理解している。この数十年のあいだに、かれらは「プリマ・シグナチオ（ある種の初歩的な洗礼、つまり略式洗礼）」さえ受けざるをえなくなっていた。洗礼を受けていないと、取引相手はかれらと交易する権利を得られなかったからである。(五) 長い衣服を身にまとったキリスト教の司祭が行き来するのを見たり、教会をスカンディナヴィアの景観のなかでまのあたりにすることにも、かれらは慣れてしまった。この教会の建物こそ、無防備で、略奪しやすい現世的宝物を秘匿していることが多かったため、ずっとかれらの関心の的となっていたのに、である。当初かれらは、キリスト教がその新天地、つまりとりわけヴァイキングが住んでいる地域で、さからいがたく発展していくのを受け身の傍観者として眺めていた。そのため、初期の宣教師たちがまずデンマークへ、ついでスウェーデンへ、それからノルウェー、そしてそこからアイスランドへと布教にやってきて、これら「白いキリスト」の信奉者が、ヴァイキングの神であるアース神族や、その他の土着の神々より自分たちの神のほうがすぐれていることをわかりやすく説き、キリスト教の神はソールやオージンよりも人びとを救ってくれ、ためになる神であると受けあったとき、スカンディナヴィア人の信仰は動揺した。かれらの異教はすでに触れたとおり、寛大な性格で、狂信や熱狂をひき起こすことはなかった。観察者にとって印象深いのは、北欧ではキリスト教への改宗が、ひとりの殉教者も出さずに流血や暴力もなくおこなわれ、あまつさえアイスランドでは、かの有名な九九九年のアルシングにおいて全員一致の合意によって改宗がなされたことである。

さて、ビョルンとヘルガに話をもどそう。かれらがこの新しい宗教の到来を受容した仕方には、ある種の運命論的諦観がある。すでにひとりのアングロ・サクソン人宣教師がかれらの農場にやってきて、家中の者全員に新しい教えを説いた。この家の人びとの心を惹きつけたのは、教義や形而上学に関することではなかった。そうではなくて、宗教上の所作、つまり典礼（かれらは聖務の美しさと、とりわけ聖歌の美しさにうっとりした）や、「祈り」の目的性だったのである。かれらは、宣教師たちが身につけている文化のレベルも見落とさなかった。宣教師たちは読み、書き、多くの書物を引用することができたが、その引用の多くは奇妙なほど自分たちの伝統、なかでも口承を思いおこさせるものだった。たとえ短文でもルーン文字の場合は鑿《のみ》と槌で刻まなければならないが、羊皮紙に鵞ペンや鉄筆でカロリング小文字を書くほうがはるかに便利なことがわかった。そしてとくに、たとえば聖書の史書とかれら自身のサウトル（短編の物語）のあいだに奇妙な類似性があることにも気がついた。さらに、本書でさりげなくなんども触れておいたことだが、かれらは「積極的な運命論者」であり、嘆くでもなく、さからうでもなく、時代の流れに身をまかせる。けれども、みずからを順応させながら、そしてできることなら、この新たな状況からなんらかの利益を引き出そうとしながら、である。キリスト教が西欧全体を手中に収めつつあることは、だれの目にもあきらかである。その流れにさからうことは、狂気の沙汰であったろう。

実際、かれらがよくよく考えてみると、キリスト教化はひそかに、そして巧妙に進められたのであり、キリスト教が多少なりともかれらの日常生活の一部となるまでには、かなりの年月を要していた。また、かれらはすでに先住者のいる土地――「すでに先住者のいる」といい添えたのは、アイスランドを除外するためである。八七四年に、最初のスカンディナヴィア人定住者が到着するまで、ここはいぜんとして無人島であったらしい――に定着することになった場合には、ただちに改宗しなければならなかった。これら新参者の存在を多かれ少なかれ認めざるをえなかったとはいえ、かれらを改宗させることは、君主たちが課した必須の条件のひとつだった。たとえば九一一年のノルマンディーにおいて、シャルル単純王がそうしたように。

以上のように九九〇年ごろ、ビョルンとヘルガが危惧しているのは、これまでとは根本的に異なる将来の見通し、社会の変容、心性面での大きな変化、新たな状況への移行といったことである。嘆き、過去を懐かしんでいるのではない。そういう態度はかれらにはふさわしくない。北欧は新たな状況にたいし、いつも立派に対処することができた。むしろ実用主義者にして現実主義者であるかれらは、新しい選択肢が自分たちの活動や伝統的な生活様式さえも根本的に変えてしまうことになろうとも、その選択肢が利用できることを即座に理解するのである。かれらにとってなにより残念でならないのは、当時知られていた世界を制覇し、その世界の範囲さえも押し拡げてくれた、あのヴァイキング船を断念しなければならないことであろう。

かれらは、望んだわけではないが、スカンディナヴィア自体における新しく強力な諸国家誕生の原因となった。西洋の地図を塗りかえ、とくにフランス、ドイツ、スラヴ世界といったそれぞれ多かれ少なかれ不均質な圏域が、それぞれの一体感をもち、のちに重要な意味をもつことになるパリ、ロンドンなどの都市のまわりに結集するようにしたのもかれらである。けれども、それらのことをかれらは知るよしもない。同様に、かれらが秩序を好み、組織に情熱をもち、行政にすぐれていたことは本書の随所に示されているが、このことが信奉者を生み、たとえばロシアに招致されることになろうとはかれらには思いも寄らないことであった。

これまでヴァイキングの主な活動領域を検討しながら、その日常生活を細かなところまでたどってきた。そのなかで私は、真実とみなす正当な根拠のあることを復元したいと願っていた。真実はしばしば一般通念とは正反対であるが、しかたがない。受け継がれるべきすばらしい伝説もあるが、安易に流れて賞賛に値しないものもある。獣《けだもの》ヴァイキング、超人ヴァイキング、野蛮なヴァイキング、冷酷無比のヴァイキングといった話は、もうたくさんだ。かれらはもっともすぐれた文化や文明と比較されても遜色のない文化や文明の担い手だったのであり、これこそ、かれらの日常的な生活の細部へわけ入りながら、私が示そうとしたことであった。かれらにも意外な限界はある。たとえば瞑想、観想、形而上学についての能力はほとんどない。真の創造的精神はないも同然だが、装飾し、仕上げ、いわば実用的理想の域にまで達する特異な才能をもっている。ひとことでいえば、「能率」である。あらゆる活動領域において、北欧の男女は驚くほど能率的であった。かれらは言葉をもて遊ばず、すぐれた叙情詩人ではない（この分野でも、かれらは大したことはない）。日常生活にたいしてもっていた鋭い感性が、いっさいの誇張表現に歯止めをかけたのであろう。けだしかれらは能率的だったのである。私は、『ネストール年代記』のかの有名な一節を、つねに文字どおりに受けとめている。これまで何十年ものあいだ、この一節をめぐって多くの論文が書かれてきたが、いまではようやくこの論争にも、ほぼ決着がついたようである。（六）問題となったくだりで、ネストールはつぎのようなことを述べている。のちにロシアとなる地のスラヴ人は、かれらの君侯たちがまったくの無能で、かりそめの平和さえ国内にもたらすことができないのを見て、ヴァレーグ人のもとを訪れ、大略以下のように述べた。われらには秩序がない。われらを統治できる君主をわれらに与えてほしい、と。

　かれらの芸術についてよくいわれるのは、抽象的な象徴主義と純粋な現実主義との中間にあること、そして機能性と美とを同時にかねそなえており、その二つの特性の一方が他方を完全に排除することはけっしてないことである。これらのことがヴァイキング自身にもあてはまるのではないかと私はいつも感じているし、ヴァイキングの日常生活を綴った本書を読まれた読者にも、おそらくそれは納得していただけたであろう。「寒い国からやってきた海賊」をバランスのとれた人間として、また、この文明のすぐれた担い手として描きだすことは、偶像破壊の要素があると十分自覚している。けれどもかれらはそういう人びとであったと私は確信している。そのことを本書で示すことができたなら、私にとって、これほど喜ばしいことはない。

ヴァイキング、といってまず思い浮かべるのは、九、十世紀のヨーロッパを荒らし回った北欧の海賊であろう。しかし「海賊」とはなんだろうか。

カリブ海の海賊などというと、さまざまな個人的な理由で社会的にはみ出した人々が、船によってほかの船や海岸に近い地域を襲う、専業的な犯罪者集団というイメージを抱くかもしれない。見方によれば英雄である。しかし海賊という現象を理解するには、襲う側の生活という視点から見ることが必要である。日本でいえば、倭寇や玄海、瀬戸内、熊野の海賊などは、もちろん被害者からみれば火付け、人殺し、人さらい、略奪者、要するに犯罪者集団にほかならないが、生活実態をいくぶんでも調べてみると、耕地の乏しい地域の住民で、わずかな農業や陸の生活のほかに、漁や海上交易・運輸その他、海でできるあらゆることに従事してかろうじて暮らしを立てている生活者である。その海の活動のひとつとして海賊行為をもおこなうのであるから、かれらは専業の海賊というわけではないし、かれら自身の社会からはみ出していない。世界的にみて、消費物資の生産に従事しない専門の諸職業が成り立つようになっていくのに応じて、標準的な、あるいはまっとうな、生活からすっかり離れた犯罪者集団としての、つまり専業の海賊が成り立つが、これさえ個人としても集団としても相当に長い期間にわたって存在を続けることは困難である。二世紀にわたり存在したヴァイキングの場合も、もっぱら海賊、つまりほかの船を襲い、あるいは船団を組んで海岸や大きな河川の流域を襲って、略奪し、略奪品を直接消費するか、またはそれを売却した資金で暮らしているような存在というわけではない。かれらはなんらかの理由で故郷にいられなくなった犯罪者ではなく（そういう個人はいたかもしれないが）、故郷において一般的な人々である。つまりその時代の北欧に普通に暮らしている人々が、その生活の一部として、あるいは人生の一こまとして、船に乗り組み、はるか遠く遠征に出かけるのである。この海への遠征のひとつの形態が海賊行為である。被害者の側からは海賊、犯罪者集団、野蛮人だとしても、この海賊行為は北欧の生活者にとっては一種の出稼ぎ労働、季節労働であった。だから「ヴァイキング」というのは、普通の北欧人が海外に出かけた存在形態なのであった。

ヴァイキング遠征は北欧農民にとって、自分の働く農場を離れた出稼ぎであった。それは通例（そしてヴァイキング時代の初期にはもっぱら）、夏の半年（北欧人は一年を冬と夏に分けた）だけにおこなわれる。寒くて暗い冬の半年に比べて夏の半年は、たんに航海に適した海の荒れない時期というだけでなく、楽しい、うきうきする、じっとしていられない、生命力に溢れた季節であった。

遠征の目的は狭義の海賊行為とはかぎらない。生活の一部（たとえば故郷における農場経営の経済的補完）、あるいは人生の一こま（たとえば若者時代の冒険、土地や資金など新しい農場開設の前提の獲得）ということであれば、略奪に限定される必要はなく、交易活動、外国の君主の許での傭兵勤務、新しい地理上の探検なども等しく価値がある。ヴァイキングにとって、直接的暴力による略奪はそれが自分の生命身体を危険にさらす恐れが少なく、利益が多いと思われたときの選択であるか、そうでなければあまり利巧ではない選択であるにすぎない。かれにとって遠征とは、かけがえのない自己の人生を実現するために必要な実践である。

したがってヴァイキング現象について理解するためには、ヴァイキングがヨーロッパに対してなした冒険的な略奪遠征のエピソードではなく、ヴァイキングが故郷で営んでいる生活の全体を知ることが大切である。ヴァイキングについての書物も最近では、遠征先での事績中心ではなく、かれらの故郷での生活や文化・社会関係を描くものが多くなり、研究書ではむしろもっぱらそうだといってよい。こうした最近の傾向のなかで本書の特徴はどこにあるかといえば、ヴァイキング現象の社会的背景や、故郷の文化、日常生活の再構成にとどまらず、ヴァイキング遠征（交易と略奪）を生活の一こまとして、生活者の活動として（日常を中断する非日常としてではなく）捉える観点で、つまり遠征を組み込んだものとしての日常生活を描いていることである（本書の原題は『ヴァイキングの日常生活』）。

ヴァイキング時代の北欧社会は個別の農場の集積であり、ほとんどすべての個人はどこかの農場世帯に属していた。したがってこの社会の主体的個人とは農場主人・農民である。主人は農場を経営し、また遠征に出かけるが、そのほかその日常生活において世帯にとって必要なことはなんでもする。生産にかんすることでも農耕、牧畜とその製品加工、衣料生産、漁労、建築、造船、木工、製鉄、鍛冶、金属細工などなどにわたって多能でなければならないが、狭義の文化生活においても詩を作り、工芸に秀で、医術に通じ、古今東西の森羅万象に通じ、ついでにおまじないも知っている。馬にも乗れれば水泳もし、スキーはいうに及ばず、球技やチェスのような盤ゲームにおいても高等戦術をあやつる。斧や弓矢の日常用具だけでなく、槍と剣をあやつり、帆を張って海に乗り出せば潮の流れも読める。ダ・ヴィンチのように何をやらせても超一流という意味での万能の人ではないが、日曜大工的な意味でなんでもこなす。だからかれらの社会では基本的に分業がなく、少なくとも特定の職種に特化して暮らすという意味での専門家はいない。医者はおらず、医術によく通じたヴァイキングがいるだけである。宗教的生活においても特定の組織に結集するような専門的聖職者はいない。農場主人が司祭の役目をこなすのである。これには北欧の土地が痩せているうえに分散し、デンマークをのぞけば普通の意味での村落さえ構成せずに、各農場が互いに隔たっていたことも関係している。

こうした多能な個人が遠征に打って出た時点で「ヴァイキング」と呼ばれるのであるが、遠征自体が多面性をもっていることは先に触れた通りである。著者は遠征の目的のうち、もっとも本質的な要素は交易である、その意味でヴァイキングの本質は商人だという。かれは気の向いたときに遠征に出て、直接的暴力に適していないときには平和な商業の形をとる、といったいい加減な商人ではない。行き先と目的について熟考を重ね、慎重な計画を練り、計画的に商品を集め、乗組員を選抜して出発する。暴力はむしろ平和な交易を妨げる人々に出会ったときのやむをえない措置であるが、しかしその必要があるときは躊躇しない。そしてなによりも重要な点は、故郷にいるときは農場経営者だということである。

冒頭はアイスランドのある農場でおこなわれた結婚にまつわる詳細な描写から始まる。この場面は著者の創作であるが、それがいかにありそうなことの再現であるかはしだいに明らかになる。新郎も新婦も、正式の婚姻関係であるからには、立派な農場経営者の息子と娘でなければならない。世間に認められた立派な農場の主人というものは、その生活の一部として、あるいは農民生活出発の前提として、海外遠征を、なかんずく交易活動をしたことがあるのが普通である。それがかれに富と名声をもたらし、人生に満足を与える。交易は略奪となることもあれば、異郷で命を落とすこともあった。これが親の世代の生き方であり、これから結婚して一人前になる新郎の生き方でもあろう。エピローグではこのときの新郎が立派な農場主となって人生を回顧する。かれもなんどかの交易によって富と名声を得、自分の運命の成就に満足している。しかし海外諸国の事情も変わり、北欧諸国の社会関係も変わりつつあり、同時にものの感じ方や人生や運命についての自分たちの古い伝統的な価値体系が動揺しつつあること、新しい体系に置き換わる趨勢にあることを予感もしている。

この新しい体系がキリスト教であることはいうまでもない。著者はキリスト教というものの本質をその教義や典礼や洗礼や教会への十分の一税支払いなどではなく、このようにものの感じ方や人生や運命にかんする価値意識の体系と考える。したがって改宗という現象をこれとは異なるべつの体系からの、二世紀以上をかけた長期の転換として捉える、というのがまた本書の特徴である。西欧の研究者たちは、ほとんど無自覚的に、キリスト教を文明に相応しい宗教とし、キリスト教に改宗する前に人々（「蛮族」）の信じてきた宗教を異教、すなわち邪教ではないにしても少なくとも間違った宗教とみなしがちである。したがってヨーロッパ諸民族の「改宗」は諸個人の精神的覚醒の問題とされたり、または政治的決断の結果であったかのように考えられがちである。じっさいには問題は個人の改宗の集積ではなく、ある社会に暮らす人々が日常感じていた感覚や価値や運命観が、異文化との交流や、長期にわたる社会変動の結果、ひとつの体系からべつの体系へと変換することなのである。すなわちこの本で「異教」からキリスト教への「改宗」と呼ばれているものは、だれか王侯の決断による政治的事件ではなく、また諸個人がつぎつぎに洗礼を受けていくことではなく、ひとつの文化がもうひとつの文化と出会い、葛藤しつつ変ぼうしてゆくきわめて長期間を要する過程である。このようなある体系となっている、精神世界をともなう生活（しかも日常生活）の実際と感覚の総体としての文化を開示することが、この本の目的である。

ヴァイキングの精神・物質生活はひとつの文化であるだけでなく、西欧のキリスト教文明に匹敵するひとつの文明である、ということも著者によってくり返し強調される。著者はヴァイキングの芸術・技術あるいは学芸・教養を高く評価するが、完成された作品を評価するだけでなく、精神・物質生活におけるかれらの特性（現代風にいえば国民性）を指摘する。たとえば工芸における実用性と芸術性はけっして分離しないで両方が追求される、という主張はきわめて説得的である。キリスト教以前の北欧の人々の「宗教」も実用から離れない。それは異郷の神々の像に生贄を捧げるというような点からのみみるべき特殊な宗教生活なのではなく、もうひとつの価値の体系、現実の生活を送る人々の人生・運命観の体系である。

この本では、日常生活の物質的側面とならんで、精神生活にかなりのスペースが割かれている。ヴァイキング時代の北欧社会には、キリスト教などの場合と違って、狭い意味での聖職者がいないし、教会組織もない。そもそも信仰上の体系性をそなえた教義がない。それは天候や人生の運・不運を司る自然の諸力に対する畏敬の念であり、この力を利用し、できれば予知し、最終的にはそれにしたがう個人の態度である。北欧神話の主人公たちにも多少の筆が割かれてはいるが（そしてじつはこの点が著者の専門的貢献でさえあるが）、むしろこれらの「神々」・諸力と人間の関係の方に主眼がおかれている。運命を司る諸力・存在に対してヴァイキング時代の北欧の人々がどのように感じていたか、これについての著者の意見を読者は、たんに精神生活を扱った固有の章においてだけでなく、また宗教的な意味をともなった各種の年中行事の描写の際においてだけでなく、いたるところの機会に言及されているのをみるだろう。

解説者にとって目のさめる思いのした一例を紹介しよう。ノルウェーの作家マリー・ハムスンの児童文学「ノルウェーの農場」（石井桃子訳『小さな牛飼い』、『牛飼いの冬』岩波少年文庫）には、夏の半年に家畜を山で放牧するノルウェーの農家の生活が活写されているが、このなかに、子豚を居間に出入り自由にして飼っている場面が出てくる。豚一般ではなくて名前をつけた一頭の特定の豚で、とくに子供たちはこれを可愛がり、あたかもペットのようにみえたのであるが、これをクリスマスになると美味しく食べてしまうのである。イプセンの「野鴨」では可愛がっていた野鴨を殺せないで自殺する子供の気持ちが描かれており、子供が愛情を注いできた特定の小動物にたいするこれら二つのノルウェー作品の違いにながいあいだとまどいを感じてきたのであるが、レジス・ボワイエはこの本で、神に捧げるための豚一頭を屋敷地内で飼う習慣があったことを指摘している（第四章）。著者の考え方からすれば、かれらの「宗教」的観念や気持ちのありようは、あらたまった敬けんなる儀式においてではなく、実際上の生活の場面にあらわれるのである。

著者レジス・ボワイエ博士は一九七〇年以来ソルボンヌ大学で教鞭をとる北欧の言語、文学、神話、歴史にかんする大家である。博士によって非常に多くのサガのフランス語訳が刊行されている。博士にわたくしがはじめてお会いしたのは一九八五年八月のことである。三年に一度の「国際サガ学会」がその年デンマークで開かれ、会場はコペンハーゲンの北方、ハムレット伝説の城として名高いクロンボーのあるヘンシンゲアであった。最後の懇親会でたまたま同じテーブルにご一緒したというのが初対面で、楽しいひとときであった。その後も学会で発表されるのを拝聴したことはあるが個人的にご挨拶することはないままになっていた。一九九九年一月、名古屋大学の篠田知和基教授が主催される比較神話学の国際シンポジウムが名古屋で開催され、そこでボワイエ博士が主報告をなさったので、休憩時間にご挨拶した。その半年後に博士の著書の翻訳事業に加わることになろうとは、そのときは夢にも思わなかったことである。

二〇〇一年九月

熊野聰（名古屋大学情報文化学部教授、北欧史）

訳者あとがき

本書は Régis Boyer, *La vie quotidienne des vikings (800-1050)*, Hachette, Paris, 1992 の全訳です。著者レジス・ボワイエ氏は現在パリ第四大学（ソルボンヌ）教授であり、同大学のスカンディナヴィア言語・文学・文明研究所を主宰するフランスにおける中世北欧文化研究の第一人者です。本書のようなヴァイキング時代の日常生活を一般読者向けに生き生きと描いた啓蒙的な書物のほかに、サガやエッダなどの古北欧文学をはじめ、スカンディナヴィアの宗教や神話、慣習や心性など多岐にわたる著書、論文を精力的に発表しています。

一九九二年四月から七月にかけて、パリのグラン・パレでヴァイキングの催し物が開かれたとき、ル・モンド紙をはじめとする新聞や雑誌で推薦図書の筆頭にあげられたのが本書でした。ここに描かれているのはヴァイキングの日常生活の一大絵巻です。人間らしい等身大のヴァイキング、なによりも商人として、またすぐれた文明の担い手としてのヴァイキングに光が当てられています。ある雑誌のインタビューのなかで、著者はつぎのようなサガの挿話を紹介しています。「七枚、八枚、九枚」とお金の勘定をしているヴァイキングの喉元を敵の刃が襲い、首はころげ落ちてしまったものの埃のなかを転がりながらなおも「十枚」と数えるのだ、と。野蛮な略奪者どころか、戦いよりもお金というなんとも滑稽で人間くさい一面をのぞかせてくれるエピソードではないでしょうか。

本書の翻訳にあたっては、日本の読者になじみが薄い用語については訳註を付し、あきらかに誤りと思われる箇所は訂正しました。

中世北欧史はおろか歴史学の専門の学徒でもない私が、この書物を訳すことになったのは、数年前から西洋中世史の聴講生としてご指導いただいている名古屋大学大学院文学研究科教授の佐藤彰一先生から、なにかの折りに勧められたのがきっかけでした。夫のパリ滞在に同行してフランス語には多少の慣れはありましたが、翻訳となるとまったく別で、自分の日本語表現の拙さにしばしば愕然としたものでした。先生にはでき上がった訳文に目を通していただき、またいくつかの誤訳を指摘していただきました。真っ赤になるほど手を入れていただいた箇所も少なくありません。翻訳出版という得がたい経験の機会を与えてくださったこととあわせて、心より感謝申し上げます。また名古屋大学情報文化学部教授の熊野聰先生には、監修者として内容上のすべてにわたってご助言を賜りました。白水社編集部の芝山博氏と藤波健氏からも多大なご配慮をいただきました。上記の皆様にここにあらためて厚くお礼申し上げます。

二〇〇一年十月

持田智子

原註

序章

（一）『韻文エッダ』の「リーグの歌」第二三節（第四〇節にも見いだされる）。
（二）*Gesta Hammaburgensis ecclesiae pontificum*, ed. B. Schmeidler, SRG, Hannover, 1917, IV, 27. ブレーメンのアダムはドイツの聖職者で、一〇七五年ごろブレーメン＝ハンブルク大司教たちの事蹟に関する年代記を記した。かれはスカンディナヴィアに関心をもっており、この著作の余白に北欧とヴァイキングについて多くの事実を書きとめている。けれどもかれが用いたのは二次史料と、とくにデンマーク王スヴェン・エストリズセン（一〇四七〜一〇七四）の証言である。
（三）デンマークの著作家サクソ・グラマティクスはおそらく修道士で、有名な司教アブサロムの「書記」である。かれはアブサロムのもとで『ゲスタ・ダノールム（デーン人の事蹟）』を書いた。最初の九巻はデンマークの神話的な起源をとりあつかっており、しばしばヴァイキングに関係する。
（四）ゲルマン宗教の諸起源に関するバート・ホーンブルク研究集会報告集（Bonn, 1992）に収録された論文 R. Boyer,《On the Scandinavian Great Godess》参照。
（五）『韻文エッダ』の「スリュムの歌」第三〇節。
（六）碩学ジョルジュ・デュメジルは、インド＝ヨーロッパ語族の全領域で生まれた宗教上の重要な史料の比較を数々の著作でおこなった。その結果、かれはインド＝ヨーロッパのすべての神話では、男神および女神はそのつかさどる機能にしたがって体系化されるという結論に達した。こうしてかれは三つの機能を区別する。つまり、第一の機能は、ゼウス、ジュピター、オージンといった法的・呪術的な力を有する神にあてはまる。第二の機能は、インドラ、マルス、ソールといった戦いの神に関係する。第三の機能は、アシュヴィン、クィリヌス、フレイといった豊饒多産の守護神にふさわしい、というのである。心を惹きつけられるこの三分法は、われわれの考証結果とは符合しないが、興味深い解釈の枠組みを提供している。

（七）本書は私の別の著書 *Les Vikings. Histoire et civilisation*, Paris, Plon, 1992 を補完するものであることを、ここで指摘しておきたい。二つのテーマを同時にとりあげたほうがよかったかもしれないが、支障はないであろう。これら二冊の書物がそれぞれ意図するところは、それぞれの書名によって厳密に画されている。私の考えでは、これらの書物は補完しあっている。たとえば本書では、この種の研究に不可欠な歴史的諸事項に言及していない。逆にもうひとつの書物では、本書で描きだそうとしている「生きた問題」をとりあげなかった。それゆえ、このテーマに関心があり、いっそうよく理解したい読者は、ぜひともこれら二冊を併読していただきたい。

（八）そのくわしい一例は R. Boyer, *Le Mythe viking dans les lettres françaises*, Paris, Éd. du Porte-Glaive, 1986 で得られよう。

第一章　ヴァイキングとは何か

（一）とくにこの点については *Les Vikings. Histoire et civilisation, op. cit.* の、とりわけ chap. I 参照。

（二）この問題については *Les Vikings, op.cit.*, p. 223 以下、あるいは R. Boyer, *Sagas islandaises*, Gallimard, la Pléiade, 2e éd. 1991, Notice aux《Sagas du Vinland》で解明を試みた。

（三）*Les Vikings, op. cit.*, chap. III 参照。

（四）★þundaraz>þórr。語の前の★は文献学《フィロロジー》によって復元された語形であることを示す。本書第六章の原註（一三）および（三九）参照。

（五）詳細については *Les Vikings, op. cit.*, chap. II 参照。

第二章　史料

（一）『ストゥルルンガ・サガ』「アイスランド人のサガ」一三七章以下。

（二）ビルカについては H. Arbman, *Birka I : Die Gräber 1-2* (1940-1943), Uppsala. アイスランドについては K. Eldjárn, *Kuml og haugfé úr heiðnum sið á Íslandi*, Akureyri, 1956. ヘゼビューについては J. Jankuhn, *Haithabu. Ein Handelsplatz der Wikingerzeit*, Neumünster, 2Aufl. 1963. ヨークとダブリンについては A. P. Smyth, *Scandinavian York*, I-II, Dublin, 1979.

（三）二つの不可欠な概説書は Bertil Almgren et al., *Vikingen*, Göteborg, Tre Tryckare, 1967（仏訳 M. de Boüard, *Les Vikings*, Paris, Hatier, 1972）; James Graham-Campbell, *The Viking World*, London, 2nd ed. 1989.

（四）Jean Renaud, *Les Vikings en Normandie*, Ouest-France, 1989 参照。

（五）*Kings and Vikings. Scandinavia and Europe. AD 700-1100*, London, 1982, chap. I で述べられている。

（六）*La Saga d'Óláfr Tryggvason*, trad. Régis Boyer, Paris, Imprimerie nationale, 1992 の、たとえば chap. XCIV 参照。

（七）もっともすぐれた研究は、たとえば Hörður Ágústsson, *Hér sið bær*, Reykjavik, 1974 である。

（八）仏訳は *Le Livre de la colonisation de l'Islande*, introduction, traduction et commentaire de Régis Boyer, Paris Mouton, 1973.

（九）たとえば P. Foote & D. M. Wilson, *The Viking Achievement*, London, 1970. これよりさらに基本的な書物として J. Simpson, *Everyday Life in the Viking Age*, London, 1967. その他、前記原註（三）（五）にかかげた著作ならびに O. Klindt-Jensen, *Vikingarnas värld*, 1967.

（一〇）スウェーデン語版 Malmö, 1956-1978.

（一一）もっともすぐれた研究は、たとえば M. Dolley, *Vikings Coins of the Danelaw and of Dublin*, London, 1965 と B. Malmer, *Nordiska mynt före år 1000*, Lund, 1966.

（一二）この研究の大家は K. Hauck である。*Zur Ikonologie der Goldbrakteaten*, I-XX, Münster, 1980.

（一三）この研究の大家は以下の三人である。Lucien Musset, *Introduction à la runologie*, Paris, Aubier, 2e éd. 1980 ; E. Moltke, *Runes and Their Origin : Denmark and Elsewhere*, Copenhagen, 1985 ; R. I. Page, *Runes*, London, 1987.

（一四）*The Runes of Sweden*, Stockholm, 1987.

（一五）この点については Régis Boyer, *Le Christ des Barbares*, Paris, Éd. du Cerf, 1987, p. 145 以下でくわしく検討している。

（一六）J. Renaud, *Les Vikings en Normandie, op. cit.* のほかに、本書182−183頁で引用した Jean Adigard des Gautries の諸研究参照。

（一七）前掲書 p.133.

（一八）第一章原註（二）参照。

（一九）スノッリ・ストゥルルソン（一一七九？〜一二四一）はアイスランド独立時代末期の偉大な首長で、もっとも重要な人物のひとりである。おそらく北欧中世屈指の著作家でもある。とくにいわゆる『散文エッダ』の作者であり、そこでは詩人たちのために古北欧の神話が紹介されている。かれはいくつかのすぐれたスカールド詩とサガも書いている。とりわけ、「アイスランド人のサガ」の最高傑作のひとつである『エギル・スカッラグリームスソンのサガ』と『ヘイムスクリングラ』（諸王のサガ）。

（二〇）Peter Hallberg は、その著作 *Arkiv f. nord. Filologi*, 1969, p. 51-77 の「Om Þrymskviða」でこれを立証した。

（二一）R. Boyer, *Les Sagas islandaises*, Paris, Payot, 3e éd. 1992, chap. V 参照。

（二二）たとえばM・ヤコビィの最近の一連の著作がそうである。

（二三）*Les Vikings, op. cit.*, chap. I, p. 25 以下。

第三章　ヴァイキング社会

（一）*Les Vikings. Histoire et civilisation, op. cit.*, chap. V ではより一般的な考察をおこなったが、本章ではそれをいっそう「家族」の観点から詳述する。

（二）『ヘイムスクリングラ』「聖オーラヴのサガ」八〇章。

（三）その事例は「聖オーラヴのサガ」二三四章にみられる。

（四）これは大きなテーマである。手引書として、第六回サガ国際学会報告集 København, Det arnamagnaeanske Institut, 1985, vol. 1 参照。

（五）ギルド（単数形 gildi）に関しては、いまもなお A. O. Johnsen の研究がもっともすぐれている。《Gildevaesenet i Norge i middelalderen. Oprindelse og utvikling》, *Norsk Historisk Tidsskrift*, 5, V.
（六）この点については R. Boyer,《La femme d'après les sagas islandaises》, in *Boréales*, 1991-12 参照。
（七）**R. Bruder**, *Die germanische Frau im Lichte der Runeninschriften und der antiken Historiographie*, Berlin, Walter de Gruyter, 1974 参照。

第四章　陸上での日常

（一）ストングの農場は Hörður Ágústsson の研究をもとにみごとに復元された。かれの著作 *Hér stóð baer. Líkan af Þjóðveldisbae*, Reykjavík, 1972 に記載されている家屋の見取り図やデッサンは説得力がある。この農場は発掘地点に再建された。
（二）仏訳 Paris, Mouton, 1973, p. 114 以下および p.121 参照。
（三）十世紀末の『フースドラーパ』で述べられている。孔雀のオーラヴは『ラックスデーラ・サガ』の主たる登場人物のひとりである。*Sagas islandaises*, Pléiade, *op. cit.* に仏訳がある。
（四）Selma Jónsdóttir, *Dómsdagurinn ì Flatatungu*, Reykjavík, 1959 参照。B. Almgren et al., *Vikingen*, *op. cit.*, p. 104 で、この木のパネルは細かな部分までみごとに再構成されている。
（五）*Sagas islandaises*, Pléiade, *op. cit.*, chap. VII, p. 1066 の Saga de Glùmr le Meurtrier で述べられている。
（六）シグヴァットの『東方へ赴くの歌』は、ルノー・クランツによって仏訳されている。*Anthologie de la poésie nordique ancienne*, Paris, Gallimard, 1964, p. 237 以下。
（七）諸経路は *Les Vikings. Histoire et civilisation*, *op. cit.* で詳細に述べられている。
（八）ヴァイキングの武装については、本書第五章131頁以下で述べる。
（九）『ニャールのサガ』一五七章。仏訳 *L'Edda poétique*, Paris, Fayard, 1992 または Saga de Njàll le Brûlé（*Sagas islandaises*, Pléiade, *op. cit.*, p. 1496 以下）参照。
（一〇）これら二つの語は、それぞれいずれも『ストゥルルンガ・サガ』に収録されている「アイスランド人のサガ」九六章と「ストゥルラのサウトル」二章に出てくる。

（一一）「ハーラル苛烈王のサガ」および「オーラヴ・トリュッグヴァソンのサガ」。いずれもスノッリ・ストゥルソンの『ヘイムスクリングラ』に収録されている。

（一二）『スノッリのエッダ』「詩語法」七八章で述べられている。また、それについてのおおよその知識を J. Simpson, *Everyday Life in the Viking Age, op. cit.*, chap. III, p. 59 以下から得たこともいい添えておく。

（一三）これらの話は *Les Vikings. Histoire et civilisation, op. cit.* p. 132 以下で、もれなく述べられている。

（一四）B. Almgren et al., *op. cit.*, p.175 のデッサンと詳細な再構成および p.177 の写真。

（一五）「日」を意味する語は厳密には dœgr であり、dagr よりいっそう中立的な意味あいをもつ語として区別される。この図は基本的には V. Gordon, *An Introduction to Old Norse*, 2nd ed. 1957 を用いている。

（一六）ルーアン研究集会報告集（Rouen, 1992）に収録された論文 R. Boyer,《Dans Upsal où les jarls boivent la bonne bière》参照。

（一七）『散文エッダ』「ギュルビィのまどわし」四六章。

第五章　船の生活

（一）『ヘイムスクリングラ』「オーラヴ・トリュッグヴァソンのサガ」八七章で述べられている。仏訳 Régis Boyer, *La Saga d'Óláfr Tryggvason*, Paris, Bibliothèque nationale, 1992 参照。

（二）これらは大きなテーマであり、数多くの研究がなされている。これらを紹介した研究でもっともすぐれたものは『中世北欧文化史百科事典（*Kulturhistoriskt Lexikon f. nord. medeltid*）』の項目《Skibstyper》であろう。これは、いまなお健在の大家オーレ・クルムリン＝ペーザーセンによって執筆され、長い参考文献リストがついている。なかでも A. W. Brøgger, A. E. Christensen, O. Olsen & O. Crumlin-Pedersen,（《The Skuldelev ships》, 1958 および 1967）の諸業績が注目される。仏語で書かれた最初のよい業績は *Le Chasse-marée*, numéro 30, 1987-7, p. 16 以下である。

（三）詳細については *Le Chasse-marée, op. cit.* の諸論文参照。

（四）*The Viking World, op. cit.*, p. 43.

（五）前記原註（二）参照。J. Graham-Campbell, *The Viking World, op. cit.*, p. 46-47 に興味深い図がある。

（五・二）ついでながら、非常に興味深いことを述べておこう。古ノルド語で「錨《いかり》」を意味する「akkeri」はフリースラント語からの借用語である。ということは、スカンディナヴィア人の航海術は、商業に関するノウハウと同様、おそらくかなりを先駆者フリースラント人に負っているにちがいない。

（六）**ÁM291** 版、4 to、三一章—三四章。

（七）二九章以下。

（八）徹底的な研究として Th. Ramskou, *Solstenen. Primitiv navigation i Norden før kompasset*, København, Rhodos, 1969.

（九）かれらの報告については *Les Vikings. Histoire et civilisation, op. cit.*, p. 132 以下でくわしく述べられている。

（一〇）この船葬墓はわずかな残骸しか残っておらず、サン・ジェルマン・アン・レーのフランス古代博物館で見ることができる。私はつねづねこの問題に関心を寄せている。グロワ島だけでも、この船葬墓が唯一の現象であったとは私には受け入れがたい。それほど、この島が寄港地ないし後方基地として利用されていたことは明白なのである。この船が発掘された当該地域にはほかにも丘がいくつかあり、まだ発見すべきものがあるように思えてならない。

（一一）アラブ語原著の仏訳は Marius Canard, *Ibn Fadlân : Voyage chez les Bulgares de la Volga*, Paris, Sindbad, 1988, p. 76 以下、あるいは Régis Boyer, *L'Edda poétique, op. cit.*, p. 35 以下。

（一二）詳細は *Les Vikings. Histoire et civilisation, op. cit.* で述べられている。

（一三）よくまちがわれることなので、つぎのことを思いおこそう。イタリア南部、とくにシチリア島の征服は、純粋にノルマンディー人（ノルマン人）であるロベール・ギスカールによってひき起こされた現象であって、もはやヴァイキングとは関係がない。

（一四）たとえば *Les Vikings. Histoire et civilisation, op. cit.* ;《Les Vikings : des guerriers ou des commerçants?》, R. Boyer 編の学術報告 *Les Vikings et leur civilisation. Problèmes actuels*, EPHE, Bibliothèque arctique et antarctique, 5, Paris, Mouton, 1976 所収、p.211-240 で述べられている。

（一五）ここでベルギーの歴史家アンリ・ピレンヌの理論を思いおこそう。その著作 *Mahomet et Charlemagne*, 1937 でのかれの理論を私は全面的に受け入れる。ヨーロッパ東西間にとって不可欠な交易は、地中海をつうじて数千年間おこなわれてきた。近東、ギリシア、ローマの驚くべき文化発展は、このことから説明される。八世紀ごろ、アラブ人がこの交易路を断ち切ったことにより、交易の中軸は北欧、つまりバルト海および北海へと北上せざるをえなくなる。そこではすでにスカンディナヴィア人やフリースラント人が、もちろん特別の地位を占めていたのだった。

（一六）本書がしばしば参考にしているB. Almgren et al., *Vikingen, op. cit.* のp.229に、考古学によって得られた知識をもとに再構成されたヴァイキング戦士のみごとな図が見いだされる。同著の次頁にある六世紀のかれの「先駆者」の肖像と比較されたい。

（一七）この問題はきわめて詳細に研究されているが、「同時代のサガ」にもとづいたものとしてRégis Boyer, 《La guerre en Islande à l'âge des Sturlungar : armes, tactique, esprit》, in *Inter-Nord*, No. 11, 1970-12, p. 184-202.

（一八）*Ibn Fadlân : Voyage chez les Bulgares de la Volga, op. cit.*, p. 72-75.

（一九）統括的な研究としてF. JouanおよびB. Deforge主催、パリ第十大学神話研究センターの第五回研究集会報告集*Peuples et pays mythiques*に収録された論文R. Boyer,《Le Bjarmaland, d'après les sources scandinaves anciennes》, Paris, Les Belles Lettres, 1988, p. 225-236.

（二〇）Constantin Porphyrogénète, *De Administrando Imperio*, ed. G. Moravcsik, English trans. by R. J. H. Jenkins, I-II, Budapest, 1949-1962によって引用。

（二一）この語を説明するために、大いに工夫がなされた。これはおそらく「裂けた石」という意味であり、ロシア語で「ネナシュテク」とよばれる急流にある岩礁のことであろう。

（二二）おそらく墓碑であろう。碑銘に刻まれていると思われる「hválf」には、「穹窿」とか「アーチ形の地下墓所」といった観念が含まれている。

（二三）S. B. F. Jansson, *The Runes of Sweden, op. cit.*, p. 39.

（二四）メソポタミア地方の町クーファにちなんでそうよばれる。

（二五）Payot社で一九七九年に仏訳されたスノッリ・ストゥルルソンの『ヘイムスクリングラ』によってかれのサガを参照。

（二六） Ole Klindt-Jensen, *Vikingarnas värld*, Stockholm, Forum, 1967, p. 107 で再構成されている。

（二七） この点は *Les Vikings. Histoire et civilisation, op. cit.* の核心をなしている。

（二八） *The Viking World, op. cit.*, p. 80.

（二九） 第一回目はH・ヤンクーンにより、第二回目はシーツェルによりおこなわれた。

（三〇） たとえばJ. Graham-Campbell, *The Viking World, op. cit.*, p. 94-95 で述べられている。

（三一） この史料は、わけても H. Birkeland,《Nordens historie i middelalder efter arabiske kilder》, in *Norske Videnskabs-Akademiets Skrifter*, II, Hist. philo. Klasse, 2, Oslo, 1954 から得られる。この論文にはイブラヒム・イブン・ヤコブの旅行記（九七五年ごろ）が示されている。私は G. Jones, *A History of the Viking*, Oxford, 1968, p. 177 以下を用いている。

（三二） *Kings and Vikings op. cit.*, p. 63-64.

（三三） *Au temps des Vikings…*（叢書 La vie privée des hommes, Paris, Hachette）, 1983, p. 48 において、L・R・ヌジエは述べている。とはいえ、現在の混乱の好例である。まったく正しい資料考証がなされている一方、「海の騎士」、おなじみのドラッカル（竜頭船）、結婚を聖別する「祭司」の角つき兜、ヤールの「すばらしい偉業」をリュートの伴奏で語るスカールド詩人など、いつもの誤りや神話もみられる。

第六章　たいせつな日々

（一） *Yggdrasill, la religion des anciens Scandinaves*, Paris, Payot, 2ᵉ éd. 1992 で、私は古スカンディナヴィアの神々の世界がよりどころとしている偉大な自然の諸力を三つに区分した。つまり大気—火—太陽、液体の要素、本来的に地下の要素である。私の研究の現段階では、この三区分が正しいということに、もはやそれほど確信がもてない。第一番目の要素から太陽—火を切り離し、大気を独立したものとしてはいけないかどうか思案している。

（二） 誓約兄弟関係の儀式（フォーストブレーズラグ）については二つのサガ、『ギースリ・スールスソンのサガ』ととりわけ『義兄弟のサガ』を参照していただきたい。この概念そのものは R. Boyer, *Le Monde du double, op. cit.*, p. 147-148 で検討されている。

（三）サン・カンタンの聖堂参事会員デュドンは十一世紀初頭のノルマンディー人の著作家で、ノルマンディー諸公の命により、かれらを賛美する『初期ノルマンディー諸公の風儀と行跡について』と題する書物を記した。この書物は、ヴァイキングを問題にする際、いつもわれわれが犯す主要な誤りの原因となっている。

（四）*Introduction à la runologie, op. cit.*, p. 381.

（五）R. Boyer, 《L'âme chez les anciens Scandinaves》, in *Heimdal*, No. 33, 1981, p. 5-10 参照。明白な理由により、そこでは önd は検討されていない。「息」を意味するこの語はあきらかにキリスト教からの借用語である。

（六）ドラウグの概念は Cl. Lecouteux, *Fantômes et revenants au Moyen Âge*, Paris, Imago, 1986 で検討されている。死後の生に関する厳密な事例については *Contes populaires d'Islande*, traduits et présentés par Régis Boyer, Reykjavik, Iceland Review, 1983 の、とくに p. 46 以下参照。

（七）この史料については *Ibn Fadlân : Voyage chez les Bulgares de la Volga, op. cit.* ないし R. Boyer, *L'Edda poétique, op. cit.* の冒頭の聖性に関する試論参照。

（八）ヴァイキングの美術の諸様式と年代については本書278頁以下参照。

（九）それぞれ B. Almgren et al., *Vikingen, op. cit.*, p. 43 および p.45 のみごとな再構成参照。

（一〇）*Kulturhistoriskt Lexikon f. nord. medeltid* の「ドゥラドーム（duradómr）」と「ドラウグ（draugr）」についての論考から、有益な手がかりや参考文献のリストが得られる。

（一一）*Ibn Fadlân, op. cit.* の、とくに p. 82 以下参照。

（一二）私が思うに、古北欧の宗教に関するすぐれた研究は以下の三つである。F. Ström, *Nordisk hedendom. Tro och sed i förkristen tid*, Göteborg, 1961 ; Jan de Vries, *Altgermanische Religionsgeschichte*, Berlin, 1970 ; G. Dumézil, *Les Dieux des Germains.Essai sur la formation de la religion scandinave*, Paris, PUF, 1959.

（一三）共通ゲルマン語で（原注第一章（四）参照）★tiuas、ギリシア語で zeus、ラテン語で ju（piter）、サンスクリット語で dyaus、ケルト語で di。現代フランス語の神 dieu はラテン語の deus から。

（一四）*Mythe et politique*, Actes du colloque de Liège, études rassemblées par F. Jouan et A. Motte, Paris, Les Belles Lettres, 1990, p.33-43 に収録された論文 R. Boyer, 《La dextre de Týr》参照。

（一五）　これは *L'Edda poétique, op. cit.* の序文《Essai sur le sacré》で、きわめてくわしく述べられている。

（一六）　ある意味では革命的ともいえるすぐれた研究は F. Ström, *Den egna kraftens män*, Göteborg, 1948.

（一七）　現存する法典のいかなる内容もキリスト教の導入以前にはさかのぼらない。つまり北欧にキリスト教が到来したとされる一〇〇〇年ごろより前にはさかのぼらない。また法典の編纂は一二〇〇年ごろより前にさかのぼることはない。もちろんこれらのことは、それらの法典がより古い法規定にもとづいていないということを意味するわけではない。けれども、たとえばM・ヤコビィなどの最近の諸研究が、それらの法典にローマ法と聖書のモデルがあると主張する傾向があるからといって、もとづいていると断言することはできない。

（一八）　文字どおりには、命（フォル）を助けてもらうための代価（バウグ＝指輪）を支払うという条件を満たせば、有罪判決を受けた者は囲われた土地（ガルズ）の内側では危害を加えられなかった。

（一九）　神明裁判に関する私の最新の研究は R. Boyer, 《Einige Überlegungen über das Gottesurteil im mittelalterlichen Skandinavien》, *Das Mittelalter. Unsere fremde Vergangenheit*, herausg. v. J. Kuolt et al., Stuttgart, 1990, p. 173-194.

（二〇）　たとえば P. G. Foote & D. M. Wilson, *Viking Achievement, op. cit.*, p. 384-385 参照。

（二一）　このサガの八七章以下で述べられている。

（二二）　*Gesta Hammaburgensis, op. cit.*, IV, xxvi-xxvii. 二つ目の引用文は古註 138、139。

（二三）　*Yggdrasill, la religion des anciens Scandinaves, op. cit.* で述べられている。

（二四）　ここでも手短に述べておくと、G・デュメジルはみごとな分析をおこなっているが、このテーマを論じつくしていないことはたしかである。ほかの点と同様、この点においてもかれは、あまりにも自己の有名な理論に都合のよいように史料を解釈しすぎている。

（二五）　『フンディング殺しのヘルギの歌その一』、『フンディング殺しのヘルギの歌その二』、『ヘルギ・ヒョルヴァルズソンの歌』。

（二六）　『ヴォルスンガ・サガ』の仏訳つきの詳細な研究として R. Boyer, *La Saga de Sigurðr ou la parole donnée*, Paris, Éd. du Cerf, 1989.

（二七）　つまりヴォルシの子孫であり、「ヴォルシ（völsi）」はギリシア語の「ファロス（phallos　男性器）」、とりわけ雄馬のそれであろう。北欧の神々についてトーテム起源をもつという説は完全には排除されないが、知ってのとおり、この種の解釈の仕方には用心してとりあつかうべきである。実際、エッダの英雄詩が、おそらくは馬の子孫であるヴォルスング家を、狼の子孫であるユルヴィング家と犬の子孫であるフンディング家とに敵対させていることは注目に値する。

（二八）たとえば『ヘルヴォルとヘイズレク王のサガ』（仏訳 R. Boyer, *La Saga de Hervör et du roi Heiðrekr*, Paris, Berg International, 1988）や『エルヴァル・オッドのサガ』など。

（二九）ロキについては以下の三つの研究がある。J. de Vries, *The Problem of Loki*, Folklore Fellows Communications, 110, 1933 ; *Acta universitatis gothoburgensis*, Göteberg, 1956 に収録された論文 F. Ström, 《Loki. Ein mytologisches Problem》; G. Dumézil, *Loki*, Paris, Flammarion, 2e éd. 1986.

（三〇）ブレーメンのアダムの *Gesta Hammaburgensis ecclesiae pontificum, op. cit.* 周知のとおり、かれはその書物の余白を注釈で埋めつくしており、しばしばスカンディナヴィアの問題に触れている。

（三一）北欧のシャーマニズムについては、ピーター・バッコルツの諸研究がもっともすぐれている。とくに《Shamanism-The Testimony of Old Icelandic Literary Tradition》, in *Medieval Scandinavia*, 1971, 4, p. 7-20.

（三二）いぜんとしてミルチア・エリアーデの研究が基本となっている。Mircea Eliade, *Le Chamanisme et les techniques archaïques de l'extase*, Paris, Payot, 1951.

（三三）スノッリ・ストゥルルソンの『ヘイムスクリングラ』に収録。仏訳 R. Boyer, *La Saga de Harald l'Impitoyable*, Paris, Payot, 1979 の第一〇章までとそれに関連する註記参照。

（三四）序章原註（六）参照。

（三五）*Mort et fécondité dans les mythologies*, Actes du colloque de Poitiers, publiés par F. Jouan, Paris, Les Belles Lettres, 1986, p.139-150 に収録された論文 R. Boyer, 《Fjörgyn(n)》.

（三六）スヴェーデンボリのセラピトゥスとセラピア、スタグネリウスのアマンドゥスとアマンダ、アルムクイストのティントマラ参照。ストリンドベリやP・O・エンクイストのいくつかの創造物はいうまでもない。かれらはみなスウェーデン人である。

（三七）『ヴォルシの話』の仏訳は *L'Edda poétique, op. cit.*, p. 89 以下。

（三八） F. Ström, *Nordisk hedendom, op. cit.*, 図版18の写真（p. 145 の隣の頁）。
（三九）（原註第一章（四）参照）★Ska þin-auja は、スカジに結びついた運（auja は「神の守護」、「幸福」）に恵まれる土地を意味している。
（四〇） ブラクテアートは片面だけ打刻された金ないし銀製のメダルで、裏がくぼみ表に模様が浮き出る。そのみごとな例が P. Anker, *L'Art scandinave*, I, La Pierre-qui-vire, 1969, p. 64 以下の図版である。
（四一） ギブ・アンド・テイクの概念については R. Boyer, *Le Christ des Barbares, op. cit.* の、とくに p. 17 以下、古北欧の宗教的心性に関する試論参照。
（四二） さらにつっこんだ研究として R. Boyer,《Le culte dans la religion nordique ancienne》, in *Inter-Nord*, No. 13-14, 1974-12, p.223-243.
（四三） *La Libation. Études sur le vocabulaire religieux du vieux scandinave*, Paris, 1921.
（四四）『ヨームスヴァイキングのサガ』二七章の事例は完璧だが、あまりに「文学的」である。
（四五） これは、私がとくに関心を寄せているテーマであり、いくつもの論文のなかで、さまざまな角度からとりあげてきた。まず *L'Edda poétique, op. cit.* の冒頭の聖性に関する試論において。また、『ヴァッツデーラ・サガ』の仏訳 *La Saga des chefs du Val-au-Lac*, Paris, Payot, 1980 の序文において（*Sagas islandaises*, Pléiade, *op. cit.* に再録）。あるいはさらに *Sagnaskemmtun*, Studies in honour of Hermann Pàlsson, ed. R. Simek et al., Wien, 1986, p. 61-78 に収録された論文《Fate as a deus otiosus in the Íslendingasögur : a romantic view?》において。
（四六） このテーマは、このサガの仏訳 R. Boyer, *Trois sagas islandaises du XIIIe siècle et un þáttr*, Paris, EPHE, 1964, p. 15-41 の長い序文のなかで詳細に分析されている。
（四七） さきにあげた R. Boyer,《L'âme chez les anciens Scandinaves》参照。
（四八） これらの点については *Le Monde du double, op. cit.*, p. 37 以下でくわしく展開されている。
（四九） *Introduction à la runologie, op. cit.*, とくに § 76-84.
（五〇） Saga d'Egill, fils de Grimr le Chauve（*Sagas islandaises*, Pléiade, *op. cit.*, chapitre LVI, p. 111 以下）。そこでは、侮蔑の棒（ニーズストング）を立てたり、専用のまじないの文句（フォルマーリ）を唱えるといった、この儀式の全貌が描かれている。

(五一) B. Almgren et al., *Vikingen, op. cit.*, p. 144 の写真。

(五二) *Les Vikings. Histoire et civilisation, op. cit.*, p. 345 に示されている略図参照。

第七章　知的生活

(一)『ヘミングの物語』はなんども出版されているが、仏訳はまだない。その説明は R. Boyer,《Toko le Scandinave》, in Actes du Congrès Guillaume Tell, publiés par Mme Heger, Paris, 1992 参照。

(二) これに関係する三つのサガは、『赤毛のエイリークのサガ』、『グリーンランド人のサガ』、『グリーンランド人の物語』である。いずれも仏訳され、*Sagas islandaises*, Pléiade, *op. cit.* の《Sagas du Vinland》の項目に収録されている。

(三) L. Musset, *Introduction à la runologie, op. cit.* のほか、R. I. Page, *Runes*, London, 1987、あるいは E. Moltke, *Runes and Their Origins : Denmark and Elsewhere, op. cit.* 参照。このテーマの参考文献は膨大な数にのぼり、かつ相互に対立している。

(四)「エッティル (œttir)」という語は、「八」を意味する (「アーッタ (átta)」に関係がある。「家族」を意味する「エット (œtt)」に関係があるといまだにときおり書かれているが、そうではない。

(五) L. Musset, *Introduction à la runologie, op. cit.* ; A. Baeksted, *Målruner og troldruner, Runemagiske studier*, København, 1952 参照。

(六) サンスクリット語はヨーロッパ語にごく近いので、その例をいくつかあげておこう。サンスクリット語の bharami の bh はラテン語の fero と、アイスランド語の bera (運ぶ) に、またサンスクリット語の pad はギリシア語の podos、ラテン語の pedis、アイスランド語の fòtr (保持する) に通じている。入門書として R. Boyer, *Eléments de grammaire de l'islandais ancien*, Göppingen, Kümmerle Verlag, 1981.

(七) 定冠詞の役割を果たす語がうしろにくるという、これらの言語の特徴がここにもあらわれている。この例では、「その男」は「男—その (maðr-inn)」の語順になっている。

(八) たとえば、古いフサルクを用いたルーン碑文の多くは ek, erilaR という語ではじまっているからである (erilaR は、ローマ時代にルーンを用いたヘルール人（エルル人）をさしているのかもしれず、文献学《フィロロジー》の立場からみて、ヤールの語はそこに関連している可能性がある）。erilaR とは、専門家、精通者、さらには秘儀を伝授された者のことであると思われる。この語はヤールにひとしいことから、ルーンの精通者は「貴族的」起源をもったと推定できよう。

（九）この問題については *Les Vikings. Histoire et civilisation, op. cit.*, p. 130 以下、あるいは《Les Vikings : des guerriers ou des commerçants?》, *Les Vikings et leur civilisation. Problèmes actuels, op. cit.*, p. 211-240 で詳細に検討している。

（一〇）**S. B. F. Jansson**, *The Runes of Sweden, op. cit.*

（一一）**R. Boyer**, 《La poésie scaldique》, *Typologie des sources du Moyen Âge occidental*, fascicule 62, Brepols, Turnhout, 1992 も参照されたい。

（一二）ラグナル・ロズブロークは有名な、多少とも伝説的なヴァイキングである。九世紀のはじめ、かれはおそらくパリを攻囲した。かれが有名なのは、息子たちがイングランドを荒廃させたからである。かれはアングロ・サクソン王エラの命令により、蛇穴の中に投げこまれて死んだらしい。死ぬ前に、スカールド詩の傑作のひとつ『鴉《からす》の歌』という題の詩を作る時間があったのであろう。そこに出てくるのが、有名な句「私は笑いながら死ぬ」である。

（一三）この文言は **C. Cucina**, *Il tema del viaggio nelle inscrizioni runiche*, Pavia, 1989, p. 572 にみられる。

（一四）この点については *La Poésie scaldique*, Paris, Éd. du Porte-Glaive, 1990 で詳細に検討した。

（一五）*Sagas islandaises*, Pléiade, *op. cit.*, chap. LXXVIII, p. 171 以下で仏訳されている。

（一六）この問題については多くの研究がある。たとえば D. M. Wilson & O. Klindt-Jensen, *Viking Art*, Minneapolis, 1980 ; P. Anker, *L'Art scandinave, op. cit.*

（一七）わけてもノルウェーのいくつかのスターヴ式教会（すきまなく板を垂直に立てた樽板式構造の教会）がこの様式から着想を得ていることから、リンゲリーケ様式と同様、ウルネス様式も一部はヴァイキング時代をはみだしている。

（一八）J. Graham-Campbell, *The Viking World, op. cit.*, p. 144 で、この指摘がなされている。

（一九）これらのものはすべて、ふんだんに図の入ったカタログ *The Vikings*, J. Graham-Campbell & D. Kidd 編, London, British Museum, 1980 にみられる。

（二〇）R. Boyer, 《Le symbolisme des gravures rupestres de l'âge du bronze scandinave》, in *Le Mont Bego*, Actes du Congrès de

Tende, Paris, 1992 参照。

(二一) これらの技法は B. Almgren, *Vikingen, op. cit.* の、とりわけ p. 200 以下でみごとに紹介され、説明されている。

(二二) この点については G. von Proschwitz 編の報告集 *Influences. Relations culturelles entre la France et la Suède*, Göteborg, 1988, p. 7-21 に収録された論文 R. Boyer, 《De la parole à la folkvisa》参照。

(二三) あきらかに十三世紀にしかあてはまらないが、私はその全体像を以下の著書で描きだした。*La Vie religieuse en Islande (1116-1264) d'après la Sturlunga saga et les Sagas des Évêques*, Paris, Fondation Singer-Polignac, 1979, IIe partie, chapitre II.

(二四) いわゆる『ストゥルルング・サガ』の編纂物に含まれる「同時代のサガ」のひとつ「ソルギルスとハヴリジのサガ」一〇章で述べられている。

(二五) これらの点については R. Boyer, *Mœurs et psychologie des anciens Islandais*, Paris, Éd. du Porte-Glaive, 1987 参照。そこでは民族心理学的な描写を試みたが、本書はそうではない。なぜなら、そのような描写はもっぱら、そして意図的に「同時代のサガ」に依拠しているからである。とはいえ、それはおそらくヴァイキングにもあてはまるであろう。

(二六) その一部が *Le Livre de la colonisation de l'Islande*（『植民の書』）, *op.cit.* で仏訳されている。

(二七) *Anthologie de la poésie nordique ancienne, op. cit.*, p. 529.

(二八) このテーマは R. Boyer, *Le Mythe viking dans les lettres françaises, op. cit.* で詳細にとりあげている。

おわりに

(一) この笑い話は、「アイスランド人のサガ」のひとつ、「ドロプラウグの息子たちのサガ」に出てくる。それを要約すれば、主人公は剣の一撃で下唇を切られる。そして、こういい放つのだ。「おれはこれまで美男子ではなかったが、お前のやったことも何の改善にもならなかったようだな」。

(二) ヴァイキングないしヴァレーグ人の諸経路の詳細については *Les Vikings. Histoire et civilisation, op. cit.*, p. 140 以下で述べられている。

（三）　サガのキーワードであるこの語については *Les Sagas islandaises, op. cit.*, chap. XI 参照。

（四）　七五章。

（五）　この観念については R. Boyer, *Le Christ des Barbares, op. cit.*, p. 64-65.

（六）　ヴァレーグ人によるロシア建国をさしている。この問題は大いに論じられたが、最終的な結論については R. Boyer, 《Les vikings ont-ils fondé la Russie?》, in *Études germaniques*, 1991, 4 参照。

用語解説

ア行

アウストルヴェグル（Austrvegr） ヴァイキング（ヴァレーグ人）のたどった東方への道。

アース神族 オージン、ソール、バルドルが属している神族で、ヴァン神族と対置される。

アールヴ おそらくは精神的な力を支配する超自然的な霊。

ヴァズマール（Vaðmál） 粗紡毛織の布で、交換貨幣として用いられた。

ヴァルホル（Valhöll）とヘル（Hel） 死後の世界を意味する二つの概念。

ヴァレーグ（ヴェリンギャル vœringjar） 東方ルートをたどったヴァイキング。ビザンティン皇帝の親衛隊を「ヴァレーグ隊」という。

ヴァン神族 フレイ、フレイヤが属している神族で、アース神族と対置される。

ヴィーサ（Visa 複数 Visur） スカールド詩の詩節。本文49頁の「アトラクヴィザ」の「ヴィザ」と284頁の「フォルケヴィーサー」の「ヴィーサ」は「ヴィーサ」の変化形。

ヴィンル（Vinr） 友。

ヴェー（Vé） 神聖な場所。それ自体が神聖なものとされている。

ヴェイスラ（Veizla） 宴会。

ヴェルトルネートル（Vertrnætr） 冬のおとずれを告げる三夜（十月末ごろ）。

エインヘルヤル（Einherjar） 精鋭の戦士たち。

エッダ（Edda） 異なる二つの書物がエッダとよばれ、いずれも古北欧の神話に関係がある。『韻文エッダ』とよばれる第一は、失われてしまった十二世紀の原本にさかのぼり、そこには古北欧の神話詩、格言詩、倫理的な詩、呪文の詩、英雄詩の主要なものはすべて含まれている。いずれの作者も不詳で、各作品の成立年代は七世紀から十二世紀にかけてとさまざまであり、もとの作品がどこで生まれたのか定かではない。第二は詩学入門書であり、一二二〇年ごろ、若いスカールド詩人たちのためにスノッリ・ストゥルルソンが書いた。この『スノッリのエッダ』は、『韻文エッダ』の内容をあきらかにするとともに、補完してもいる。

エッダ（詩）『韻文エッダ』に含まれている詩（本文275頁以下参照）。

エット（Aett） 広義の家族。同義語は「キュン（Kyn）」。

エール（Öl） ビール。

オーダル（Oðal） 不分割の相続財産。

オンドヴェギ（Öndvegi） 高座の項参照。

カ行

岩石刻画 紀元前一五〇〇年から紀元前四〇〇年にかけての青銅器時代、岩の上に刻まれた画。

クノール船（Knörr 複数 Knerrir） 典型的なヴァイキング船。

グリーマ（Glima） 一種のレスリング。

ゲルマーニア 西暦五〇〇年ごろ、ゲルマン諸部族が居住していた全領域。

ケンニング（Kenning 複数 Kenningar） スカールド詩で用いられる婉曲表現ないし隠喩。

ゴジ（Goði）「祭司」。

コヌング（Konungr 複数 Konungar）「王」。選出され、フィヨルドの奥や谷の一部を支配している。

サ行

サウトル（Þáttr 複数 Þættir） サガより早い時期に成立した物語ないし小話。

サガ（Saga）偉業にまつわる散文物語で、一一五〇年から一三五〇年にかけて、つまりヴァイキング時代よりあとに書かれた。ヴァイキングを描いたものもいくつかある。サガは数種類に分類できる。たとえば「アイスランド人のサガ（islendinga-sögur）」、「伝説のサガ（fornaldarsögur）」、「王のサガ（konungasögur）」、「同時代のサガ（samtiðarsögur）」など。

シング（Ping）季節的に開かれる公共の集会。

スカーリ（Skáli）農場の母屋。

スカールド「宮廷」詩人。

スカールド詩　スカールド（詩人）によって作られた、非常に技巧を凝らした詩（本文264頁以下参照）。

スケイズ船（Skeið）ヴァイキング船の別称のひとつ。

ストーヴァ（Stofa）スカーリの同義語。

ストランドホッグ（Strandhögg）奇襲、上陸して「襲撃すること」。

スミズ（Smiðr）職人。

セイズ（Sejðr）呪術的な予知の儀式。

誓約兄弟　フォーストブレーズララグ（誓約による兄弟関係）の項参照。

切断銀　必要な重さにするために切断された貨幣。産出地を問わない。

ソーグリグル（Söguligr）「語るにふさわしい」、つまりサガに題材を提供するにふさわしい。

タ行

高座　母屋（スカーリの項参照）にしつらえられた家長のための座席。

ディース　運命と豊饒をつかさどる曖昧模糊とした神々。

トゥーン（Tún）農場を中心に囲いこまれた神聖な空間。

ドラウグ（Draugr）幽霊。

ドラッカル　ヴァイキング船をさしているが、誤った語であり（本文117頁参照）、根絶すべきである。クノール船の項参照。

ドレッカ・ミンニ（Drekka minni）「乾杯」。「何某を偲んで飲む」ことを意味する。

ドレング（Drengr）理想的人物像。若く、善良で、誠実な仲間。

ドロット（Drótt）首長の親衛隊。

ドロットクヴェット（Dróttkvætt）スカールド詩の最高の格式をもった韻律。

ナ行

ニーズ（Níð）名誉を傷つけるための呪法。
ノルン　運命をつかさどる神々。生者と同じ数だけある。

ハ行

ヒルズ（Hirð）首長の親衛隊。従士団。

フェスタルマール（Festarmál）婚約の儀式。

フェスタルエール（Festaröl）婚約のビール。

フェーラギ（Félagi）フェーラグの参加者。

フェーラグ（Félag）交易その他、あらゆる種類の目的のために財産を共有にすること。

フォーストル（Fóstr）友人や重要な人物に一定期間、子供を預けて養育してもらう慣習。

フォーストブレーズララグ（Fóstbrœðralag）参加者を拘束力のあるきずなで結びつける誓約兄弟関係の、呪術的な性格をもった儀式。

フサルク（Fuþark）ルーン・アルファベットの最初の六文字。このアルファベットそのものをさす。

ブーズ（Búð）シング（この語の項参照）の際に設置される仮小屋。

フースフレイヤ（Húsfreyja）一家の主婦、家長の妻。

フースボーンディ（Húsbóndi）家長。

フネヴァタヴル（Hnefatafl）現代の「狐と小羊たち」のたぐいの盤技。

フュルギャ（Fylgja）各人に与えられた守護霊（その人に「付いている」者）。

ブール（Bœr）農場。

ブルーズヴェイスラ（Brúðveizla）婚礼の宴。

ブロート（Blót）供儀。

ヘイティ（Heiti）スカールド詩で用いられる同義語、いいかえ。

ヘイマンフュルギャ（Heimanfylgja）花嫁の持参金。

ベルセルク（Berserkr）戦いで殺戮の狂気に捕われる野獣戦士。

ボーンディ（Bóndi 複数 Bœndr）自由な農民であり、漁師であり、土地所有者。ヴァイキングの社会の基礎をなす。

マ行

ミッセリ（Misseri）二つの季節のそれぞれ、つまり夏と冬。

ムンド（Mundr）寡婦扶養料。

ヤ行

ヤール（Jarl）「王」より下位の貴族の称号だが、その起源ははっきりしていない。

ヨール（Jól）冬至の大祭であり、やがてクリスマスにとってかわられる。

ラ行

ラグナレク（Ragnarök）時の終わりにおける、神的なかの諸力による運命の成就ないしは神々の黄昏。

ランド（Land）国の下位区分。

ランドヴェッティル（Landvættir）土地についている守護霊。

ルーズル（Lúðr）一種のアルペン・ホルン。現代北欧諸語の「ルーア（Lur）」。

ルーン　ゲルマン人の文字。呪術的な力がそなわったものと解釈されがちだが、実際は文字である（本文251頁以下参照）。

ルーン碑銘文　おおむね石に、ルーンで刻まれた碑銘文。ヴァイキングの手になる唯一の「文書」。

参考文献

全般的な概説

Almgren Bertil et al., *Vikingen*, Malmö, Tre Trykare, 1967. 不可欠であり、なによりもまず考古学的知識にもとづいている。仏訳あり。*Les Vikings*, M. de Bouärd, Paris, Hatier, 1972.

Graham-Campbell J., *The Viking World*, London, 1989. すばらしい図や写真つき。

Graham-Campbell J., *Viking Artefacts : A Select Catalogue*, London, British Museum Publications Ltd, 1980.

Graham-Campbell J. & Kidd D., *The Vikings*, London, British Museum Publications Ltd, 1980.

Klindt-Jensen O. & Ehren S., *The World of the Vikings*, London, 1970.

Wilson D. M., *The Vikings and Their Origins*, London, 1977.

Foote P. G. & Wilson D. M., *The Viking Achievement*, London, 1970. 版をかさねている。まちがいなく、このテーマに関するこんにち最良の研究書であり、一流の考古学者と文献学《フィロロジー》の知識が結びついている。

Simpson J., *Everyday Life in the Viking Age*, London, 1967.

歴史・考古学の入門書

Arbman H., *The Vikings*, London, ed. rev.1962.

Jones G., *A History of the Vikings*, Oxford University Press, 2nd ed. 1984.

Musset L., *Les Invasions. Le second assaut contre l'Europe chrétienne (VIIe-XIe siècle)*, Paris, PUF, 1965.

Roesdahl E., *Viking Age Denmark*, London, British Museum Publications Ltd, 1982.

Sawyer P., *The Age of the Vikings*, London, 1967.

Sawyer P., *Kings and Vikings*, London, 1982.

Boyer R., *Les Vikings. Histoire et civilisation*, Paris, Plon, 1992.

Renaud J., *Les Vikings et la Normandie*, Ouest-France, 1989.

Hamilton J. R. C., *Excavations at Jarlshof, Shetland*, London, 1956.

Shetelig H. & Falk H., *Scandinavian Archaeology*, London, 1937.

Ramskou T.,《Lindholm Høje I-III》, *Acta Archaeologica*, XXIV, XXVI, XXVIII, 1953-1957.

Dolley M., *Viking Coins of the Danelaw and of Dublin*, London, British Museum Publications Ltd, 1965.

Chatelier P. du & Le Pontois L., 《La sépulture scandinave à barque de l'île de Groix》, *Bulletin de la Société archéologique du Finistère*, XXV, Quimper, 1908.

Stenberger M., *Forntida gårdar i Island,* København, 1943.

Almgren B., *Bronsnycklar och djurornamentik vid övergången från Vendeltid till vikingatid*, Uppsala, 1955.

Grob P.V., *Ard og plog i Nordens oldtid,* Århus, 1951.

Petersen J., *Vikingetidens smykker i Norge*, Stavanger, 1955.

Almgren O., 《Vikingetidens gravskick i verkligheten och i den fornnordiska litteraturen》, in *Nordiska studier tillägnade Adolf Noren*, Uppsala, 1904.

不可欠な二つの百科事典

Nordisk Kultur, I-XXX, Stockholm-Oslo-Copenhagen, 1931-1956.

Kulturhistoriskt Lexikon för nordisk medeltid, I-XXII, Malmö-Oslo-Reykjavik-København-Helsinki, 1956-1978.　必須の参考図書。

より専門的な研究書

史料

L'Edda poétique, traduite et présentée par R. Boyer, Paris, Fayard, 1992（*Religions de l'Europe du Nord*, Paris, 1974 の改版）

L'Edda. Récits de mythologie nordique par Snorri Sturluson, traduite et annotée par F.-X. Dillmann, Paris, Gallimard, 1991. Traduction partielle. 最良の翻訳（全訳）は A. Faulkes, *Snorri Sturluson; Edda*, London, 1987.

Boyer R., *La Poésie scaldique*, Paris, Éd. du Porte-Glaive, 1990.

Anthologie de la poésie nordique ancienne, traduite et présentée par Renauld-Krantz, Paris, Gallimard, 1964.

Boyer R., *Les Sagas islandaises*, Paris, Payot, 3e éd.1992.

Sagas islandaises, traduites et annotées par R. Boyer, Paris, Gallimard, Bibliothèque de la Pléiade, 2e éd.1991.

いっそう明確に「ヴァイキング」を描きだしているサガとして、

La Saga de saint Óláfr, traduite et présentée par R. Boyer, Paris Payot, 2e éd.1992.

La Saga de Harald l'Impitoyable, traduite et présentée par R. Boyer, Paris, Payot poche, 1979.

La Saga d'Óláfr Tryggvason, traduite et présentée par R. Boyer, Paris, Imprimerie nationale, 1992.

La Saga des vikings de Jómsborg. Jómsvikinga saga, traduite et présentée par R. Boyer, Bayeux, Heimdal, 1982.

Kristjánsson Jónas, *Eddas and Sagas. Iceland's Medieval Literature*, Reykjavik, 1988.

船

Le Chasse-marée, No. 30, 1987, p. 16-45.

Brøgger W. & Shetelig H., *The Viking Ships*, Oslo, Dreyer, 1951.

Mc Grail S., *Ancient Boats in North-West Europe*, London, 1987.

Olsen O. & Crumlin-Pedersen O., *Five Viking Ships from Roskilde Fjord*, Roskilde, 1978.

宗教

Boyer R., *Yggdrasill. La religion des anciens Scandinaves*, Paris, Payot, 2e éd.1992.

Turville-Petre E. O. G., *Myth and Religion of the North*, London, 1964.

Ström F., *Nordisk hedendom. Tro och sed i förkristen tid*, Göteborg, 1961.

Olsen O., 《Hörg, hov og kirke》, *Aarboger for nordisk Oldkyndighed og Historie*, 1965.

ルーン

Musset L., *Introduction à la runologie*, Paris, Aubier, 2e éd.1980.

Jansson S. B. F., *The Runes of Sweden*, Stockholm, 1987.

Page R. I., *Runes*, London, 1987.

Baeksted A., *Målruner og troldruner. Runemagiske studier*, København, 1952.

美術

Anker P., *L'Art scandinave*, vol. I, La Pierre-qui-vire, Zodiaque, 1969.

Wilson D. M. & Klindt-Jensen O., *Viking Art*, Minneapolis, 2nd ed. rev.1980.

Kendrick T. D., *Late Saxon and Viking Art*, London, 1949.

著者の主著一覧

La Vie religieuse en Islande (1116-1264) d'après la Sturlunga saga et les Sagas des évêques, Paris, Fondation Singer-Polognac, 1979.

Le Livre de la colonisation de l'Islande (Landnȧma-Bȯk), Paris, Mouton, 1973.

L'Edda poétique, Paris, Fayard, 1991 (*Religions de l'Europe du Nord*, Paris, Fayard, 1974 の再版).

Les Vikings et leur civilisation. Problèmes actuels, Paris, Mouton, 1976.

Les Sagas islandaises, Paris, Payot, 2e éd. 1986.

La Saga de Harald l'Impitoyable, Paris, Payot, 1979.

Éléments de grammaire de l'islandais ancien, Göppingen, 1981.

Yggdrasill. La religion des anciens Scandinaves, Paris, Payot, 1981.

Vikings de Jȯmsborg. Jȯmsvikinga saga, Bayeux, Heimdal, 1982.

Snorri Sturluson, La saga de saint Ȯlȧfr, Paris, Payot, 1983.

Le Monde du double. La magie chez les anciens Scandinaves, Paris, Berg International, 1986.

Le Mythe viking dans les lettres françaises, Paris, Éd. du Porte-Glaive, 1986.

Sagas islandaises, Paris, Gallimard, Bibliothèque de la Pléiade, 1987.

Mœurs et psychologie des anciens Islandais, Paris, Éd. du Porte-Glaive, 1987.

Le Christ des Barbares, Paris, Éd. du Cerf, 1987.

La Saga de Hervör et du roi Heidrekr, Paris, Berg International, 1988.

La Saga de Sigurdr ou la parole donnée, Paris, Éd. du Cerf, 1989.

La Poésie scaldique, Paris, Éd. du Porte-Glaive, 1990.

Les Vikings, Paris, Plon, 1991.

その他、デンマーク語、古・近代アイスランド語、現代ノルウェー語の二つの標準語ボークモルとニーノシュク、スウェーデン語文献の仏訳書多数。

監修者略歴
一九四〇年東京生まれ。東京教育大学文学部卒業、一橋大学大学院経済学研究科中退、経済学博士。滋賀大学経済学部教授、名古屋大学情報文化学部教授、豊田工業大学教授を歴任、名古屋大学名誉教授。
主要著書
『ヴァイキングの歴史』（創元社）
『北欧初期社会の研究』（未來社）
『ヴァイキングの経済学』（山川出版社）

訳者略歴
一九六〇年生まれ。
大阪市立大学経済学部卒業。

ヴァイキングの暮らしと文化（新装版）

二〇一九年一一月一日　印刷
二〇一九年一一月二〇日　発行

著者　レジス・ボワイエ
監修者 ©　熊《くま》野《の》聰《さとる》
訳者 ©　持《もち》田《だ》智《とも》子《こ》
発行者　及川直志
印刷所　株式会社　梨本印刷
発行所　株式会社　白水社
東京都千代田区神田小川町三の二四
電話　営業部〇三（三二九一）七八一一
　　　編集部〇三（三二九一）七八二一
振替　〇〇一九〇-五-三三二二八
郵便番号　一〇一-〇〇五二
www.hakusuisha.co.jp
乱丁・落丁本は、送料小社負担にてお取り替えいたします。

誠製本株式会社

ISBN978-4-560-09741-0

Printed in Japan